改革创新与转型升级研究丛书

新型城市化的实现路径与制度创新研究

城乡统筹的视角

俞云峰◎著

中国社会科学出版社

图书在版编目(CIP)数据

新型城市化的实现路径与制度创新研究：城乡统筹的视角／俞云峰著．
—北京：中国社会科学出版社，2017.6
ISBN 978-7-5203-0009-4

Ⅰ.①新… Ⅱ.①俞… Ⅲ.①城市化—研究—中国 Ⅳ.①F299.21

中国版本图书馆 CIP 数据核字(2017)第 047394 号

出 版 人 赵剑英
责任编辑 冯春凤
责任校对 张爱华
责任印制 张雪娇

出 版 中国社会科学出版社
社 址 北京鼓楼西大街甲 158 号
邮 编 100720
网 址 http：//www.csspw.cn
发 行 部 010-84083685
门 市 部 010-84029450
经 销 新华书店及其他书店

印 刷 北京君升印刷有限公司
装 订 廊坊市广阳区广增装订厂
版 次 2017 年 6 月第 1 版
印 次 2017 年 6 月第 1 次印刷

开 本 710×1000 1/16
印 张 17.25
插 页 2
字 数 281 千字
定 价 78.00 元

目　录

第一章　引　言

一　研究的主要意义

我国已经进入工业化的中期阶段，是城乡、工农关系开始逐步改善，城乡二元经济结构消除的重要阶段。与工业化阶段性特征相适应，我国的城市化进程也进入中期阶段，统筹城乡发展理所当然应成为我国城市化进程的基本策略。

改革开放 30 多年来，我国的城市化水平不仅落后于工业化水平，也远远地落后于经济社会发展的总体水平。我国城市化过程中城乡发展不协调问题较为突出，城市化过程中严重的城乡分割不仅影响了我国的整体经济发展，也影响了城市化进程；反之，城市化进程的落后又加剧了城乡差距。如何缩小城乡差距，加快我国的城市化进程，已经成为社会各界关注的焦点。

对于过去的城市化道路，我们需要反思的是，城市化是否就是城市建设与城市发展的过程，城市化进程中城镇与乡村能否共同发展？需要正面回答的是，如何协调城乡统筹以适应经济社会快速发展的城市化进程？因此，把统筹城乡作为战略目标，推进我国的新型城市化进程、缩小城乡差距、破解“三农”问题、实现城乡经济社会的协调发展，是当前我国“十三五”时期需要尽快解决的一个迫切的战略发展问题。

对统筹城乡视角下新型城市化问题的深入研究是我国城市化发展进入新阶段的迫切需要。经过改革开放 30 多年，我国的城市发展日新月异，取得了很大的成绩，大城市的规模与市政建设水平可与世界一流发达国家相媲美，城市化率从改革开放初期的 28% 上升到 53%。但是，在肯定城市化成绩的同时，我们也需要客观地认识到 30 多年的城市发展总体上是走粗放式、外延式扩张的老路子，交通拥堵、环境污染等“城市病”与良田抛荒、乡村凋敝的“农村病”同时出现；小城镇数量众多，但集聚带动能力不强；从人口城市化的角度看，常住人口的城市化率已经达到53%，但户籍人口的城市化率仅有36%，两者之间相差17个百分点之多，可见我国约有2亿多人生活在城市，户籍却在农村，仍然占有耕地、身份仍然是农民。从城市化发展的趋势和规律看，当下面临的主要问题不是城市数量和规模问题，而是城市发展的质量和功能提升问题。这就要求对新型城市化道路进行研究，推进城市从粗放型转向集约型、从规模扩张型向功能提升型、从城市建设型向城乡统筹型转变。

对统筹城乡视角下新型城市化问题的深入研究是我国当前经济转型升级的现实需要。当前经济发展面临国内外复杂的形势，迫切需要推动产业转型升级，产业升级是城市化的原动力，也是农村走向现代化的重要动力。产业转型升级首先就是要调整工业重点，由传统制造业向科技型工业转型，党的十六大最早提出我国要走新型工业化道路，十八大报告也明确要求“坚持走中国特色新型工业化、信息化、城镇化、农业现代化道路，推动信息化和工业化深度融合、工业化和城镇化良性互动、城镇化和农业现代化相互协调，促进工业化、信息化、城镇化、农业现代化同步发展”[①]。可以说，信息化、工业化与农业现代化是新型城市化的动力，而新型城市化恰恰是“四化”融合在空间形态上的体现与要求。

对统筹城乡视角下新型城市化问题的深入研究是加快实现城乡一体化的需要。新中国成立后形成并持续到现在的城乡二元结构是当前阻碍我国经济社会发展的重要问题，其根本的原因是长期实施的牺牲农村利益加快城市发展的传统城市化战略及其发展惯性。传统的城市化是就城市而论城市，把发展的视野局限于城市建设范围，因而极易强化城乡二元分割[②]。要破除城乡二元结构，实现城乡经济社会一体化目标，从根本上处理好城乡关系，就必须着眼于打破城乡分界，走以工促农、以城带乡、城乡统筹的新型城市化道路。唯有如此，才能更好地实现农村剩余劳动力向城市和

---

① 十八大报告：《坚定不移沿着中国特色社会主义道路前进，为全面建成小康社会而奋斗》，新华网，2012年11月19日。

② 本刊评论员：《充分认识走新型城市化道路的重要性和紧迫性》，《今日浙江》2006年第17期，第1页。

第二、第三产业有序转移，加快推进城市与乡村和谐发展的新型城市化。

二　国内外文献研究综述

20 世纪 90 年代，西方发达国家普遍已完成了城市化的进程，大量的城市化理论形成于这一时期；而中国在长期的二元体制形成的城乡分治使中国的城市化进程演变与城乡统筹问题相互联结错综复杂，西方理论结合中国实践探索，成为改革开放以来专家和学者们研究的焦点问题之一。

（一）国外主要的城市化理论研究

国外关于城市化的理论探讨不少，著述颇丰。主要有：

阿尔弗雷德·韦伯（Alfred Weber）的“区位理论模型”，他在《工业区位论》（1929）一书中应用模型对欧洲的城市化进行了分析，韦伯认为城市化过程是工业化引起的分工使农业劳动力转向工业自发的结果①；克里斯塔勒（Walter Christaller）在《德国南部中心地原理》（1933）中提出“城市区位论”，进一步指出了城市发展的动力机制和城市的分布形式②。

刘易斯（W. A. Lewis）在《劳动无限供给下的经济发展》（1954）中提出的“二元结构”理论与古典人口城市化模型，认为城市化是农村剩余劳动力流向工业部门、农村人口流向城市的过程，经济发展的重点是由传统农业向现代工业的转变，途径是现代工业部门产量的增长对农业剩余劳动力的吸收③。

费景汉和拉尼斯（1961）的“刘易斯—拉尼斯—费景汉”模型分析了发展中国家城市化进程中，通过传统农业部门中的大量过剩劳动力、廉价劳动力来支持现代工业部门生产的资本原始积累规律。费景汉等更重视

---

① ［德］阿尔弗雷德·韦伯：《工业区位论》，李刚剑、陈志人、张英保等译，商务印书馆 1997 年版。

② ［德］克里斯塔勒：《德国南部中心地原理》，常正文、王兴中等译，商务印书馆 2010 年版。

③ W. A. Lewis. Economic Development with Unlimited Supplies of Labour. Joe menchetti Journal. 1954（5）.

城市化过程中就业结构转换时人口增长的影响，论述了农村人口向城市转移的三个不同发展阶段，进一步丰富了二元结构理论。乔根森（D. W. Jorgenson）在《剩余劳动力与二元经济发展》（1961）中，提出农村人口向城市的迁移不仅仅是城乡工资水平的差距，更主要原因在于消费结构不变化，消费者对城市工业品和农业消费品之间的需求结构的不同促使人口从需求饱和的农业生产部门向需求旺盛的工业生产部门流动。

托达罗（M. P. Todaro）在《发展中国家的劳动力迁移和产生发展模型》（1970）一文中进一步分析人口的流动因素受城乡间收入的预期水平的影响。为了解释欠发达国家普遍面临的城市失业与农村人口迁移并存的持久现象，哈里斯、托达罗等人在1970年提出了“哈里斯—托达罗”假说，该假说认为解决城市失业、“城市病”和“农村病”的根本方法是发展农村经济，让农民富裕，农村生活得到改善。[①]

钱纳里的“就业结构转换理论”认为，在工业化与城市化进程中，西方发达国家的产业结构转换和劳动力就业结构转换是同步的，而在发展中国家，就业结构转换落后于产业结构的转换，农业劳动力不可能一开始就转移到现代化的工业部门中，而是首先向劳动密集型传统工业产业转移；泽林斯基的“人口迁移转变假说”归纳出各个发展阶段人口从一地迁移到另一地（一般是从农村迁移到城市）的特征和规律。

科林·克拉克（Colin Clark）在《经济进步的条件》（1940）一书中提出随着人均国民收入增长，人们对农产品、工业品和服务的需求呈现梯度依次变化，该观点被称为“配第—克拉克定理”，总结了劳动力由第一产业向第二产业转移，进而再向第三产业转移的城市化规律。美国经济学家库兹涅茨运用丰富的统计数据证明了克拉克所提出的假设；法国经济学家富拉斯蒂埃认为，技术进步才是引起劳动力在产业部门间迁移的主要诱因。

法国经济学家佩鲁（F. Perroux）（1955）的增长极理论提出经济增长通常是指从一个或多个由主导部门在一些城市集聚形成的“经济活动中心”逐渐向其他部门或地区传导，大城市就像一个“磁场极”，使人口、

① 周天勇、胡锋：《托达罗人口流动模型的反思和改进》，《中国人口科学》2007年第1期，第18—26页。

资本、生产、贸易等高度聚集，经济活动在空间上的集聚比分散状态更有效。这一理论对现实经济发展不平衡现象进行概括和总结。此后，弗里德曼在《极化发展的一般理论》（1967）一书中拓展了增长极理论，进一步提出了“中心—边缘”理论，该理论把各种空间发展理论与结合，提出中心区域的强化会形成对边缘地区的支配状态，当大量资金、人才等要素向中心区域集聚时，那么边缘地区的发展就会相对停滞，甚至走向衰退。

20 世纪 60 年代以来，西方出现了与传统城市化理论不同的新的理论与思路，这些新的城市化研究更侧重于城市再开发和可持续发展研究。理查森的最佳城市化规模理论主张，在城市化过程中不要过度强调城市人口的集中度，要避免大城市人口的过度集中，通过分散的卫星城建设减轻大城市压力。路易斯·芒福德、简·雅各布和尼尔·史密斯等学者提出的城市再生理论，关注的重点是：城市基础设施的便利性、城市机体中各要素的协调性、土地利用是否高效、城市管理政策是否协调、城市发展是否可持续性等问题，这些研究更加强调在城市规模扩张的同时，有效提升城市的生活质量，与我国新型城市化概念的内涵比较接近。

（二）关于中国城市化道路探索研究

关于我国城市化道路应发展何种模式的城市才是最佳选择的争论一直没有中断过。总起来看，关于中国城市化发展战略的研究经历了四种意见、体现为四个阶段。

一是小城镇优先发展论，认为发展小城镇是我国实现农村现代化的捷径。20 世纪 80 年代初期，我国政府出台的城市化方针是“控制大城市规模，合理发展中等城市，积极发展小城市”。与此相适应的基础是乡镇工业的兴起和农村剩余劳动力的就地转移，小城镇顺理成章成为发展主流①。费孝通在其后相继发表了《小城镇，大问题》、《小城镇，再探索》、《小城镇，再开拓》等一系列文章，对小城镇的类别、层次、布局、发展进行了理论和实践相结合的分析，认为，“加强小城镇建设是中国社会主义城市化的必由之路”②，由此形成了以费孝通为代表的小城镇论。

---

① 朱攀峰：《中国新型城市化道路选择研究》，中共中央党校博士学位论文，2009 年。

② 费孝通：《小城镇大问题，志在富民》，上海人民出版社 2004 年版，第 30—31 页。

小城镇论在20世纪八九十年代占据主流地位，许多学者也纷纷写文章赞成小城镇道路，并对小城镇的地位和作用、模式和类型、发展机制和动力机制、规划和建设等问题作了论述（徐更生[①]，1987；顾益康等[②]，1989；周干峙[③]，1988；谢扬[④]，1994；崔功豪等[⑤]，1999）。当然，学术界在充分肯定小城镇发展的正面效应时，也开始关注小城镇发展的局限性和以小城镇为主的城镇化道路的消极后果。遍地开花小城镇缺乏重点、缺乏后劲，浪费耕地、污染环境等弊病严重，造成了比“城市病”危害更大的“农村病”等[⑥]。一些学者开始反思小城镇道路，并提出批评，反对小城镇道路的代表性学者是秦尊文，他在《小城镇道路：中国城市化的妄想症》一文中提出，城市化有自身的规律，不可能片面地依靠小城镇发展来实现我国的城市化，应对小城镇重新定位，从主导地位还原到补充地位。城市化道路要以大城市为主，“严格控制大城市规模”的政策应予废除[⑦]。

二是大城市优先发展论。除了上文提到的秦尊文外，越来越多的学者开始倾向于大城市优先发展的城市化道路。从世界各国的城市化过程看，人口向城市集中，特别是向大城市集中，是经济社会发展的普遍规律，中国也不例外[⑧]。从世界城市的发展轨迹看，发展大城市是世界各国的共同趋势[⑨]，突出大城市、走城市集约化之路也是我国城市化的必由之路。饶

---

① 徐更生：《发展小城镇是我国实现现代化的捷径》，《中国农村经济》1987年第11期，第37页。

② 顾益康、黄祖辉、徐加：《对乡镇企业——小城镇道路的历史评判兼论中国农村城市化道路问题》，《农业经济问题》1989年第3期，第45—49页。

③ 周干峙：《促进小城镇在城市化过程中发挥更大的作用》，《城市规划》1988年第4期，第2—6页。

④ 谢扬：《小城镇发展专题研讨会综述》，《中国农村经济》1994年第3期，第53—55页。

⑤ 崔功豪、马润潮：《中国自下而上城市化的发展及其机制》，《地理学报》1999年第2期，第106—113页。

⑥ 王放：《论中国城市化——兼论现行城市发展方针》，中国人民大学博士学位论文，1999年。

⑦ 秦尊文：《小城镇道路：中国城市化的妄想症》，《中国农村经济》2001年第12期，第64—69页。

⑧ 陈成文、刘剑玲：《中国城市化研究二十五年》，《中南大学学报（社会科学版）》2004年第5期，第64—69页。

⑨ 万萍：《发展大城市是世界共同趋势》，《世界经济导报》1986年9月1日第6版。

会林[①]（1989）、靳新（1988）、许庆明（1999）、乔真（2005）、蔡继明、周炳林（2007）等都持类似观点：大城市相对于中等城市和小城市而言，拥有更强大的规模经济和聚集效益，大城市的主要经济效益也明显高于中小城市和小城镇[②]，大城市有利于第三产业的快速发展，能促进经济结构、产业结构更加合理。周铁训（2003）提出以大城市为依托，并通过大城市的功能扩散发展中、小城市是适合中国实现城市化的道路选择[③]。李迎生（1988）通过计算得出百万人口以上大城市的人均经济效益尤其突出的结论[④]，房维中等（1994）同样认为我国城市的规模效益以100万—400万人口为最佳[⑤]，并提出对于中国这样一个人口大国来说，今后50年内再出现50至100个200万人口以上的大城市也不算多[⑥]。

三是中等城市优先发展论。在“小城镇论”和“大城市论”的基础上，一些学者开始反思小城镇道路的弊病和大城市的“城市病”，并因此提出了“中等城市优先发展论”。

一些学者认为大城市和小城镇都有其自身难以避免的根源性弊病。刘纯彬（1998）认为“我国小城镇遍地开花，既浪费耕地又浪费能源，还带来农村环境的污染；大城市人口过度膨胀、交通拥挤、空气污染严重，居民生活质量持续下降，其吸纳新增人口的潜力已十分有限”[⑦]。因此，小城镇或者是大城市均不宜过度发展，而中等城市一般正处于规模化初期阶段，具有较强的产业集聚能力和人口吸引力，可以成为推动

---

① 饶会林：《试论城市规模效益》，《中国社会科学》1989年第4期，第3—16页。

② 杨重光、廖康玉：《试论具有中国特色的城市化道路》，《经济研究》1984年第4期，第36—47页。

③ 周铁训：《“大城市化战略”中国实现城市化的必由之路》，《城市》2003年第6期，第20—23页。

④ 李迎生：《关于现阶段我国城市化模式的探讨》，《社会学研究》1988年第4期，第36—44页。

⑤ 房维中、范存仁：《大城市在我国社会经济发展中的地位和作用》，《经济研究参考》1994年第2期，第2—18页。

⑥ 樊纲：《城市化：下一阶段中国经济增长的一个中心环节》，中国经济信息网“50人论坛”。

⑦ 刘纯彬：《中国城市化要以建设中等城市为重点》，《财经科学》1998年第7期，第49—53页。

工业化、吸纳农村人口市民化和区域繁荣的新的增长极[①]。中等城市往往是一定区域内的经济中心，城市数量多、分布均衡，能承接大城市的辐射，带动小城市和广大农村发展，是联系大小城市和农村的桥梁，起着承上启下的纽带作用[②]。阎军（2005）认为，以中等城市为重点突破口，完善我国的城市体系建设，应当成为我国城市化战略的主攻方向[③]。宋书伟提出“采取中间突破、两头带动的方法，有计划地建设和发展50万以下人口的中等城市，吸引农村和大城市的人口和物力向中等城市转移集中，才能解决城市化问题”[④]。

四是大中小城市协调发展论。突出某一种规模的城市为主导是否就是中国城市化道路的必然选择？随着市场经济体制的逐步建立和城市化进程的推进，学术界开始怀疑这种单纯以城市规模为判断依据的、单一取向的城市化发展道路。陈彤、周一星（1988）等学者认为，我国地域辽阔、自然禀赋差异大、地区发展不平衡，人口又占全世界四分之一，这决定了我国城市化必然是多元化、多层次、多目标的不平衡发展模式[⑤]，用城市规模大小来判定某一类规模的城市是要发展还是要控制，显然不符合中国的国情，这种源于计划经济资源配置模式下的思维方式，延误了我们使用市场机制来形成城市规模的探索和思考[⑥]。

党的十六大报告中明确提出“要逐步提高城市化水平，坚持大中小城市和小城镇协调发展”。21世纪以来，在城市化道路实践与发展中，协调论已占据主流地位。“大中小城市协调发展论”认为，中国的城市化是

① 郭书田、刘纯彬：《我国农村城市化道路的再探索》，《求是》1998年第7期。

② 经济学动态编辑部：《1984年经济理论动态》，人民出版社1986年版，第171—172页。

③ 阎军：《试论我国城市化的道路与模式选择》，《江苏科技大学学报（社会科学版）》2005年第1期，第26—30页。

④ 中国社会科学院社会学研究所：《中国社会学年鉴1979—1989》，中国大百科全书出版社1989年版。

⑤ 陈彤：《论新时期我国乡村城市化的现实模式》，《人口学刊》1988年第4期，第7—13页。

⑥ 周一星等：《中国城市（包括辖县）的工业职能分类的理论、方法和结果》，《地理学报》1988年第4期，第288—300页。

一个复杂的过程，不能过度强调某一类型的城市发展，而是应该建立以特大城市和大城市为核心、以中等城市为骨干，以各类小城镇为基础的多层次、多功能，互相补充、互相促进的城市体系（马晓河[①]，2004；徐建中等[②]，2005）。显然大中小城市协调发展更具有说服力，也符合中国的现实。费孝通在20世纪90年代后期也撰文提道"我们需要搞几个特大城市，更多的大城市和中等城市以及大量的小城市和小城镇来容纳更多的人口"[③]。

当然，在认同大中小城市协调发展的基础上，也有学者提出协调之中仍需有侧重。有侧重于小城镇发展的（高玉柱，2005）[④]，有侧重于大城市发展的（王小鲁，2010）[⑤]。

（三）关于城市化与城乡统筹关系研究

在我国，城市化被赋予协调城乡发展、推动经济增长和社会进步的重任。新中国成立后的工农产品"剪刀差"政策拉大了工农业产业间的发展差距，而城市化又滞后于工业化，由此带来大量结构性问题。中国人民大学叶裕民教授（2002）认为，从我国发展实践看，农村发展的落后阻碍了城乡内需启动和三次产业结构升级，侧重于城市建设的城市化对城乡统筹有一定的负面作用；复旦大学的陆铭、陈钊（2004）用1987年至2001年间的省级面板数据统计发现，城市化对缩小城乡差距可能有积极作用，但是大量经济政策的城市倾向和制度设计，例如户籍准入政策、财政支出结构

① 马晓河：《中国应走"以大带小，大中小城市协调发展"的城市化道路》，《农村经济》2004年第10期，第1—2页。

② 徐建中、毕琳：《促进我国城市化道路的思考》，《商业研究》2005年第3期，第87—88页。

③ 费孝通：《我看到的中国农村工业化和城市化道路》，《浙江社会科学》1998年第4期，3—6页。

④ 高玉柱：《试论农村城镇化的战略意义和实现途径》，《石家庄学院学报》2005年第3期，第45—48页。

⑤ 王小鲁：《中国城市化路径与城市规模的经济学分析》，《经济研究》2010年第10期，第20—33页。

等没有考虑到对城乡差距拉大的影响，使社会付出更昂贵的代价①。叶裕民②（2002）和邹小蓉等③（2005）学者认为现阶段城市化与城乡统筹研究的关键在于农村人口以何种方式进入城市，城市化战略的有效路径是怎样的。在科学发展观下，学术界普遍承认城市化与城乡统筹、新农村建设是统一的，我国的城市化研究具有特殊的时代特征，不能脱离中国当前城乡关系的国情，要侧重于探索城市化与城乡统筹、新农村建设之间的内在联系。城乡统筹发展不能脱离城市发展，城市化与城乡统筹既有矛盾的一面，也有互相协调的一面，应以城市化为载体，二者同步推进。浙江省发改委课题组刘亭等（2007）对浙江省新农村建设进行研究和总结，进一步提出要把中小城市和小城镇作为城乡统筹、推进农村人口城市化的战略节点。按照规模适度、布局合理的要求，提高小城镇的综合承载能力，形成一批经济实力好、产业基础强、有发展特色的中心镇，鼓励和支持有条件的中心镇发展成为小城市④。

（四）关于新型城市化的理论研究

国内新型城市化概念提出的时间较短，相关文献著述较少，目前仅是一些相关的论文有所涉及。近几年，越来越多的学者接受了新型城市化的新观念，在对人口城市化、土地城市化等单一观点进行反思的基础上，对新型城市化概念作出了新的概括，并从不同的角度对新型城市化作出诠释。陈甬军、景普秋（2008）提出了走新型城市化道路来实现中国城市化发展的总体思路：遵循“工农协调、城乡共进；政府引导、市场主导；资源整合、集约发展；因地制宜、多元推动”的原则，实施政府引导与市场主导相结合、农村与城市协调发展、人口资源环境和谐共处、大中小

① 陆铭、陈钊：《城市化、城市倾向的经济政策与城乡收入差距》，《经济研究》2004年第6期，第50—58页。

② 叶裕民：《工业化弱质：中国城市化发展的经济障碍》，《中国人民大学学报》2002年第3期，第73—80页。

③ 邹小蓉、蓝光喜：《城市化：统筹城乡经济协调发展的根本出路》，《江西行政学院学报》2005年第3期，第52—54页。

④ 浙江省发改委课题组：《优化城乡布局　促进新农村建设》，《浙江经济》2007年第12期，第32—36页。

城市类型共存的多元城市化模式[①]，并展望了中国城市化至2050年要实现的预期目标。王永昌（2007）认为，新型城市化不仅是人口向城市的转移过程，也是惠及政治、经济、文化、社会四大方面的整个城市化过程，而且，在城市化过程中始终要坚持“以人为本”，统筹、集约、协调发展[②]。冯之浚、金涌（2008）等从低碳环保等角度提出新型城市化应具备的低能耗、低排放、低污染的循环经济特征[③]。刘岚丽[④]（2008）、曾万涛[⑤]（2008）等从把握新型城市化内涵的角度重点研究了新型城市化的特征、指标体系与评价方法。张平宇[⑥]（2004）、陈永国[⑦]（2006）等从工业化与城市化的关系角度出发，研究与新型工业化相对应的新型城市化的动力机制、新型城市化发展原则与战略。徐一伟（2007）、吴群刚（2004）等对具体区域新型城市化机制与模式作了研究；程必定（2003）从产业结构、就业结构、空间结构、思想观念四个方面，提出推进我国新型城市化的途径是由人口转移型城市化向结构转换型城市化的转变，并认为城市经济圈对结构性城市化的演变有深刻的影响，因此他主张各类地区应构建城市经济圈，走出一条与西方国家不同的具有中国特色的新型城市化道路[⑧]。倪鹏飞（2007）结合发达国家经验和中国实际，对成都城乡统筹试验区发展进行案例分析，提出我国应该走城乡双赢的城市化道路，并对其城乡双赢的城市化道路的战略目标、政策安排、制度设计、管理创新

---

① 陈甬军：《中国新型城市化道路的理论及发展目标预测》，《经济学动态》2008年第9期，第4—15页。

② 王永昌：《坚持走新型城市化道路　合力提升城市综合竞争力》，《中国发展》2007年第1期，第98—103页。

③ 冯之浚：《科学发展与社会和谐》，《中央社会主义学院学报》2008年第2期，第5—11页。

④ 刘岚丽：《新型城市化的主要特征》，《文史博览（理论）》2008年第11期，第65—66页。

⑤ 曾万涛：《新型城市化研究综述》，《湖南文理学院学报（社会科学版）》2008年第4期，第48—51页。

⑥ 张平宇：《城市再生：我国新型城市化的理论与实践问题城市规划》2004年第4期，第25—30页。

⑦ 陈永国：《积极推进新型城市化：基于新型工业化的分析》，《商业研究》2006年第16期，第143—145页。

⑧ 程必定：《论我国结构转换型的城市化》，《中国工业经济》2003年第8期，第44—49页。

进行了描绘[①]。此外，牛文元（2006）、杨继瑞、宁敏越、曾宪明、姜永生等分别对有关中国新型城市化的道路选择、基本思路和制度改革等内容进行了研究。

（五）关于城市化制度创新的研究

大多数学者都认同制度创新对我国城市化的重要作用，赵新平、周一星（2002）认为，只有从制度创新的角度去认识城市化，才能对其中出现的种种问题有清楚的认识。改革开放以前，我国城市化过程中的问题可以归结为经济制度的极不合理，而改革开放后城市化进程遇到的各种问题是城市化制度供给滞后的结果[②]。刘传江（1998）认为，城市化的进程不仅仅是城市人口数量的增加，更重要的是社会结构的变迁。促进城市化进程的主要因素在于城市化的动力机制和制度安排。我国城镇化水平低下与社会二元制度及机制安排不无关系[③]。

郭志仪（2006）认为，三次产业的发展是城市化的物质动力，但制度创新也是城市化的重要推动力。制度的滞后可以延缓和制约城市化发展的规模、速度和方向，即便经济发展已经达到了较高的水平，但没有相适应的制度上的创新，城市化也必然是问题缠身、困难重重。在城市化进程中，需适时地调整相应制度安排，才有可能实现城市化快速、健康、有序发展[④]。

制度创新是释放城市化发展空间的重要路径，在城市化制度创新的具体内容上，叶裕民（2001）认为，制度问题是中国城市化的最大障碍之一，而且制度对城市化的影响作用具有明显的刚性；对我国城市化影响最大的主要是户籍制度、土地制度和社会保障制度。户籍制度改革要促进农村剩余劳动力的转移，但户籍与一系列特殊管理制度相配合，共同形成了城镇人口群体的特殊利益，对乡村人口流动仍然有很大的限制作用；家庭

---

① 倪鹏飞：《中国新型城市化道路——城乡双赢：以成都为案例》，社会科学文献出版社2007年版。

② 赵新平、周一星：《改革以来中国城市化道路及城市化理论研究述评》，《中国社会科学》2002年第2期，第132—138页。

③ 杨艳琳：《中国城市化发展研究的新成果——评刘传江的中国城市化的制度安排与创新》，《经济评论》1999年第6期，第124—125页。

④ 左学金、朱宇、王桂新：《中国人口城市化和城乡统筹发展》，学林出版社2007年版。

土地承包责任制、土地使用权市场不完善等问题都不利于农民流动，在很大程度上对城市化进程有阻碍作用；社会保障制度改革的问题在于社会保障覆盖面小，由政府负担的社会救助目前主要是面向国有企业职工，特别是国有企业下岗职工，农民工人连起码的人身保障都得不到①。

刘平量等（2006）也认为，户籍、土地和社会保障三项制度对城市化进程的影响最大。户籍制度属于行政性强制制度，土地制度和社会保障制度是经济性强制制度，这些制度保护了城镇人的利益，同时剥夺了农村人的利益，造成了制度性的城乡利益差别，也阻碍了农村人口城市化。因此，城市化必须创新制度，重点是户籍制度、土地制度和社会保障制度，同时也要积极推进就业、教育、财政、行政管理及行政体制的改革和创新②。

虽然政府不是制度创新中的唯一供给方，但制度创新的主体仍然是政府，林毅夫认为“没有政府一心一意的支持和强制性的推行，社会上不会存在这样的制度安排”③。城市化过程中政府的主要作用在于主动提供适应性制度供给，通过制度的不断创新，建立与城市化进程相应推进的机制④。林国先（2002）同样主张政府要用“看得见的手”来提供相应的制度安排，创造有利于科学城市化的制度环境⑤。陈甬军（2002）认为，改革开放以来的城市化进程中，影响城市化的两个主要制度壁垒一是户籍制度，二是投资政策。要加快城市化，就必须首先要改革户籍制度，取消对人口的流动限制政策，这是政府推动城市化进程的主要着眼点⑥。

（六）研究述评

综上所述，各学说均从不同角度探讨了城市化的发展规律，对我国城

---

① 叶裕民：《中国城市化的制度障碍与制度创新》，《中国人民大学学报》2001年第5期，第32—37页。

② 刘平量、曾赛丰：《城市化：制度创新与道路选择》，湖南人民出版社2006年版。

③ 林毅夫：《关于制度变迁的经济学理论：诱致性变迁与强制性变迁》，http：//www.cnread.net/cnread1/jjzp/k/kesi/ccql/014.htm。

④ 刘国新：《中国特色城镇化制度变迁与制度创新研究》，东北师范大学博士学位论文，2009年。

⑤ 林国先：《城镇化道路的制度分析》，《福建农林大学学报（哲学社会科学版）》2002年第3期，第8—12页。

⑥ 陈甬军：《问诊中国城市化道路——国内外专家聚首厦门共论中国城市化问题》，《开放潮》2002年第2期，第21—23页。

市化的发展阶段、城市化发展战略、城镇体系、城乡关系、城市与制度创新以及新型城市化的理论研究也已积累了不少文献资料，为城市化进程提供了很好的政策支持，具有重要的理论价值。但同时也应看到，这些研究成果都侧重城市化发展阶段、制度变迁、城市化推动力与城市化战略等角度深入研究城市化道路，偏重于城市视角，就城市论城市化，而较少从农村视角，从城乡统筹发展的角度看待城市化问题。而大量对城乡统筹的研究又大多从城乡一体化的角度入手，强调城市对农村的“反哺”，忽略了城乡统筹是城市化大背景下的有机组成部分。因此，关于城市化的大量文献研究中，完全从城乡统筹的角度来研究新型城市化的实现途径，来研究中国新型城市化发展的制度创新的较少，涉及农村问题的也仅仅从农村剩余劳动力转移角度看待城市化进程。从城乡统筹的视角全面地分析并提出新型城市化实现路径与制度创新的对策性研究较少，目前对于城乡统筹视角下新型城市化的相关研究仅停留在概念、内涵的解释层面，没有深入展开。

三 本研究的逻辑框架

从现实路径看，当前中国城市化实现路径中面临的三个最主要问题：一是城镇体系不完善，城市结构不合理、城市功能不齐全、城市发展重点不明确。二是城市化的动力机制落后，工业信息化水平低、农业生产方式落后、服务业普遍低端，传统工业部门和落后的农业部门难以推动新型城市化的发展。三是在城市化过程中，城乡差距问题进一步强化，城乡居民收入差距进一步拉大，城乡社会发展水平差异、城乡社会保障待遇差异等都不断增大。

从制度层面看，当前中国城市化的转型需要解除一系列制度障碍：一是户籍制度，户籍从身份上限制了人口的自由流动与城乡转换，造成了城市化率的两种不同的判断标准。二是土地制度，土地制度是造成人口城市化滞后于土地城市化的根本原因。三是劳动与社会保障制度，平等的劳动与社会保障权利是户籍制度所捆绑的最主要的福利制度，劳动就业、社会保障等制度的二元性制约了以人为本的新型城市化的前行。四是行政管理制度，我国的财政制度、住房保障制度以及城市的行政管理体制等都普遍存在着加剧城乡不平等、阻碍城市化水平提升的弊病。

研究路线图（见下图）：

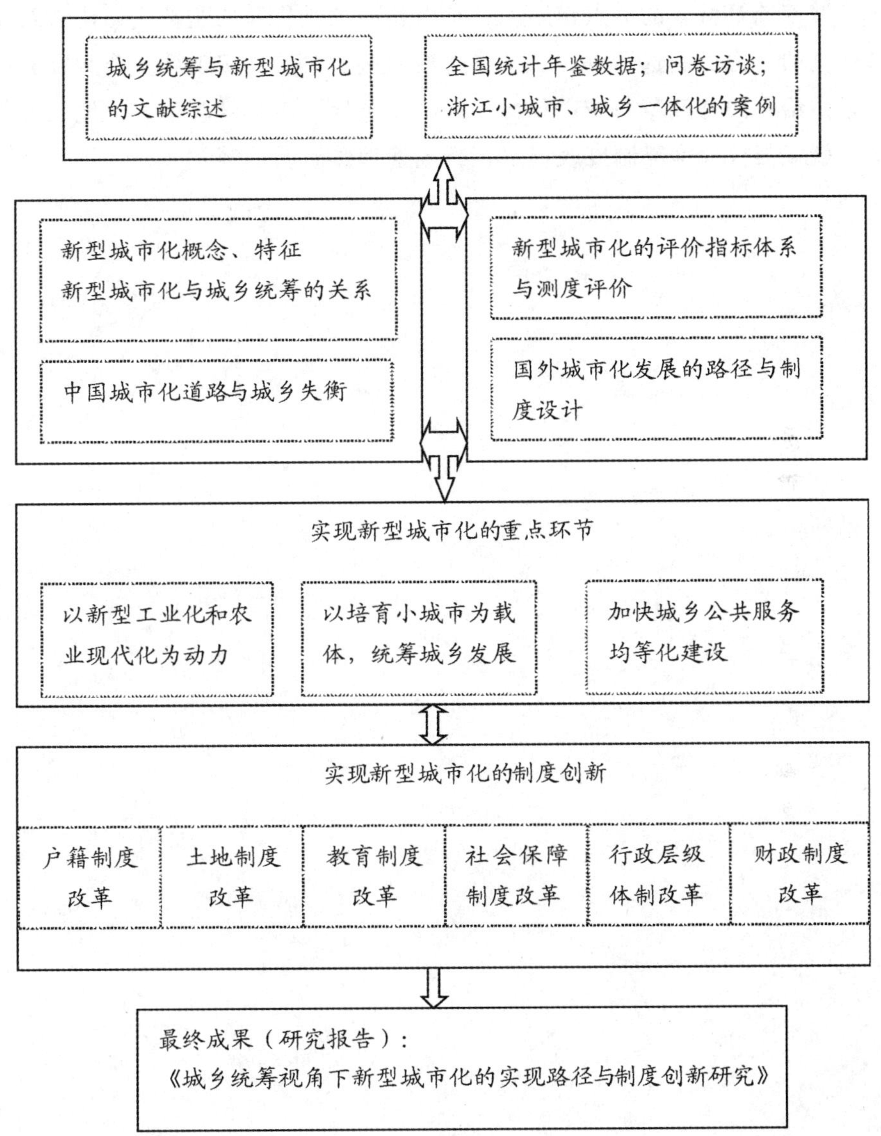

因此，本课题的研究从新型城市化的内涵与基本特征定义入手，分析城市化与统筹城乡的互动机制，设计统筹城乡视角下新型城市化质量的测评方法，围绕影响城市化进程的路径的制度创新、加快城乡统筹与城市化发展的对策建议等方面展开论述。统筹城乡视角下新型城市化现实路径的几个方面，一是新型城市体系的构建，包括城市等级规模的合理调整、城

市功能的协调、城市空间的优化等，在此基础上，加快小城市的培育，发挥小城市统筹城乡的节点作用；二是以新型工业化和农业现代化作为新型城市化的动力机制选择等；三是建立新型城乡关系，实现城乡公共服务一体化供给；四是改革与城市化相关制度，包括户籍制度改革、土地制度改革、就业与社会保障制度改革以及行政管理体制改革等。

第二章 城乡统筹视角下的新型城市化：概念、特征与互动机制

一 新型城市化的概念——一个研究综述

自20世纪80年代我国实行改革开放后，对城市化问题的相关讨论与研究成为学术界一直持续的热点内容。

而对于新型城市化问题的提法，最早见诸于文字的是1988年马戎发表在《农村经济与社会》中的一篇论文《“摆动人口”与我国农村劳动力的转移》提到“新型城市化”一词，由于时代发展所赋予城市化的不同涵义，当时出现的新型城市化在文字的涵义上与城市化一词并无明显的差异，也未对城市化赋予新的涵义，称之为新型城市化依笔者的判断纯属偶然。

把新型城市化作为一个专有名词加以提出的，是在21世纪初。作为城市化研究的主要学者之一，陈甬军、陈爱民等学者以美国华人经济学会的名义开展了一系列有关中国城市化问题的学术交流与研究①，著述颇丰。陈甬军（2004）是较早对新型城市化概念进行界定的学者，他认为走新型城市化道路的总体思路是：遵循“工农协调、城乡共进；政府引导、市场主导；资源整合、集约发展；因地制宜、多元推动”的原则，实施政府引导与市场主导相结合、农村与城市协调发展、人口资源环境和谐共处、大中小城市类型共存的多元城市化模式②。此后，新型城市化一

---

① 陈甬军、陈爱民主编：《中国城市化：实证分析与对策研究》，厦门大学出版社2002年版，第11页。

② 陈甬军：《中国的城市化与城市化研究——兼论新型城市化道路》，《东南学术》2004年第4期，第23—29页。

词不时见诸报端，但总体上并不频繁。

新型城市化成为城市化研究领域又一热点是在2006年前后。2006年上半年，浙江省委省政府首次从政府层面作为政策目标提出新型城市化战略，时任浙江省委书记习近平在《今日浙江》发表署名文章《坚定不移地走新型城市化道路》，提出浙江要“坚持把城市发展与新农村建设结合起来，走城乡互促共进的城市化道路；坚持把城市发展和优化全省人口生产力布局结合起来，走大中小城市和小城镇协调发展的城市化道路；坚持把城市发展与提高资源利用效率结合起来，走资源节约的城市化道路；坚持把城市发展与环境保护和生态建设结合起来，走环境友好的城市化道路；坚持把城市发展与增长方式转变结合起来，走经济高效的城市化道路；坚持把城市发展与构建和谐社会结合起来，走社会和谐的城市化道路”①。此后，大量的有关新型城市化的理论文章刊登在《今日浙江》、《浙江经济》、《政策瞭望》等理论刊物上，掀起了新型城市化研究的新一轮高潮。新型城市化概念由理论探讨正式进入省级决策与实践领域，掀起了新型城市化的一轮研究与实践的浪潮。

学界对于新型城市化的大量研究总体上也集中于近5年。董嘉明、庞亚君等认为新型城市化的基本内涵是“经济集约发展，社会和谐发展，环境友好发展，功能优化发展，城乡统筹发展”②。中国科学院以首席科学家牛文元为主的课题组从2009年起连续发布《中国新型城市化报告》，探讨中国城市化发展的新动向，至今年已发布4期，集中讨论了统筹城乡的成都模式、低碳城市的发展、新型城市化评价体系等问题，较系统地推动了新型城市化问题的研究。牛文元（2009）认为，与以往的城市化不同，新型城市化是“以可持续发展为战略目标，注重人口资源与环境互相协调，注重城乡统筹发展与城乡一体化，注重城乡公共服务均等化，以城乡间分配财富的机会公平为标志，逐步消除城乡二元结构，实现社会和谐的城市化之路”③。虞锡君（2005）提出，新型城市化包含三方面内容：一是人口结构的变化，农村人口比重不断下降，城镇人口比重不断上升；

① 习近平：《坚定不移地走新型城市化道路》，《今日浙江》2006年第17期，第6—7页。

② 董嘉明、庞亚君、王琳：《准确把握新型城市化的内涵与特征——浙江省新型城市化评价指标体系研究》，《浙江经济》2008年第7期，第62—63页。

③ 牛文元主编：《中国新型城市化报告2009》，科学出版社2010年版。

二是城镇空间分布形态的变化，形成互相联系的城镇体系；三是城市物质和精神文明向农村扩散，农村生活方式向城市接近[①]。程必定（2001）认为新型城市化是人口从农村向城市的转移过程，人口的集聚可以更高效地利用资源，促进经济社会持续发展[②]。

从新型城市化产业驱动的角度，姜永生、范建双、宋竹等（2008）认为新型城市化是以新型工业化为基础的，是城市化与工业化的统一、农村与城市的统一、农业与工业的统一、共性与个性的统一[③]。曹萍（2004）认为新型城市化是以劳动力密集型新兴产业为依托，以市场机制调整城乡经济关系为基础，以走生态可持续发展之路为目标，以城乡社会经济协调发展为保障，降低资源消耗、降低城市承载压力、降低人口城市化的迁移成本的城市化[④]。从城乡统筹的角度，牛文元认为新型城市化以新型工业化为基本驱动力，以现代科学技术为物质手段，形成大中小城市和小城镇合理分布的城镇空间体系，以城带乡，形成可持续发展的城市化道路[⑤]。

综上所述，尽管学界对新型城市化的诠释有所不同，但对新型城市化的本质把握基本一致，即认同新型城市化是强调城市质量提升和城乡协调式增长的可持续发展的城市化，是我国城乡社会发展的必然之路。

我们认为：新型城市化是与中国近 30 年以来的城市化实践相对应的一个概念，并不是对城市化概念与城市化理论的否定（理论上的城市化与新型城市化并无本质上的差异），之所以冠之以“新型”两字，是强调对城市化实践过程中出现偏差的一种矫正，对城市化过程中出现的问题的思考，如诸多归纳的新型城市化概念所提及的“统筹城乡”、

---

① 虞锡君：《正确处理城乡一体化进程中的五个基本关系——以浙江嘉兴为例》，《嘉兴学院学报》2005 年第 1 期，第 26—29 页。

② 程必定：《中国新型城市化道路的选择》，《青岛科技大学学报（社会科学版）》2011 年第 3 期，第 1—7 页。

③ 姜永生等：《中国新型城市化道路的基本思路》，《改革与战略》2008 年第 4 期，第 32—34 页。

④ 曹萍：《新型工业化、新型城市化与城乡统筹发展》，《当代经济研究》2004 年第 6 期，第 58—60 页。

⑤ 牛文元：《中国新型城市化战略的设计要点》，《中国科学院院报》2009 年第 2 期，第 130—137 页。

“协调发展”、“环境友好”、“社会和谐”等等，不正是对过往城市化进程的反思？新型城市化更多的是突出和强化了城市化深入发展阶段要引起注意的若干关键性问题，以期城市化向着健康、有序的方向发展。新型城市化是对城市化本质、城市化发展路径、城市化发展目标的重新审慎与认识。综合前人的研究，我们认为，新型城市化的概念大致可以简洁表述为：

新型城市化是以科学发展观为指导，在反思片面追求速度与数量的城市发展模式的基础上，落实“以人为本”的发展理念，突出城市化的发展质量，强调数量和质量、速度和效益、形式和实质有机统一，以农村人口的城镇有机融入、城乡统筹、区域统筹、土地集约使用、低能耗低污染、城乡生态环境和谐为发展目标，以理念创新、制度创新、管理创新为基本支撑，以信息化、新型工业化、农业现代化、服务业现代化等产业升级为核心动力，以大中小城市和小城镇空间合理分布为主要形态的城市化发展道路。

而城乡统筹视角下的新型城市化在以上定义的基础上，更突出城乡的和谐发展的若干方面：如农村人口的自由流动与城市化进程，城乡土地资源的科学合理分配与利用，工业化与农业现代化的相辅相成，城镇体系中城镇与乡村的合理分布与形态结构以及有利于推进新型城市化的制度创新等等。

二　城乡统筹视角下新型城市化的特征

（一）以农村人口向城镇居民转变为核心

新型城市化是农村外来人口真正融入城市生活的城市化。城市化的根本是人口的城市化，“以人为本”是新型城市化的本质要求。因此，新型城市化的基本要求就是有效促进农村人口向城市转移，真实做到由农村户籍向市民户籍的转变，由农业劳动者向城市劳动者的转变，让进城农民在生产生活上完全融入城市，成为城市“主人”中的一分子，享有城市发展所提供的公共产品与公共服务，安居乐业，人的全面发展要求得到满足与保障，真正融入城市。

（二）以城乡经济协调发展为目标

传统城市化以工业化发展为驱动力，长期的“以农补工”策略使农村与城市发展差距悬殊，城乡二元结构固化。而新型城市化的基本目标是城乡经济协调发展，要求“城市反哺农村、工业反哺农业”，打破传统城市化进程中的城乡二元经济结构，把新农村建设和城市建设有机结合起来，纳入城乡公共服务一体化的规划内，建立以工促农、以城带乡的长效机制，使城乡生活水平、使城乡居民收入差距不断缩小。

（三）以城乡均质化理念为引领

传统城市化强调城市功能的发展与提升，关注的重心在于城市的基础设施建设与城市公共服务事业发展，而忽视了农村的基本建设，快速的偏向性城市化进程使城市与乡村的公共服务差距越来越大，城市繁华、农村凋敝。而新型城市化的基本特征是以城乡均质化为引领，强调城市文化、城市生活方式和价值观在农村地域的扩散，城乡公共服务的均等化供给。将城市发达的基础设施体系向城市周边的农村地区延伸，如饮用水工程、城乡公交系统等；为农村生活提供均等化基础教育、医疗卫生、体育文娱等生活性公共服务；为农民居民提供基本养老、农村统筹医疗、大病保险等社会保障制度。新型城市化区别于传统城市化的重要一点，即它是以城乡经济、社会、文化等因素共同发展为基本目的，以缩小城乡差距、实现城乡一体化发展为根本目标。而传统的城市化更多关注人口在城市中的集聚，工业经济活动在城市中的集中，农业土地转化为城镇土地的推进过程，无暇于城乡统筹发展。

（四）以城乡产业链一体化为支撑

传统城市化以工业创造就业，带动农村人口的城市化，忽视了三次产业之间的协调与互补关系。而新型城市化一方面更加注重新型工业化和农业现代化两方面对城市化的拉动和推动作用，以及和服务现代化之间的协同发展。新型城市化以新型工业化和农业现代化为核心驱动力，以产业链一体化为纽带，使城乡之间形成相互支撑与协调互补的产业联系，推动城市产业服务体系向农村延伸，带动农业加工销售环节进入城市，推进城乡产业的强强联合和一体化同步发展。

（五）以城乡生产要素自由流动为前提

城乡二元结构的核心症结在于城乡生产要素不能自由流动。城乡生产要素主要包括劳动力、资金、土地等基本生产要素，这些生产要素持续地由农村流向城市，但在流入过程中遭遇诸多制度性障碍，形成城乡二元价格体系。农村劳动力与城市劳动力价格差距，体现在同工不同酬，形成对农村劳动力的就业歧视；农村建设用地的价格，大幅低于城市土地价格；农村信贷资金的利息又普遍高于城市信贷利率水平。生产要素价格水平反映出来的城乡要素流动，是不公平、不平等的。而新型城市化的基本特征是以实现城乡要素的自由流动为前提，劳动力和人口在城乡之间自由流动，形成城乡劳动者平等就业制度，农村人口可以根据自身的能力进入城市生产生活，在城乡统一的人力资源市场获得同等的要素报酬，城市人口同样可以选择进入农村生产生活，不受限制。资金、土地等生产要素在城乡间公平配置，逐步建立城乡统一的建设用地市场和信贷市场。城乡之间在更大范围内优化生产要素配置，共享交通、水利、能源、教育、卫生等公共资源，实现城乡的空间融合与共同发展繁荣①。

（六）以城乡发展统筹规划为先导

新型城市化以统筹城乡发展为发展目标，首先需要形成城乡统筹发展的一体化规划。城乡统筹规划，包括两层含义：一是城乡之间空间结构的统筹规划，城镇体系的合理布局，城乡之间基础设施建设与公共服务的统一规划；二是城乡之间经济社会发展体系的统筹规划，构建功能互补的统筹城乡制度体系。通过科学有序的城乡统筹规划，在起点上推进形成开放互通、互补互促、地位平等、城乡融合的经济社会发展新格局。

（七）以科学合理的城镇体系为依托

新型城市化是在对以往传统城市化道路进行反思与纠偏的基础上，科

---

① 中国市长协会《中国城市发展报告》编辑委员会：《中国城市发展报告2005》，中国城市出版社2006年版。

学地提出走大中小城市与小城镇协调发展的城市化道路。新型城市化的特征之一是强调城市空间的合理布局，以城市群、都市圈为主形态，以一大批具备较好产业发展基础的小城市和中心镇为城乡节点，发挥中心城市的辐射带动作用，以大中城市带动周边小城市和中心镇，以小城市和中心镇带动周边农村发展，实现城市功能的充分优化与城乡功能的协调。

（八）以城乡环境自然和谐为落脚点

传统城市化忽视城乡生态环境的保护，造成城市污染严重、道路交通拥堵、居民生活质量下降，农村同样面临严重农业面源污染、生活污水、垃圾随意丢弃的环境恶化问题。新型城市化是注重城乡生态环境保护的可持续性城市化，要求实现城乡发展与生态环境的系统平衡，树立保护生态环境的理念，充分考虑生态环境对城市扩张的承载能力，充分考虑乡村环境的保护与治理，发展生态经济、循环经济，实现城乡经济发展与自然环境系统的和谐相处。

三　新型城市化与统筹城乡的互动关系

新型城市化是城乡互动演变的过程，是工业化社会的结果。新型城市化所要求的城乡统筹发展是新时期城市化的必然要求，统筹城乡与城市化进程相辅相成、互为因果。

（一）统筹城乡发展能有力地促进城市化

在城乡二元体制下，我国城市化水平与工业化水平极不相称，城市化质量不高。受到城乡二元的诸多制度影响，农村剩余劳动力难以彻底地转变为城市居民，大量农民工处于半城市化状态，导致城市拉动农业和农村发展的作用被弱化，城乡良性互动的机制难以建立。而我国当前的城市化是孤立的城市化。所谓孤立的城市化，就是建设的重点停留在城市区域，忽视周边农村的建设，尽管这些农村也是在城市的行政区划之内。城市化的孤立推进，造成城乡差距持续拉大，带来许多社会问题，也使城市化难以为继。因此，为了解决城乡发展脱节的问题，要有新的改革与发展思路，即农村的问题要跳出农村看农村，城市的问题要跳出城市看城市，必须联系城市发展探索农村问题解决方式，系统地分析城乡之间问题的因果关系，统一规划和解决问题，这就是统筹城乡发展的深层含义。统筹城乡是缩小城乡差距、实现经济良性循环的重要途径，也是新型城市化的战略关键。只有实行统筹城乡，加强城乡合作、以城带乡，形成横向联合的经济发展区域，才能突破现阶段城市化的局限，从而产生“1+1>2”的效应。

“以城带乡、以工促农”，给农村地区更多的财力、物力投入，加快农村地区的发展，通过农村的发展来促进城市的可持续发展，实现农村人口向城市迁移的自觉性和有序性。其一，统筹城乡发展能够为城市工业生产提供广阔的消费市场空间，农业经济发展以及农村市场的需求增长为城市工业品和劳务服务提供了巨大的消费市场①。其二，统筹城乡发展能够使人口迁移更加有序。城乡差距是引起农民大规模进城务工的原始动因，但这种半城市化的人口迁移方式并没有实现真实意义上的城市化，除了制度的障碍外，经济能力也是阻碍农村人口城市化的重要因素。因此，建设农村、发展农村并不是为了留住农民，而是为了有序地、真正地解决农村人口的城市化。通过农村的发展，农民收入水平提高，生活质量得到改善，城乡差距进一步缩小，农民城市化迁移的目的不仅仅是为了谋生，更多是出于对生活方式的选择，这种选择也更加理性。同时，由于农村劳动收入和财产性收入的增长，使农民进城落户、购房等活动有了更强的经济保障能力，以进城定居为目的的人口迁移将成为新型城市化的主要形式。其三，统筹城乡发展为城市化提供更高素质的移民。农村经济发展使农村人口有更多更好的受教育机会，也使新一代的城市化人口具有更高的文化素质，有利于城市化质量的提升。

（二）加快城市化进程是统筹城乡发展的根本途径

1. 新型城市化是统筹城乡的必然选择

传统城市化往往视野局限于城市范围，仅关注城市的发展速度与规模，因而极易强化原来就严重的城乡二元分割。一个非常简单的事实，一

① 俞云峰：《统筹城乡发展与城市化：日韩两国的经验及启示》，《生产力研究》2010 年第 1 期，第 184—186 页。

项最基本的指标就可以说明城乡问题，城乡居民间的收入之比从1978年的2.57∶1扩大到2009年的3.33∶1，城乡收入差距在过去的30年间，不是缩小了而是拉大了。就城市而城市的城市化模式是城乡统筹问题长期没有得到很好解决的一个重要原因。

我国统筹城乡发展的一个根本要素是农民数量的减少，大量农民的减少必然要通过发展工业和服务业的途径实现，新型城市化能够创造大量的就业机会，吸纳农村剩余劳动力，为大规模的人口迁移提供平台和载体。从发展现代农业的角度看，农业的规模化和专业化生产需要土地的适度集中，分散到户的农业耕种模式向集约化生产转变，首先就要求农业人口的减少，只有当农村人口数量下降到30%左右时，规模化生产才能实现。同时，农业生产的机械化程度、科技含量、农业劳动者的整体素质和服务水平才有大幅度改善，农民的收入水平才会有明显的提升。[①] 因此，党的十八届三中全会《决定》指出要“推进农业转移人口市民化，逐步把符合条件的农业转移人口转为城镇居民”。

统筹城乡发展的重点是加快推进城市化，持续提高城市化水平，调整城乡结构。但是，横亘在城市和农村之间的壁垒仍然没有消除，城乡要素难以实现自由流动，因此必须要改革和创新城市化的机制体制，用新型城市化带动要素的优化配置、带动经济社会转型升级、带动城市文明向农村的辐射，从某种意义上讲，这也是统筹城乡发展的必要条件。

2. 新型城市化促进城乡统筹发展

城市化在我国经济社会发展中起到了重要的作用，但城市化的摸索过程中，也出现了大量的问题，城乡差距便是其中之一。因此，当前的城市化需要纠正发展过程的偏差。

新型城市化有别于以往的城市化，它是以城乡和谐发展为目的，以城市发展带动农村同步发展。新型城市化可以促进城乡统筹发展，具体表现在以下几个方面。

其一，新型城市化有利于提高城乡空间的集聚度，同时合理配置城乡人口分布。新型城市化不仅仅是关注人口由农村向城市的集聚，更强调构

① 牛文元：《中国新型城市化战略的设计要点》，《中国科学院院报》2009年第2期，第130—137页。

建规模合理、空间优化、功能互补的大中小城市协调发展的城镇体系，人口在城镇体系中的合理分布可以避免大城市人口过度集中，也可以发挥中小城市连接城乡的节点作用，有利于实现城乡资源的综合高效利用。

其次，新型城市化有利于缩小城乡差距。新型城市化关注城乡协调发展问题，在城市自身加快发展的同时，通过工业反哺农业、城市支持农村，以大中城市为区域辐射中心、以小城市和小城镇为节点，带动周边农村地区发展。新型城市化有利于生产要素在城乡间的合理流动，加快资金、人才、技术等要素的双向流动，带动农村经济发展。同时，促进城乡工业的合理布局以及农业与第二、第三产业的有机结合，实现城乡经济一体化。

再次，新型城市化有利于城乡生态环境保护。新型城市化以资源要素的合理配置和集约利用为前提，以不破坏生态环境为基本要求，坚持走经济、社会、环境共赢的城市化道路。因此，新型城市化有利于提高资源的有效利用，有利于城乡生态环境的改善，有利于降低城市化过程中人口承载压力、降低城市化的迁移成本。①

最后，新型城市化有利于实现对土地资源的集约利用。新型城市化要求建设用地的集约高效利用，改变以往铺张式的城市建设模式，能够有效减轻城市扩张过程对土地资源的压力，并推动改革构建城乡统一的土地要素市场。新型城市化也有利于城市化过程中耕地的保护，有利于保障失地农民的利益。

（三）走城乡统筹的新型城市化道路

我国城市化滞后于工业化，农业生产方式落后，城乡分割严重。因此，我国的城市化进程，要充分考虑国情，考虑城乡利益关系的协调，走出一条有中国特色的城市化道路，即统筹城乡的城市化道路。②

党的十八大提出："城乡发展一体化是解决'三农'问题的根本途径。要加大统筹城乡发展力度，增强农村发展活力，逐步缩小城乡差距，

---

① 曹萍：《新型工业化、新型城市化与城乡统筹发展》，《当代经济研究》2004 年第 6 期，第 58—60 页。

② 俞云峰：《城镇化：城乡统筹发展的路径创新》，《理论建设》2010 年第 6 期，第 14—17 页。

促进城乡共同繁荣"，"加快完善城乡发展一体化体制机制，着力在城乡规划、基础设施、公共服务等方面推进一体化，促进城乡要素平等交换和公共资源均衡配置，形成以工促农、以城带乡、工农互惠、城乡一体的新型工农、城乡关系。"要解决城乡协调发展问题，破解城乡二元经济结构的体制性障碍，则必须大力推进新型城市化，减少城乡矛盾，促进城乡优势互补，把新型城市化作为统筹城乡经济社会发展的根本途径。党的十八届三中全会又进一步明确："坚持走中国特色新型城镇化道路，推进以人为核心的城镇化，推动大中小城市和小城镇协调发展、产业和城镇融合发展，促进城镇化和新农村建设协调推进。"这是对具有中国特色的城市化战略的新概括，这种战略也可称之为体系化战略、多元化战略。即大中小城市及小城镇以及城市和乡村成为一个有机整体，形成结构有序、优势互补、功能配合、共生共进、和谐高效的城市体系。

统筹城乡视角下的新型城市化是城市化发展道路的必然选择。统筹城乡视角下的新型城市化走大中小城市和小城镇以及农村协调发展、互联互促的城市化道路；统筹城乡视角下的新型城市化道路是以城乡一体化和城市现代化为目标的可持续发展的城市化道路；统筹城乡视角下的新型城市化道路是充分发挥城市对农村的带动作用，形成城乡互促、共同繁荣发展的城市化道路。

第三章　城乡统筹视角下的新型城市化：指标体系与测度评价

一　城市化指标体系研究的简要回顾

城市化是城市与乡村的互动演变过程，城市化与统筹城乡相辅相成、互为因果。同样，对一个地区城市化质量的评价，不能仅看城市的规模、经济总量等评价指标，也需要关注城乡统筹、可持续发展等反映城乡协调、居民生活品质的指标，基于城乡统筹程度的新型城市化测度结果才能科学地反映出这个地区真实的城市化质量[①]。因此，对新型城市化的评价，需要建立一套高效、合理的指标体系，从而正确引导各地区走科学合理、社会和谐的新型城市化道路。

新型城市化水平综合测度与评价实际上是利用具体的指标体系对城市化所包括的内涵，进行具体化、层次化的统计描述和综合评价。叶裕民（2001）[②] 是较早对城镇化综合发展进行评价的学者，她在专著中提出的包含城镇现代化和城乡一体化两个方面含义的城市化评价指标体系，并以2000年9个人口超过300万的特大城市进行实证分析，得出大部分城市当时都属于初步实现现代化阶段、城乡一体化程度很低、需要大力提升城市化发展质量的结论[③]。王承强（2005）在城市化指标体系中设计了人口

① 俞云峰：《略论城乡统筹视角下的城镇化评价指标体系的构建》，《科学决策》2011年第5期，第45—51页。

② 叶裕民：《中国城市化质量研究》，《中国软科学》2001年第7期，第27—31页。

③ 张春梅、张小林、吴启焰、李红波：《发达地区城镇化质量的测度及其提升对策——以江苏省为例》，《经济地理》2012年第7期，第50—55页。

城市化、产业结构、居民生活、科技水平四大类指标①；李晓刚（2008）在此基础上又增加了地域环境城市化一个大类；李明秋等（2010）提出从城市发展质量、城市化推进效率和城乡一体化实现程度三个维度进行评价②；袁晓玲等（2008）从物质文明、精神文明、生态文明三个维度提出了评价城市化的27项评估指标；董嘉明、庞亚君等（2008）在论文中提出了浙江省新型城市化的评价指标体系，分为经济集约、社会和谐、环境友好、功能优化、城乡统筹五大类26项指标③。值得一提的是，董嘉明等人的研究正是在时任浙江省委书记习近平撰文指出新型城市化概念中包含城乡统筹的基础上的进一步研究。中国科学院方创琳（2011）认为城市化质量是经济、社会和空间三方面的有机统一，并从这三个视角构建测度模型建立了29项指标，对中国城市化发展质量作了总体评价④。数量最为丰富的指标体系是牛文元（2010）带领的课题组，从动力特征、公平表征和协调度三个维度，覆盖了城市化的创新能力、竞争能力、生态环境、居民的生活质量、共同富裕程度等八方面内容，共动用了50项指标⑤，对全国50个主要城市进行了新型城市化水平的评价。

对于统筹城乡和城乡一体化的指标体系研究成果也颇为丰硕，主要的研究有：顾益康等（2004）从城乡一体化的发展度、协调度、差异度等三个方面设计了42项评价指标⑥；徐明华、白小虎（2005）从城乡总体发展水平、城市发展水平、农村发展水平、城乡一体化水平四维度构建了一个简洁的评价体系，并以浙江省为例进行实证评估分析⑦。杨振宁

① 王承强：《区域城市化水平综合评价及发展对策研究》，《山东经济》2005年第6期，第41—44页。

② 李明秋、郎学彬：《城市化质量的内涵及其评价指标体系的构建》，《中国软科学》2010年第12期，第182—186页。

③ 董嘉明、庞亚君、王琳：《准确把握新型城市化的内涵与特征》，《浙江经济》2008年第7期，第62—63页。

④ 方创琳、王德利：《中国城市化发展质量的综合测度与提升路径》，《地理研究》2011年第11期，第32—46页。

⑤ 牛文元：《中国新型城市化报告2009》，科学出版社2010年版。

⑥ 顾益康、许勇军：《城乡一体化评估指标体系研究》，《浙江社会科学》2004年第6期，第95—100页。

⑦ 徐明华、白小虎：《浙江省城乡一体化发展现状的评估结果及其政策含义》，《浙江社会科学》2005年第2期，第47—55页。

(2008) 从空间、经济、居民生活三方面建立了评价城乡统筹发展水平的指标体系，并采用 1990 年至 2006 年安徽省的面板数据进行了实证分析①；杜茂华等（2010）从经济发展、社会发展、生态环境建设、规划与管理四个方面选取了 33 项指标构建指标体系来综合反映城乡统筹度②；浙江省统计局从经济发展、公共服务、人民生活、生态环境四大类制定了包括 20 项指标的城乡统筹得分评价体系。

总体而言，这些研究对中国城市化水平的测度以及城市化格局的研究作出了积极的探索。从已有的研究看，大多学者提出的城市化综合评价指标体系都侧重于从城市经济发展水平、城市居民生活水平等方面入手进行评估，较少把城乡间的统筹与协调程度作为对城市化发展水平的重要影响因子，或者部分结合了有关城乡一体化的指标，但其权重通常采用人为赋权的方式，明显较弱且缺乏科学性，造成了仅以城市区域发展水平评价城市化的局面。这些研究多采用复合指标方法，选取包括城市社会、经济、环境等方方面面的几十项指标对城市化水平作综合测度，但由于指标太多、一般在 30 项以上，数据量太大，个别指标数据的获得比较困难，有些指标统计口径不完全一致，指标的含义和计算有交叉与重叠，影响了实际的可操作性。在各大类指标的权重确定上，通常采用人为赋予权重的方式，城乡统筹程度对城市化的影响根据研究者个人主观偏好赋予权重，权重偏轻时，城乡统筹对城市化的影响力微乎其微；权重偏重时，又使城乡指标喧宾夺主，过轻过重都不科学。从城市化评价指标的计量方法上看，目前最常见的指标评价计量方法有主成分分析法、因子分析法和熵值评价法等。

二　新型城市化指标评价体系的构架与测度方法

（一）新型城市化评价指标体系的构建

利用新型城市化综合评价指标体系对新型城市化所包括的各个层面的内涵及总体水平进行具体化、层次化的统计描述和综合评价。基本的共识

① 李勤、张元红、张军、孙祥栋、刘晓婷、罗丹：《城乡统筹发展评价体系：研究综述和构想》，《中国农村观察》2009 年第 5 期，第 2—10 页。

② 杜茂华、刘锡荣：《城乡统筹发展评价指标体系构建及其应用——以重庆市区县统筹为例》，《西南大学学报（社会科学版）》2010 年第 3 期，第 125—131 页。

是，我们在评价一个地区新型城市化水平时，不能仅看城市规模、城市人口这些基本的数量指标，也需要综合关注与新型城市化要求相符的一系列发展指标，结合各个维度的信息进行综合的评价与测度，测度的结果才能科学地反映出一个地区真实情况。因此，引导地方政府走健康、有序的新型城市化道路，建立一套高效、合理、便捷的指标体系，科学评价某地区的新型城市化水平是重要的，也是必要的。

对于各地区的新型城市化发展水平如何进行评价，我们认为城乡统筹视角下新型城市化水平的度量要围绕新型城市化的基本内涵与特征从多个角度综合进行，既不缩小也不夸大城乡统筹的因素，具体包括四方面维度。

一是经济发展水平。经济发展程度体现了该地区城市的工业文明与农村的现代文明程度，是城市化与统筹城乡的物质基础，是一切之源。

二是城市发展质量。城市的基础设施、城市居民的生活质量是城市化进程的强大吸引力，也是新型城市化水准的重要评判标准。城市本身的发展质量、城市居民生活的满意程度是城市化发展的重要目标之一。

三是城乡统筹程度。城乡统筹发展程度是评价一个地区城市和乡村协调发展能力的重要方面，是新型城市化的题中之义和有机组成部分，也是新型城市化发展的终极目标之一。

四是城乡可持续发展。城市化可持续发展体现了城市化发展过程中城市与周边乡村的资源承载能力以及城市与乡村发展的生态文明程度，是新型城市化可持续发展的有力保障。

在分析前人研究成果的基础上，依据新型城市化发展的内涵，遵循数量合理、内容完整、科学实用、动态超前的原则，并考虑到各类指标数据的易得性和指标间的共线性问题，我们构建一个包含 4 个准则层、9 个涵义层和 29 个指标的地区新型城市化水平测评体系（见表 3—1）。

1. 城市发展质量指标群

城市发展指标群包含两层涵义："人口城市化"和"城市生活品质"。"人口城市化"涵义层具体指标包括"城镇常住人口比重"、"城镇户籍人口比重"、"第三产业从业人数比重"和"常住人口基本养老保险覆盖率"4 项指标。"城市生活品质"涵义层具体指标包括"城镇居民文教娱乐支出占消费支出的比重"、"人均生活用水量"、"人均公园绿地面积"、"每万人拥有公共汽车数"和"人均城市道路面积"5 项指标。

表 3—1　**新型城市化评价指标体系**

准则层	涵义层	指标层
城市发展质量	人口城市化	城镇常住人口比重 城镇户籍人口比重 第三产业从业人数比重 常住人口基本养老保险覆盖率
	城市生活品质	城镇居民文教娱乐支出占消费支出的比重 人均生活用水量 人均公园绿地面积 每万人拥有公共汽车数量 人均城市道路面积
经济发展水平	经济发展实力	人均国内生产总值 城镇居民人均可支配收入 人均固定资产投资
	经济产业结构	第三产业产值占 GDP 比重 人均直接利用外资额 科技投入额占 GDP 比重
	信息化水平	每万人拥有专利数 每百万人国际互联网用户数 移动电话普及率
城乡统筹与一体化	城乡协调发展	城乡居民人均可支配收入比 城乡居民恩格尔系数比 城乡居民文教娱乐支出比
	基本公共服务均等化	财政支农资金比重 城乡社会保障覆盖率 城乡生均基础教育投资比
城乡可持续发展	资源集约利用	城市人口密度 人均水资源量（立方米/人） 万元 GDP 能耗
	生态环境保护	空气质量达到二级以上天数占全年比重 工业固件废弃物综合利用率 日均污水处理能力

中国特色的户籍制度造成了城市常住人口与户籍人口的巨大差异，由城市户籍人口占全国人口比重这一指标反映的城市化率会大大低于实际人口城市化率，而城市常住人口由于其潜在的城乡之间流动性因素，会高于真正的人口城市化率，以至于判断城市化水平时难以适从，需要将两个指标加以综合来考虑，通常“常住人口城市化率”指标更接近城市实际容纳的人口。“第三产业从业人数比重”指标是反映城市产业结构、人口就业结构的重要指标，第三产业伴随城市居民对服务业的大量需求而产生和发展，第三产业的兴旺及其占经济总体的比重是城市化纵深发展的表现。因此，我们选用3个指标作为反映人口城市化的主要指标。

反映城市生活品质的指标非常丰富，综合考虑，我们选取其中五项指标代表城市的生活品质。“城镇居民文教娱乐支出占消费支出的比重”指标反映了城镇居民的消费结构中更高层次的消费占比；“人均供水总量”指标反映了某一城市的基本人口可容纳量、城市居民生活的基本水平；“人均公园绿地面积”指标体现城市生态环境生活的品质；“每万人拥有公共汽车数量”指标反映了某一城市居民出行的公共交通便利程度；“常住人口基本养老保险覆盖率”指标相对于户籍人口基本养老保险覆盖率指标更能体现一座城市基本公共服务的均等化程度，进而折射城市的生活品质。城市化过程也是居民生活质量不断提升的过程，通过消费水平、基础设施、公共服务可以在一定程度上反映城市生活质量的城市化水平。

2. 经济发展水平指标群

经济发展水平指标群包含三层涵义：“经济发展实力”、“经济产业结构”和“信息化水平”。经济发展实力是一个国家城市化进程的物质基础，具体包括“人均国内生产总值”、“城镇居民人均可支配收入”、“人均固定资产投资”3项指标；经济产业结构反映了城市化进程中经济发展与产业结构的健康程度，具体包括“第三产业产值占GDP比重”、“人均直接利用外资额”和“科技投入额占GDP比重”3项指标；信息化水平具体包括“每万人拥有专利数”、“每百万人国际互联网用户数”、“移动电话普及率”3项指标。

“人均国内生产总值”指标反映了一个地区经济总量，是城市化的基础性指标；“城镇居民人均可支配收入”指标更侧重于表现城镇居民的富裕程度；“人均固定资产投资”指标反映一个城市的基础性建设能力；

“第三产业产值占 GDP 比重”指标体现了三次产业结构的构成，按照产业结构理论，第三产业比重越高，说明城市化产业结构更趋于合理；“人均直接利用外资额”指标反映地区经济发展过程中投资结构的合理程度；“科技投入额占 GDP 比重”指标则体现了一个地区对科技创新的重视程度，也体现了该地区对创新经济增长方式转型的投入力度；“每百万人国际互联网用户数”“移动电话普及率”指标反映了城市信息化水平以及城乡居民移动通信工具普及程度。

3. 城乡统筹与一体化指标群

城乡统筹与一体化指标群包含两层涵义：“城乡协调发展”和“基本公共服务均等化”。城乡协调发展具体包括“城乡居民人均可支配收入比”、“城乡居民恩格尔系数比”和“城乡居民文教娱乐支出比”3 项指标。公共服务均等化具体包括“财政支农资金比重”、“社会保障普及率”和“城乡生均基础教育投资比”3 项指标。

“城乡居民人均可支配收入比”指标是衡量城乡差距的核心指标，城乡居民之间的收入水平间接地反映了城乡统筹和城市化的质量；“城乡居民恩格尔系数比”指标是以城乡居民食物支出占总支出的比率来表示，是反映城乡人民基本生活水平差距的重要指标；“城乡居民文教娱乐支出比”指标反映城乡居民在文化、教育和娱乐等更高层次消费需求上的差距，这两项指标均从购买力的角度看待城乡居民消费结构的差别，消费结构的不同比较直观地反映了城乡差距；“财政支农资金比重”指标反映一个地区财政对农村发展的重视程度，财政支农的力度直接影响到城乡公共服务均等化水平；“城乡社会保障覆盖率”指标就是指社会保障的人口覆盖率，重点是农村的社会保障覆盖率，反映打破城乡二元社会保障体制的程度；“城乡生均基础教育投资比”指标以城乡义务教育阶段学生生均教育经费的比值来衡量城乡教育投入的差距，义务教育是农村公共服务投入的重要支出项，据此可以较大程度反映出城乡公共服务的协同度。

4. 城乡可持续发展指标群

城乡可持续发展指标群包含两层涵义：“资源集约利用”和“生态环境保护”。资源集约利用具体包括“城市人口密度”、“人均水资源量”和“万元 GDP 能耗”3 项指标；生态环境保护具体包括“空气质量达到二级以上天数占全年比重”、“工业固件废弃物综合利用率”和“日均污水处理能力”3 项指标。

城乡可持续发展需要有充足的可供利用的自然资源，由于资源的有限性，城乡可持续发展必然要衡量资源利用的效率程度，“城市人口密度”用于判断城市土地的集约使用效率；“人均水资源量”衡量一个地区水资源与人口集聚的匹配程度，也是判断一个地区城市人口可持续增长的限度；“万元 GDP 能耗”主要反映城市产业结构对能源利用的依赖程度，能耗过高，城市发展就缺乏后劲。而城乡生态与环境的质量直接关系到城市化的可持续性，随着空气污染问题日益受到社会关注，“空气质量达到二级以上天数占全年比重”指标可以作为一项重要的衡量环境保护和城市宜居程度的重要指标，“工业固件废弃物综合利用率”、“日均污水处理能力”两项指标则反映城乡在生产、生活过程中环境保护的能力。

（二）统计分析方法

指标评价体系中常用的方法有主成分分析法、聚类分析法等，这些方法各有利弊，本研究采用的方法是熵值法。在信息论中，熵是对不确定性的一种度量，不同年份之间数据的变化越小，熵值也就越小；数据的变化越大，熵值也越大。根据熵的特性，我们可以通过计算时间序列数据的熵值来判断一个事件的无序程度及变动程度，也可以用熵值来计算某个指标的离散程度，离散程度越大，说明该指标对综合评价的影响越大。因此，相比于层次分析法，熵值评价法更客观；相比于主成分分析法，熵值法不会丢失信息，更全面；相比于 BP 神经网络模型，熵值法无须先验结果就能算出权重①。

熵值法是较为客观的赋权和计算方法，不受人为主观因素干扰，本书使用熵值法确立权重，根据各项指标熵值的大小，也即各项指标值在 10 年截面数据中的变异程度，计算出该项指标值的权重，在此基础上综合 17 项指标加权值计算城市化的综合水平。其主要步骤如下：

第一步，建立指标的原始数据矩阵：h 表示年份，m 表示省份，n 表示测评指标项，原始指标数据矩阵的形式为 $k = \{x\lambda ij\}_{h \cdot m \cdot n}$（$1 \leqslant \lambda \leqslant h$,

① 张春梅、张小林、吴启焰、李红波：《发达地区城镇化质量的测度及其提升对策——以江苏省为例》，《经济地理》2012 年第 7 期，第 50—55 页。

$1 \leqslant i \leqslant m$，$1 \leqslant j \leqslant n$)，其中 $x_{\lambda ij}$表示第 λ 个年份第 i 个省份第 j 项指标的数值。

第二步，指标的无量纲化处理。

第三步，得标准化数据 $x_{\lambda ij}$后，对各项指标进行归一化处理：

$$P_{\lambda ij} = x_{\lambda ij} / \sum_{\lambda=1}^{h} \sum_{i=1}^{m} x_{\lambda ij}$$

第四步，计算指标信息熵值 e 及信息效用值 d。

第 j 项指标的信息熵值为：$e_j = -k\sum_{\lambda=1}^{h}\sum_{i=1}^{m} p_{\lambda ij} \ln p_{\lambda ij}$，其中 $k = 1/\ln (h \cdot m)$。

第 j 项指标的信息效用值 d：$d_j = 1 - e_j$

第五步，估算各项评价指标权重：

$$w_j = d_j / \sum_{j=1}^{n} d_j$$

第六步，计算综合得分：

$$C_{\lambda i} = \sum_{j=1}^{n} (w_j \cdot x_{\lambda ij})$$

（三）数据来源与指标说明

指标说明：本着指标数据的易得性、规范性和准确性的原则，以及考虑数据的差异程度，我们并没有采用全部的 29 项指标，而是在 4 大类指标选取了 17 项指标进行统计分析。其中经济发展水平维度的指标 4 项：人均国内生产总值、人均固定资产投资（万元）、三产占 GDP 比重、移动电话普及率（百人/部）；城市发展质量的指标 5 项：城镇居民文教娱乐支出比重、人均生活用水量（升）、人均公园绿地面积、人均城市道路面积、每万人拥有公共汽车数量；城乡统筹与一体化维度的指标 4 项：城乡居民人均可支配收入比（二元结构系数）、城乡居民文娱支出比、财政支农资金比重、城乡生均基础教育投资比；城乡可持续发展水平维度的指标 4 项：城市人口密度、人均水资源量、日均污水处理能力、空气质量达到二级以上天数占全年比重。

数据来源：数据主要来自于《中华人民共和国统计年鉴》2005 年至

2014 年 10 年的统计数据，以及相关省份的统计年鉴，其中对缺失数据以及异常数据进行了相应的统计处理。依据上述测评体系，运用 MATLAB（R2011a）进行熵值法计算，确定指标的权重，进而计算出综合得分。

为了更准确地反映一个地区城市化的水平，我们在全国 31 个省份（自治区、直辖市）中去除了人口密度低于每平方公里 100 人的黑龙江、甘肃、青海、贵州、内蒙古和西藏 6 个省份，将其余的 25 个省份进行比较分析与城市化水平的测度。

三　基于省级面板数据的新型城市化测量与评价

（一）综合测评结果分析

1. 总体新型城市化水平的动态变化

从 2004 年至 2013 年全国 25 个省份新型城市化水平的总体测度情况（见图 3—1）看，我国新型城市化水平总体上呈现上升趋势，从 2004 年 0.277 上升到 2013 年 0.436。综合了各类维度的考察后，全国新型城市化水平的提升速度并不明显，年均增速仅为 3.7%。从图 3—2 中还可以看出，各省份的新型城市化水平普遍处于上升状态，差距并不明显。其中北京、江苏、广东、浙江、天津、福建、海南、上海、陕西、山东 10 个省份高于全国平均值，其余 15 个省份低于全国平均值。

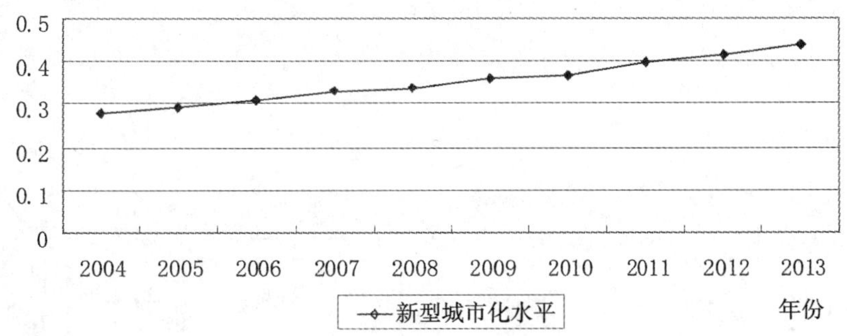

图 3—1　2004 年至 2013 年全国 25 个省份新型城市化水平的总体测度情况

2. 新型城市化水平的空间分布

将 2013 年 25 个省份新型城市化水平进行静态的比较（见图 3—3），

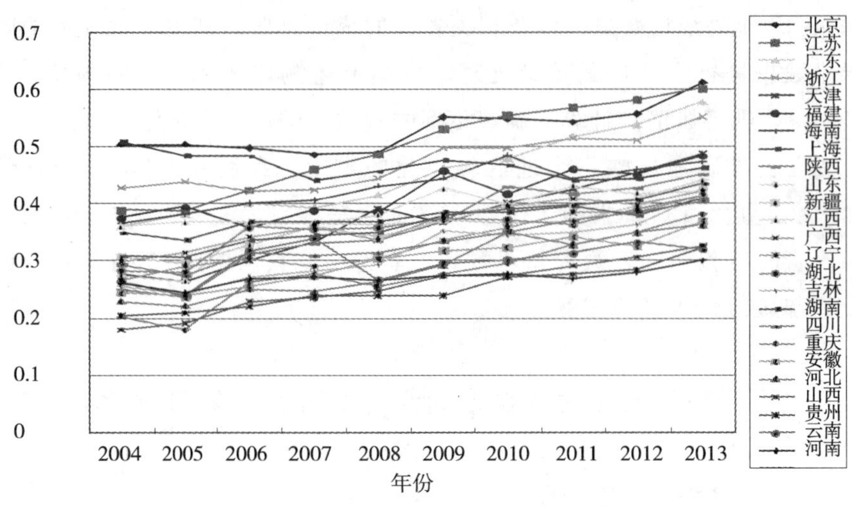

图 3—2　2004 年至 2013 年全国 25 个省份新型城市化水平的动态变化

北京、江苏、广东、浙江等沿海发达省份新型城市化水平居首，测度值明显高于其他省份，陕西、辽宁、吉林、江西等省份得分比较接近于平均水平，而河南、云南、贵州、山西等中西部内陆省份测度值居末。我们用聚类分析方法将各省新型城市化水平综合测评结果进行分类（见表 3—2）。新型城市化水平大致可以分为高、中、低三大类。北京、江苏、广东、浙江、天津、福建、上海明显要高于其他省份，属于城市化水平较高的区域；海南、陕西、山东、辽宁、新疆、江西、吉林、湖北、广西总体接近平均水平，属于城市化水平中等区域；湖南、四川、重庆、安徽、河北、山西、贵州、云南和河南相对城市化水平偏低，属于城市化水平较低的省份。

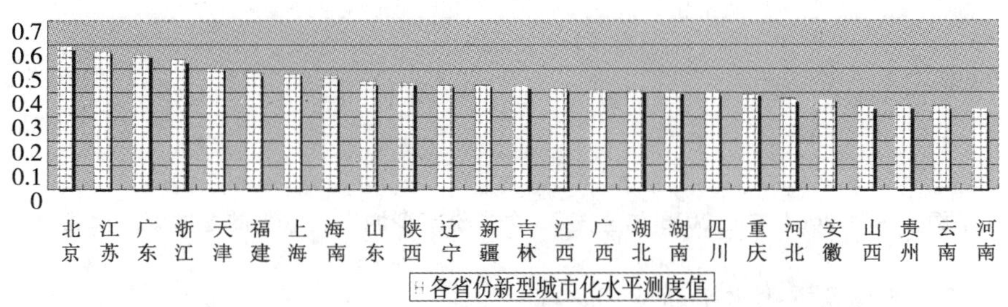

图 3—3　2013 年各省份新型城市化水平测度的静态比较

表 3—2 新型城市化水平类型划分

类 型	省 份
新型城市化水平较高	北京、江苏、广东、浙江、天津、福建、上海
新型城市化水平中等	海南、陕西、山东、辽宁、新疆、江西、吉林、湖北、广西
新型城市化水平较低	湖南、四川、重庆、安徽、河北、山西、贵州、云南、河南

3. 空间分布的动态变化

为了进一步比较25个省份在过去10年内新型城市化水平的空间分布动态变化，我们从2004年起，将每年25个省份的综合得分进行排序，通过10年的排序结果变化，了解各省份城市化水平的变化，结果如表3—3所示。并将其分为较高、中等、较低三大组，从分组结果看，组间各省份的空间分布没有显著变化，但是组内变化明显。

表 3—3 全国25个省份新型城市化水平综合得分排序

年 份		2004	2005	2006	2007	2008	2009	2010	2011	2012	2013
新型城市化水平较高	北京	2	2	2	1	1	1	2	2	2	1
	江苏	5	6	5	3	3	2	1	1	1	2
	广东	6	5	4	5	5	5	5	3	3	3
	浙江	3	3	3	4	4	4	4	4	4	4
	天津	12	13	15	15	7	9	7	7	5	5
	福建	4	4	7	7	8	6	8	5	7	6
	上海	1	1	1	2	2	3	3	6	6	7
新型城市化水平中等	海南	7	7	6	6	6	7	6	8	8	8
	山东	19	17	14	14	13	14	12	12	10	9
	陕西	20	21	18	16	14	13	9	10	9	10
	辽宁	15	12	16	18	17	17	13	13	13	11
	新疆	10	11	11	10	11	10	15	15	12	12
	吉林	18	18	19	19	19	16	17	18	18	13
	江西	8	8	8	11	9	8	10	9	11	14
	广西	11	10	12	9	15	12	11	11	14	15
	湖北	14	14	10	13	12	15	16	17	16	16

续表

年份		2004	2005	2006	2007	2008	2009	2010	2011	2012	2013
新型城市化水平较低	湖南	9	9	9	8	10	11	14	14	17	17
	四川	13	15	17	17	16	18	19	16	15	18
	重庆	22	24	20	20	23	23	22	19	19	19
	河北	23	22	23	24	22	21	18	20	20	20
	安徽	21	20	22	22	18	20	20	21	22	21
	山西	25	25	24	25	25	24	24	23	23	22
	贵州	24	23	25	23	24	25	25	24	24	23
	云南	17	19	13	12	20	19	21	22	21	24
	河南	16	16	21	21	21	22	23	25	25	25

城市化水平较高的组内，北京、浙江、福建的整体排名基本保持稳定，江苏、广东的排名有所上升，江苏从2005年的第六位上升到2012年的第一位；广东2005年排序第五位，至2011年后基本稳定在第三位。天津的新型城市化水平排名提升最快，从2006年的第十五位迅速上升到2012年的第五位，其主要原因是过去10年里，天津的人均GDP增速要高于其他省份，人均固定资产投资力度也远高于其他省份；在城市发展质量的指标中，人均城市道路面积、每万人拥有公共汽车数量等指标的增速也高于其他省份，从图3—4中也可以看出，由于2004年的基数要远低于广东和江苏，天津新型城市化测度值的增速是最快的。而上海则成为排名持续下滑的地区，从2004年的第一位下降至2013年的第七位，其主要原因并非是人口的快速增长，同期虽然高于其他省份，但上海、北京、天津三大直辖市人口增幅基本相同；从经济指标看，上海的人均GDP增幅以及人均固定资产投资增幅明显低于天津和北京；从城市生活质量指标看，人均生活用水量、人均公园绿地面积、每万人拥有公共汽车数量等指标均处于下降状态，人均城市道路面积指标更是全国最低水平。从图3—5中可以看出，上海是全国新型城市化测度值增长最慢的地区之一。

城市化水平中等的组内，山东、陕西的测度值增幅较快，广西和江西的增幅较慢。主要区别在于山东、陕西城市发展水平和可持续性发展水平的增幅几乎是广西、江西的1.5倍，具体到人均生活用水量、人均公园绿地面积、人均城市道路面积和每万人拥有公共汽车数量等指标均有较大的差别。

城市化水平较低的组内，湖南、云南和河南的测度值增幅缓慢，排名一路下滑。

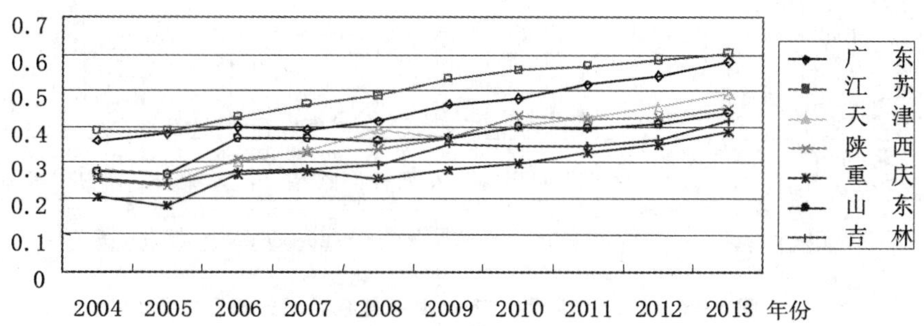

图 3—4　2004 年至 2013 年新型城市化水平增长较快的省份的动态变化

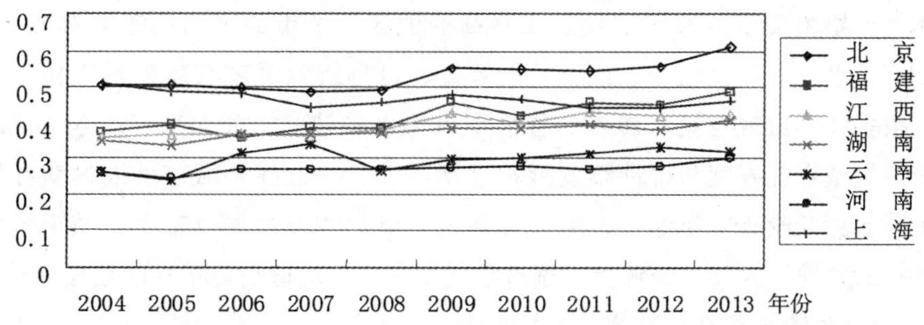

图 3—5　2004 年至 2013 年新型城市化水平增长较慢的省份的动态变化

（二）分维度测评结果分析

为了进一步分析新型城市化的四个维度对城市化水平的影响程度，我们分别对经济发展水平、城市发展质量、城乡统筹、可持续发展等四个维度的测评得分情况进行分析。

通过熵值法为四个维度赋予权重，从图 3—6 中可以看出，城市发展水平的权重最高，达到 32%，经济发展水平的权重为 28%，可持续发展水平的权重为 27%，而城乡统筹的权重值仅为 13%，可见城市发展水平的几项指标在新型城市化水平中贡献作用比较大，而城乡统筹的贡献率是最小的。由此也说明，相对于经济发展与城市建设，城乡统筹的进展是最缓慢的，城乡差距程度在过去 10 年中并非明显缩小，因此，也可以认为城乡统筹发展应成为今后新型城市化发展的重点建设环节。

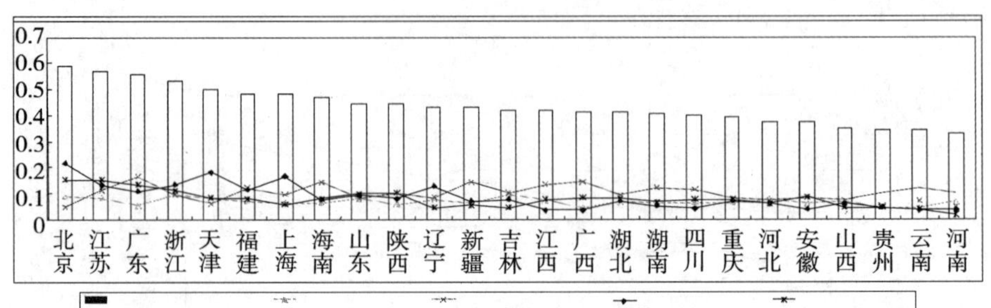

图 3—6　2013 年新型城市化水平各组成部分测评结果

从图 3—6 中可以看出，四个维度的测评得分高低与新型城市化综合得分高低并非完全对应，经济发展水平、城市发展质量与新型城市化水平总体呈正相关关系，即经济发展水平高的地区，城市的生活质量总体较高，新型城市化水平也较高。而城乡统筹度、可持续发展度与新型城市化水平在很多省份出现背离，即有的省份城市化水平较高，如北京、山东、上海等，但城乡统筹度和可持续发展程度却不高，一方面是城市发展过快导致城乡差距并没有实质缩小；另一方面大城市的快速发展也带来了城市资源要素的紧缺，人均水资源量、城市空气质量、人均道路等指标的相应下滑。

1. 经济发展水平维度

从时间序列考察（见图 3—7），25 个省份的经济发展水平总体呈现快速发展的趋势，测算值从 2004 年的 0. 120 增加到 2013 年的 0. 458，年增长率 14. 3%，是所有维度中增速最快的一项。对省份间进行比较分析，在图 3—8 中，省份间以 2013 年的测度值为序从高到低进行排列。可以看出，北京、天津、上海三个直辖市经济发展水平明显高于其他省份，原因是三大直辖市的人均 GDP 以及第三产业占 GDP 比重等指标值明显高于其他省份。从时间变化看，天津的经济发展水平指标与其他省份相比，增长的速度更快，而上海的各项指标的增长速度明显低于其他省份。以人均 GDP 为例，上海的人均 GDP 从 2004 年的 46718 元增长到 2013 年的 90092 元，10 年增速仅为 200%，而天津的人均 GDP 从 2004 年的 26532 元增长到 2013 年的 93173 元，10 年增长速度大于 350%。其余省份经济发展水平的增长速度差别不大。

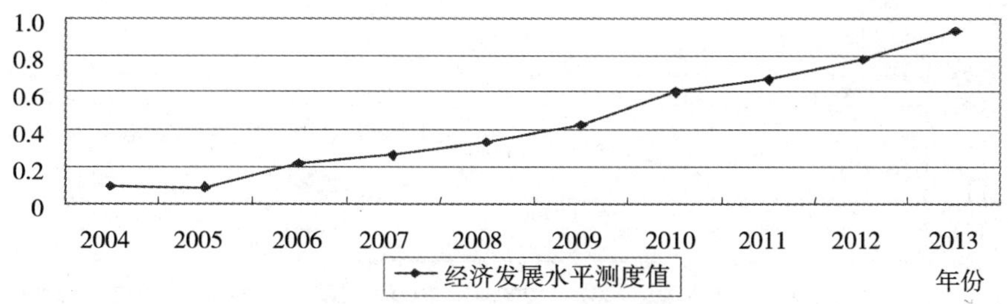

图 3—7　25 个省份经济发展水平总体测度情况

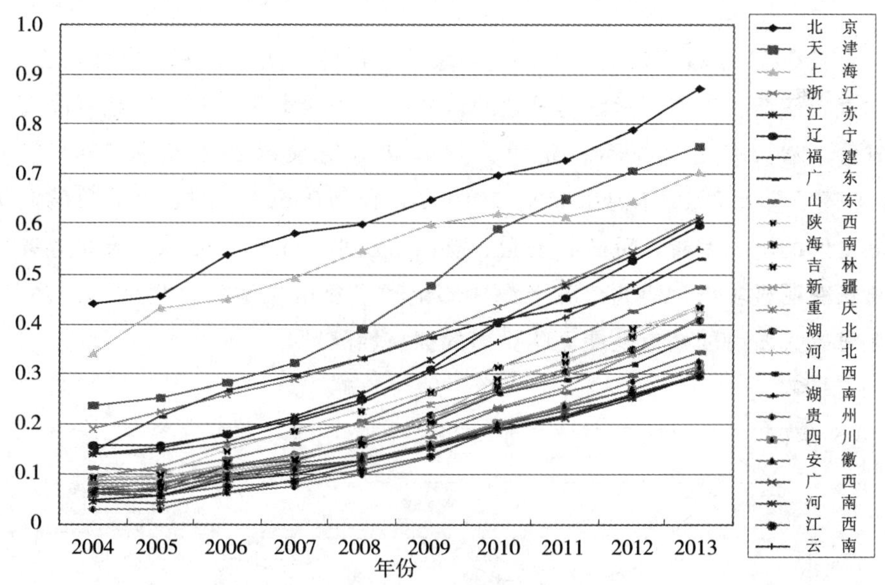

图 3—8　25 个省份经济发展水平测度情况

2. 城市发展质量维度

从图 3—9 中可以看出，城市发展水平测度值总体上增长不快，在过去 10 年中，测度值仅从 2004 年的 0.358 增长到 2013 年的 0.409，年均增长率为 1.3%。其中测度水平几经反复，2010 年降至最低 0.343，之后有了较快的增长。新型城市化对于城市发展水平的测度，更多侧重于城市居民生活质量的提升，如城市居民文化娱乐支出比重是否有所提高，城市道路、公园、用水量等生活性资源的提供能力是否有所增强等。由于常住人口的城市化率不断提高，导致人均城市生活资源的使用量难以持续性增长，通常仅能维持原有水平，一些大中城市，甚至出现倒退。

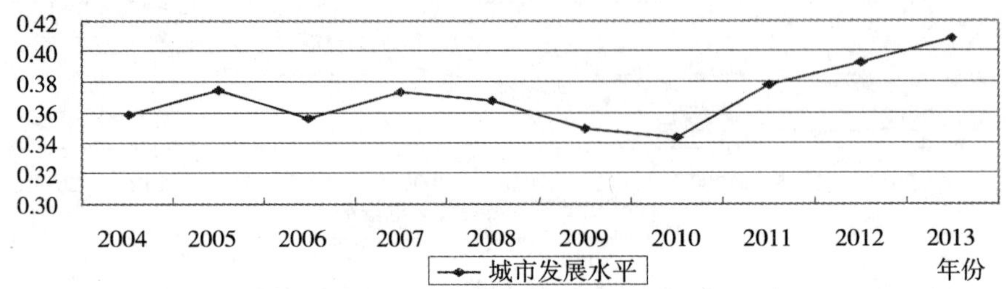

图 3—9　25 个省份城市发展水平的总体测度情况

按 2013 年城市发展水平的绝对值进行排序，从图 3—10 中可以看出，北京、江苏、广东、浙江等发达地区的城市发展水平居前。但绝对值高的省份，增长速度却并不一定高，例如绝对值最高的北京从 2004 年的 0. 677 下降到 2010 年的 0. 467，2013 年也仅为 0. 627 ，增长率为负值。从测度值的增长率看，重庆、安徽、陕西、山东、山西、江苏、天津等省份增长率明显较快，而北京和上海，却出现了负增长率。由此可见，北京、上海等大城市的城市发展面临更多的拥挤性问题。

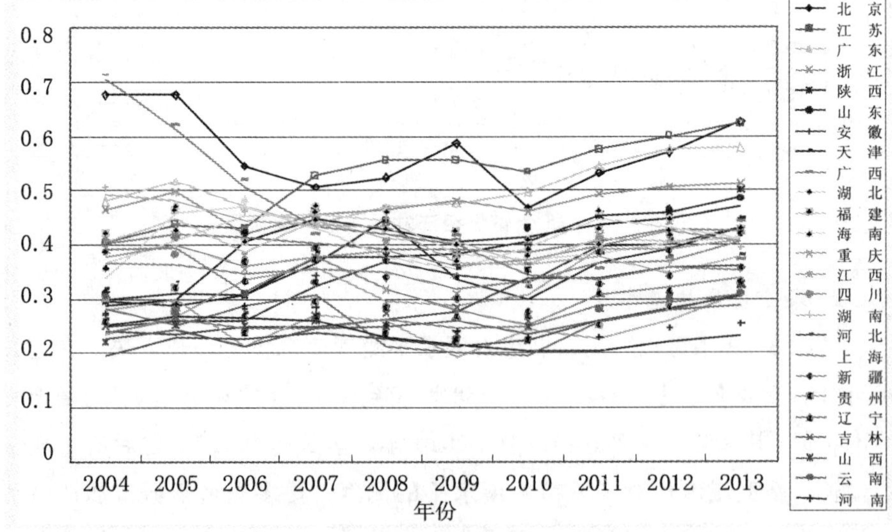

图 3—10　25 个省份城市发展水平的分别测度情况

3. 城乡统筹维度

从图 3—11 看，城乡统筹水平从 2004 年的 0.442 上升到 2013 年的 0.546，年增长幅度仅为 2.1%。2006 年以后，在新农村建设的推动下，农村发展有所加快，城乡统筹水平测度值呈现缓慢增长态势。

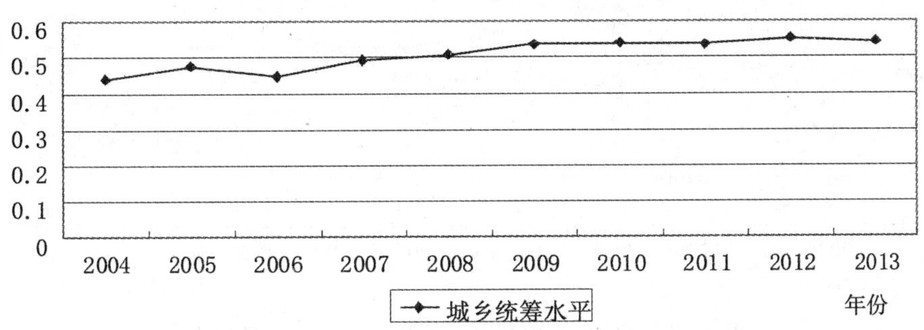

图 3—11　25 个省份城乡统筹水平的总体测度情况

按 2013 年的城乡统筹水平高低进行排序，从图 3—12 中可以看出，吉林、浙江、北京、江苏、天津、山东等省市排名居前，云南、广西、贵州、广东等西南省份排名靠后。影响排名的最主要的指标是"城乡居民收入差距"，城乡居民的收入差距在不同地区之间差别较大，使得指标值的差距也较大，进而也影响了农村居民文化娱乐支出等指标的数值，尽管西南及西北等省份的财政支农比重并不低，但总体上城乡统筹水平并不高。

从省份间的比较看，绝大多数省份的城乡统筹水平几乎都呈现上升趋势，其中重庆、新疆、贵州、吉林等省份增长速度靠前，上海、安徽、江苏、江西增长速度靠后。重庆的城乡统筹度上升最快，2004 年测度值为 0.248，2013 年上升到 0.505，增长率为 103%。贵州省虽然总量得分较低，但增长速度仍然较快，2004 年测度值为 0.24，2013 年上升到 0.366，增长 52%。安徽和上海测度值出现小幅的负增长。

4. 可持续发展维度

可持续发展水平整体上也呈现增长的趋势。由图 3—13 可见，与经济增长速度相比，可持续发展水平的增长变化比较缓慢，总体测度值从 2004 年的 0.269 增长到 2013 年的 0.392，年增长幅度仅为 3.8%。

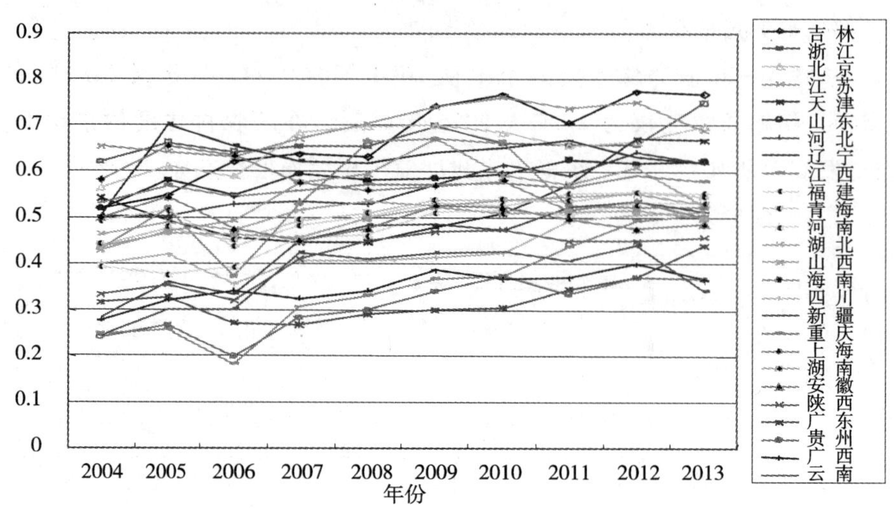

图 3—12 25 个省份城乡统筹水平的分别测度情况

按 2013 年的可持续发展水平高低进行排序，排名靠前的省份是广东、海南、广西、新疆等，排名靠后的是北京、天津、河北、山西等。西南地区在水资源量、空气质量等方面更占优势，而京津冀地区人口密度大、水资源量短缺、大城市空气质量较差，山西是煤炭开采大省，省会城市空气质量也较差。

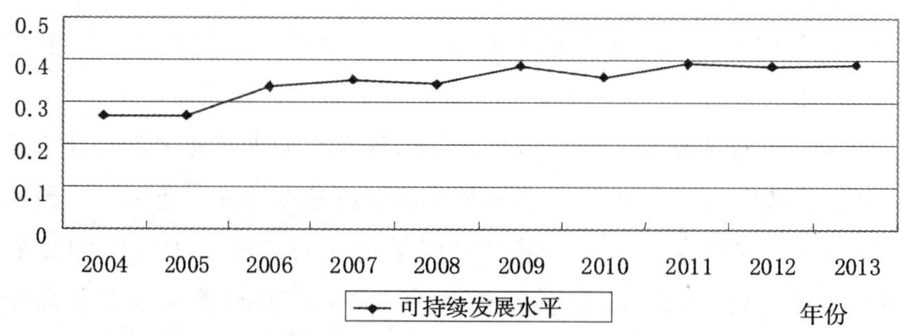

图 3—13 25 个省份可持续发展水平的总体测度情况

从省份间的比较看，所有省份的可持续发展水平都呈现上升趋势，其中山西、天津、山东、北京、河北增长速度排名靠前，虽然从总量上看，京津冀及周边省份可持续发展水平较低，但 10 年间这一地区的可持续发展水平相对进步还是比较大的。

可持续发展水平考察一个地区的人均水资源量、空气质量、污水处理能力等环境指标。相对来说，一些城市庞大、经济总量高的地区可持续发展水平反而较弱；一些经济发展水平一般的中西部省份测评值较高，这也一定程度上中和了城市化水平过于依赖经济发展、城市规模等指标造成的评价偏差，使得对地区新型城市化水平的评价更趋合理。

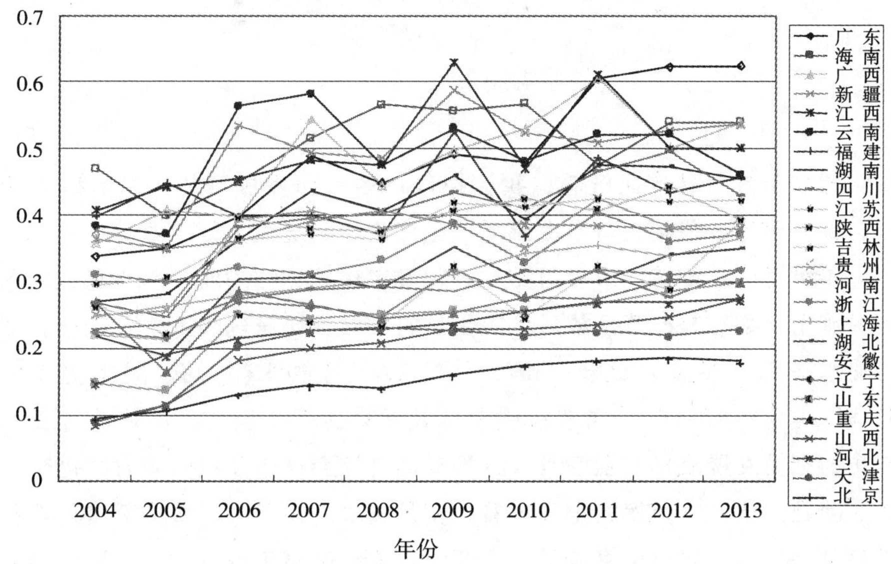

图 3—14　25 个省份可持续发展水平的分别测度情况

第四章　城乡统筹视角下的新型城市化：城乡失衡与制度成因

相对于新型城市化概念，我们把以往的片面发展城市，忽视以人为本、城乡统筹、限制人口自由流动的城市化道路统称为传统城市化。

不可否认，传统城市化道路在我国城市化探索与发展过程中起到过积极的作用。特别是改革开放后，中国从农耕社会快速进入工业化社会，城市化水平有了显著的提升，1978 年至 2013 年的 35 年间，城市化率从 17.8% 提高到 53.7%，城市常住人口数量高达 7.5 亿人。但是，过去城市化的相关发展战略与制度设计在推动经济社会快速发展的同时，也带来诸多问题。从城乡统筹的角度来看，就是城乡差距巨大，城市拥堵与农村凋敝并存，人口城市化率滞后，大量流动人口游离于城乡之间，形成城乡第三元结构。传统城市化过程无意中形成了城乡双输的局面。

一　我国城市发展与城乡关系演变的简要回顾

（一）改革开放前：城市发展缓慢，乡村凋敝

新中国成立后，中国经历了一个短暂的城市化迅速发展时期，到 1960 年，城镇人口占全国人口的比重达到 19.7%，几乎是新中国成立初的 2 倍，平均每年提升约 0.83 个百分点。可以说新中国成立初 10 年是经济社会发展起步较快的 10 年。

从 1953 年第一个五年计划开始，我国制定了集中力量发展能源、钢铁、机械等重型工业为主的战略方针，工业总产值年增速 20% 以上。与此同时，城市建设也取得了较大的发展，新建了洛阳、株洲、茂名、白银等工业城市，大规模扩建北京、上海、天津、成都、哈尔滨、石家庄、武

汉、西安、郑州、太原等省会城市，一般扩建了抚顺、鞍山、邯郸、大连、大同等 74 个工业城市。到 1957 年建制市由新中国成立前的 58 个增加到 177 个，城镇人口比重从 10.6% 提高到 15.7%[①]。20 世纪 60 年代的“三线”建设战略又使我国中西部地区形成了一批军工型工业城市，如攀枝花、六盘水、十堰等城市。

除了城市数量的增多和规模的扩大，1954 年，我国专门成立了国家建设委员会，负责城市基本规划与建设的统筹管理工作，拟定城市建设的方针和重点，制定相应政策。此外，城市的教育文化、医疗卫生也有了迅速的发展[②]。总体上，20 世纪 50 年代城市发展有了长足进步，人民生活水平改善，呈现出一派欣欣向荣的景象。

然而，从 1961 年起，中国的城市化率开始倒退，城市化水平基本停步不前。其间最主要的影响不言而喻是“大跃进”、“文化大革命”等政治运动带来的政治、经济、社会的全面倒退，工业化停滞、人口向农村迁移、城市建设也受到严重冲击。尽管 20 世纪 60 年代“三线”建设在我国中西部地区新建起一批工业基地和工业城市，但是仍然难以抵消其他干扰对城市化的消极影响。1961 年全国城镇人口占全国总人口比重为 19.7%，至 1978 年时这一比重反而下降至 17.9%。

表 4—1　　1949 年至 1978 年中国城乡人口构成

年份	人口数（万人）		占总人口比重（%）	
	城镇	乡村	城镇	乡村
1949	5765	48402	10.6	89.4
1957	9949	54704	15.4	84.6
1959	12371	54836	18.4	81.6
1965	13045	59493	18.0	82.0
1970	14424	68568	17.4	82.6

① 苏少之：《1949—1978 年中国城市化研究》，《中国经济史研究》1999 年第 1 期，第 34—47 页。

② 同上。

续表

年份	人口数（万人）		占总人口比重（%）	
	城镇	乡村	城镇	乡村
1975	16030	76390	17.3	82.7
1978	17245	79014	17.9	82.1

资料来源：《中国统计年鉴1982》，中国统计出版社1983年版。

在集中力量工业化的背景下，农村和农业的发展空间受到了压制。以工农业产品“剪刀差”为代表的“以乡补城、以农哺工”的城市偏向发展战略使大量的发展资金由农村流向城市。据统计，从1952年到1978年，通过价格“剪刀差”政策，城市从农村中隐蔽抽走的资金高达5823.74亿元，用于城市发展建设，占农业总产值的15.7%[①]。户籍制度加上人民公社制度，将城市与乡村完全割裂成互不相干的两个平行世界。在农村，几乎所有的非农生产经济行为都被严格限制，农村与城市的经济交流只表现为农村向城市提供粮食、蔬菜等农产品，城市向农村提供生产物资、生活资料等工业产品。结果导致农业生产效率低下，农村经济的发展受到抑制，一度出现停滞甚至倒退，城乡关系陷入了失衡和扭曲的境地。

（二）改革开放后：城市快速发展，差距不减反增

改革开放后，党和国家总结经济建设的经验与教训，开始调整国民经济结构，以家庭联产承包制为突破口推进农村经营体制的改革，全面恢复农业生产，极大解放农村生产力；调整工业内部比例关系，放慢重工业的发展速度，加快轻纺工业的发展；大力发展建筑业，加快第三产业发展。随着产业结构和经济结构的理顺，轻工业、建筑业、运输业、通信业发展迅速；金融、保险、法律、教育等现代服务业蓬勃发展。特别是在党的十四大提出我国要建立社会主义市场经济体制后，中国经济进入了快速发展的新阶段，相应的城市化也进入了快速的发展机遇期。

这一时期，小城镇也呈现出快速发展的局面。由于城市短期内难以吸纳大量的农村剩余劳动力，城市发展的政策导向又在很大程度上限制了农

① 朱庆芳：《城乡差别与农村社会问题》，《社会学研究》1989年第2期，第26—33页。

村劳动力的自由进入。在工业难以将劳动力拉进城市的背景下，农村创造性地走出一条将工业拉进农村的新路子，大量的乡镇企业、村办企业在东部省份率先出现，农民“离土不离乡、进厂不进城”兼业模式一度成为增加农民收入的主流途径。从 1980 年到 1992 年，乡镇企业吸纳的农村劳动力从 0.29 亿人增加到 1.35 亿人，平均每年新增工业就业人数 600 万人，年均增长 12%，同时，中国建制镇的数量从 2847 座增加到 18171 座[①]，加上非建制镇后总数接近 60000 座[②]。至 2005 年，我国建制镇数达到 19522 座，小城镇常住人口占全国城镇常住总人口的 41%，平均每个建制镇拥有 3.8 万人，其中镇区常住人口达 2 万人，总人口超过平均数以上的镇占全部小城镇的比重超过 50%[③]。

20 世纪 80 年代后期兴起的乡镇工业的发展也为农民增加收入创造了条件，一定程度上让东部沿海乡镇经济比较发达地区的农民生活条件有了很大的改善，也引导了农村剩余劳动力从中西部地区向东部的迁移。中国牢固的城乡二元结构出现了松动，城乡分割造成的城乡矛盾在一定程度上得到了缓和。随着农村的收入水平和生活条件的提高，至 80 年代中期，在东部沿海地区的农村，砖瓦结构的二层楼房开始在农村中出现，并越来越多地取代了老式的平房民居，成为农村的主流建筑形态。

但乡镇企业好景不长，受自身产权性质、内部管理和外部市场环境变化等诸多因素影响，到 20 世纪 90 年代中后期，乡镇企业发展进入低谷期。大多数小城镇失去强有力的产业支撑，农村地区发展也陷入困境。由于就近就业的途径中断，农村劳动力大军长距离迁徙务工成为主要的形式，劳动力市场供大于求，农民工务工条件差、工资低，仅够自身的温饱，难以形成个体上的“以工补农”。农业生产抛荒废现象严重，城乡经济发展与生活差距进一步拉大。

从政策层面看，中央政府对城乡关系及城乡二元经济的影响能力逐渐弱化，以财政分权与经济增长为主要内容的干部考核机制，致使地方政府

---

① 林汉川、夏敏仁：《农民就业转型的模式与对策研究》，http：//cedr.whu.edu.cn/cedrpaper/20042921514.pdf。

② 秦尊文：《小城镇道路：中国城市化的妄想症》，《中国农村经济》2001 年第 12 期，第 64—69 页。

③ 新华社：《全国建制镇占全部乡镇数量过半》，2006 年 10 月 16 日电。

长期存在的以城市发展为重心的政策惯性得不到根本性的扭转，城乡差距难以得到改观。

总体上看，尽管改革开放给农村经济带来了一定的发展，但农村在城乡关系中始终处于弱势地位，只是城市发展的支持者和生活资料的提供者，在固化的行政体制下，国家发展的利益重心始终偏向城市，农村生产生活条件的改善远远慢于城市的发展速度。进入20世纪90年代中后期，城乡经济的二元性有日益强化的趋势，具体表现在：城市和乡村之间的经济依存度降低，城乡收入、公共服务水平差距不断拉开，接受教育的质量和文化程度、社会福利和社会保障的差距都呈扩大的趋势，城乡二者间的矛盾也日益突出。长期以来形成的“以农村支持城市、农业支持工业”的战略性发展格局没有得到根本的改变。

（三）新型城市化和城乡一体化的起步阶段

2006年，习近平同志撰文《坚定不移走新型城市化道路》，率先在浙江省开展新型城市化的实践。2012年，党的十八大报告提出“坚持走中国特色新型工业化、信息化、城镇化、农业现代化道路”；党的十八届三中全会《中共中央关于全面深化改革若干重大问题的决定》进一步指出“坚持走中国特色新型城镇化道路，推进以人为核心的城镇化，推动大中小城市和小城镇协调发展、产业和城镇融合发展，促进城镇化和新农村建设协调推进”。这是第一次在中央文献中明确提出“新型城镇化”一词，以人为本、城乡统筹、协调发展的新型城市化已上升到国家发展战略，也标志着我国进入了新型城市化的起步阶段。

随着中国经济的发展，“城市反哺农村、工业反哺农业”、“支持农业、农村发展和农民增收”等发展方针逐渐提上议事日程。2006年，全国统一取消农牧业税，标志着城乡一体化发展战略拉开帷幕。党的十六届五中全会后开展了全国范围的社会主义新农村建设，各级财政加大对农业的投入力度，农村生产条件、生活设施面貌有了较大的改观。党的十七大报告提出“形成城乡经济社会发展一体化的新格局，把着力构建新型工农、城乡关系作为加快推进现代化的重大战略”；党的十八大报告中提出“要加大统筹城乡发展力度，增强农村发展活力，逐步缩小城乡差距，促进城乡共同繁荣。形成以工促农、以城带乡、工农互惠、城乡一体的新型工农、城乡关系”。一系列的政策演变，体现了我国从城乡割裂发展进入到城乡一体化发展的新阶段，标志着我国城乡关系进入了一个划时代的新阶段。

2014 年 3 月，我国首部城镇化规划《国家新型城镇化规划（2014—2020 年）》正式发布，文中提出到 2020 年将实现 1 亿农业转移人口城镇落户。

新型城市化战略要求把统筹城乡发展，实现城乡一体化、公共服务均等化作为战略的主体内容。这一阶段的特点是：在不降低城市发展速度的前提下，增加农民收入，缩小贫富差距，降低城乡二元结构系数，促进城乡经济社会公平发展；加大对农村的财政支持力度，从政策导向、资金扶持、项目带动等各方面反哺农村①，进一步实现城市与乡村的共同繁荣。

二　城市化进程中城乡失衡的具体表现

（一）城乡空间结构失衡

1. 城市规模结构不协调

城市规模结构的不协调体现在大中小城市和小城镇数量结构不成比例。目前的状况是特大城市和大城市数量不算多，中等城市数量一般，小城镇数量太多，降低了城镇体系的整体功能发挥。

大型城市具有较强的人口集聚功能，大量的就业岗位、较高的薪酬水平以及丰富的城市生活和优质教育资源的集中，造成大量人口往大城市流动。而我国的大型城市数量少，1000 万人以上城市常住人口（不含郊区）的城市仅有北京、上海、广州、天津。大量人口往少数几个大城市集中，使北京、上海、广州等大城市建成区规模急剧扩张，极大地考验大城市的承载能力。虽然大城市采取诸多限制人口流入的政策措施，但特大城市的常住人数增长仍位居全国前列。城市空间的人口分布极不平衡。

20 世纪 80 年代形成的小城镇数量多、规模小，缺乏明确的产业支撑，生活配套设施落后，公共服务与农村无异，常住人口少，经济发展滞

① 牛文元：《中国新型城市化战略的设计要点》，《中国科学院院报》2009 年第 2 期，第 130—136 页。

后，大量的小城镇一度被戏称为“村村像城镇、镇镇像农村”。农民不愿意进镇落户，难以形成人口集聚效应，降低了城镇体系的整体辐射和带动功能。

随着经济的快速发展，全国城市总数从 1978 年的 193 座增加到 2005 年的 661 座[①]。同时，城市规模也在不断地升级，各类规模城市数量发生了巨大变化。1978—2005 年，特大城市（500 万人以上）从 13 座增加到的 54 座，大城市（100 万—500 万人）从 27 座增加到 85 座，中等城市（20 万—100 万人）从 59 座增加到 226 座，小城市（20 万人以下）从 115 座增加到 296 座[②]。

表 4—2　　按城市市辖区年末总人口分组的城市数量　　单位：座

年份	500 万人以上	100 万—500 万人	20 万—100 万人	20 万人以下
1978	13	27	59	115
2005	54	85	226	296

资料来源：朱攀峰：《中国新型城市化道路选择研究》，中共中央党校博士学位论文，2009 年。

2. 城市空间结构不平衡

随着经济的发展，东部沿海地区凭借改革开放的先发优势，无论在经济增长还是城市规模扩张上都遥遥领先；中西部地区经济增长缓慢同样影响到人口流动与城市化水平。我国的人口分布呈现从东往西递减的规律，1985 年，东部 12 个省份集中了全国 41.3% 的人口，中部 9 个省份集中了全国 35.6% 的人口，西部 10 个省份人口比重为 23.1%。20 世纪 90 年代后期人口的大规模流动使东部地区人口比重进一步攀升，至 2013 年，东部地区人口比重为 44.7%；中部地区人口减少，比重降至 33.2%；西部地区人口比重降至 21.6%。改革开放 30 多年来，全国的城市化水平都有了显著的提升，1985 年，东部地区城市化率仅有 15.3%，中部地区为 15.2%，西部地区为 10.8%；2013 年，东部地区城市化率为 61.7%，中部地区为 50.2%，

① 姚士谋、王成新、解晓南：《21 世纪中国城市化模式探讨》，《科技导报》2004 年第 7 期，第 42—45 页。

② 朱攀峰：《中国新型城市化道路选择研究》，中共中央党校博士学位论文，2009 年。

西部地区为44.4%；相比1985年，东、中、西部分别提高了46.4个百分点、35个百分点、33.6个百分点。从表4—3的数据看，东部的增长速度远高于中部和西部，城市化发展的地区差距，形成了东高西低的城市化格局。2000年以后，东部地区基本形成以北京、上海、天津、广州为中心的若干城市群与城市带；中部省份如湖北、湖南等城市化速度开始加快，形成了以武汉为中心的华中城市群和以长沙为中心的长株潭城市群；西部省份除成渝经济带和西安都市圈外，西藏、新疆、甘肃等省份仍处于起步阶段。

表4—3　我国东、中、西部地区人口与城市化水平比较　单位:%

区域	1985年		1995年		2005年		2010年		2013年	
	人口比重	城市化率	人口比重	城市化率	人口比重	城市化率	人口比重	城市化率	人口比重	城市化率
东部	41.3	15.3	41.1	28.9	42.5	53.3	44.5	58.4	44.7	61.7
中部	35.6	15.2	35.8	28.3	33.8	39.1	33.4	45.9	33.2	50.2
西部	23.1	10.8	23.1	24.3	22.1	34.6	21.6	40.5	21.6	44.4

资料来源：根据《中国统计年鉴》1986年、1996年、2001年、2006年、2011年整理得出。

（二）城乡产业结构失衡

2013年年底，我国第一、第二、第三产业占GDP比重分别为10.0%、43.9%、46.1%。虽然我国的产业结构按照既有的规律在不断演进，但是还存在着一定问题。在三次产业构成上，近几年工农业增长出现了失衡现象，工业增长迅猛，农业增长乏力，服务业比重仍然偏低。

农业增长乏力，发展远远跟不上工业，结果导致城乡产业结构变动不合理的现状。第一产业占国内生产总值比重从1978年的28.2%递增到1982年的33.4%，之后，持续下降到2013年的10.0%。就业人数从1978年的70.5%下降到2013年的31.4%。相比于农业产值比重的下降，农业就业人数的减少要慢得多，三产中产值最低的部门拥有比重最高的就业人员，这种极不合理的结构恰恰说明由于城市化进程的缓慢，大量的农村剩余劳动力被迫滞留在土地上，人均占有的资源匮乏，使得农业劳动生产率水平一直低下，农业的经营规模十分有限，在这种背景下农民经营规模十分有限，先进生产技术难以推广应用，这从根本上制约了农民收入的增长。

工业发展速度迅猛，从改革开放至今，工业生产总值保持相对稳定的占比，占据半壁江山。就业人数从 1978 年的 17.3% 增长到 2013 年的 30.1%。工业对劳动力的吸纳能力有限，随着技术进步和科技贡献率的提高，技术密集型、资本密集型工业对劳动密集工业的替代，第二产业吸纳劳动力的能力逐渐触顶回落，未来劳动力的去向主要集中在第三产业。

表 4—4　国内生产总值构成及三次产业就业比重　单位:%

年份	国内生产总值构成			就业人数比例		
	第一产业	第二产业	第三产业	第一产业	第二产业	第三产业
1978	28.2	47.9	23.9	70.5	17.3	12.2
1980	30.2	48.2	21.6	68.7	18.2	13.1
1985	28.4	42.9	28.7	62.4	20.8	16.8
1990	27.1	41.3	31.6	60.1	21.4	18.9
1995	19.9	47.2	32.9	52.2	23	24.8
2000	15.1	45.9	39	50	22.5	27.5
2005	12.2	47.7	40.1	44.8	23.8	31.4
2012	10.1	45.3	44.6	33.6	30.3	36.1
2013	10.0	43.9	46.1	31.4	30.1	38.5

资料来源：《中国统计年鉴 2014》，中国统计出版社 2015 年版。

第三产业比重仍然过低。世界比较发达国家第三产业占 GDP 比重均达到 70% 左右，从业人口也占到全部就业人口的 60% 以上。中国在改革开放后，第三产业有了较快的发展，产值比重从 1978 年的 23.9% 增长到 2013 年的 46.1%。就业人口比重从 1978 年的 12.2% 增长到 2013 年的 38.5%。但同发达国家的产业结构相比，比重明显偏低。只有大力发展第三产业，才能有效解决农村剩余劳动力转移和城镇失业问题，推进城市化的健康发展。此外，服务业要优化结构，向高端化发展，我国的第三产业除房地产之外，金融业、咨询业、信息产业、文化产业均与发达国家存在巨大差距。

（三）城乡经济发展失衡

传统城市化是以牺牲农村、农业、农民的利益为代价的，逐步造成城乡差距不断扩大。据国家统计局公布的数据，2013 年，城乡整体基尼系数高达 0.473，民间对此数据的预估还要更高，从某种程度上看，我国城乡差距已经成为影响中国全局发展的核心问题之一，城乡经济发展的失衡直接表现在城乡居民收入分配与消费水平的差距上。

1. 城乡居民收入差距不断拉大

近年来，党中央、国务院高度重视农民增收问题，出台一系列增加农民收入的政策，提出千方百计增加农民的收入，但现实情况并不理想，经济增长势头减缓，农民进城务工难度增加，乡镇企业增速下降，吸纳农村劳动力的能力减弱，一度缩小的城乡居民收入差距已再度扩大。从 1978 年至今，城乡居民收入差距的绝对值一路增大，近几年以每年拉开 1000 多元的收入差距递增，2011 年高达 14832.8 元。当然，考虑到绝对值中会有通货膨胀的因素，用收入差距系数相对衡量两者差距更科学。从统计数据看，1978 年，城乡居民收入比为 2.57∶1，最小值出现在 1983 年。20 世纪八九十年代，是中国经济高速发展的阶段，城乡之间的收入差距不但没有缩小，反而持续扩大，到 2000 年，城乡居民的收入差距为 2.79∶1。2006 年，中央出台政策全面免征农业税，为农村居民减负，但城乡收入差距进一步扩大，2009 年达到峰值 3.3328∶1。截至 2013 年年底，城乡收入差距比值都维持在 3 倍以上。由此可见，传统城市化偏离了城乡统筹发展的初衷。具体变化趋势见表 4—5。

表 4—5　　中国城乡居民收入差距情况

年份	城镇居民人均可支配收入（元）	农村人均纯收入（元）	城乡居民收入差值（元）	城乡收入差距系数	年份	城镇居民人均可支配收入（元）	农村人均纯收入（元）	城乡居民收入差值（元）	城乡收入差距系数
1978	343.4	133.6	209.8	2.57	1984	652.1	355.3	296.8	1.84
1979	405	160.2	244.8	2.53	1985	739.1	397.6	341.5	1.86
1980	477.6	191.3	286.3	2.50	1986	900.9	423.8	477.1	2.13
1981	500.4	223.4	277	2.24	1987	1002.1	462.6	539.5	2.17
1982	535.3	270.1	265.2	1.98	1988	1180.2	544.9	635.3	2.17
1983	564.6	309.8	254.8	1.82	1989	1373.9	601.5	772.4	2.28

续表

年份	城镇居民人均可支配收入（元）	农村人均纯收入（元）	城乡居民收入差值（元）	城乡收入差距系数	年份	城镇居民人均可支配收入（元）	农村人均纯收入（元）	城乡居民收入差值（元）	城乡收入差距系数
1990	1510.2	686.3	823.9	2.20	2002	7702.8	2475.6	5227.2	3.11
1991	1700.6	708.6	992	2.40	2003	8472.2	2622.2	5850	3.23
1992	2026.6	784	1242.6	2.58	2004	9421.6	2936.4	6485.2	3.21
1993	2577.4	921.6	1655.8	2.80	2005	10493.0	3254.9	7238.1	3.22
1994	3496.2	1221.0	2275.2	2.86	2006	11759.5	3587.0	8172.5	3.28
1995	4283.0	1577.7	2705.3	2.71	2007	13785.8	4140.4	9645.4	3.33
1996	4838.9	1926.1	2912.8	2.51	2008	15780.8	4760.6	11020.2	3.31
1997	5160.3	2090.1	3070.2	2.47	2009	17174.7	5153.2	12021.5	3.33
1998	5425.1	2162.0	3263.1	2.51	2010	19109.4	5919.0	13190.4	3.23
1999	5854.0	2210.3	3643.7	2.65	2011	21809.8	6977.0	14832.8	3.13
2000	6280.0	2253.4	4026.6	2.79	2012	24564.7	7916.6	16648.1	3.10
2001	6859.6	2366.4	4493.2	2.90	2013	26955.1	8895.9	18059.2	3.03

资料来源：《中国统计年鉴2014》，中国统计出版社2015年版。

2. 城乡消费层次仍有较大差距

从支出的角度看，城乡居民的生活差距主要表现在消费支出差距方面，收入差距造成了消费支出的差距。国际通行的衡量家庭消费支出水平的指标是恩格尔系数。我们使用“城乡居民恩格尔差异系数”，即比较两者之差来衡量城乡居民之间消费结构差异。从统计数据看（详见表4—6），城乡恩格尔差异系数出现多次阶段性反复，1978年城乡恩格尔差异系数为10.2，此后由于农村改革措施生效，农村居民收入水平迅速提高，1983年差异系数缩小至0.02，之后反弹到4.5，到1989年又再次缩小到0.03。20世纪90年代后，差距再次被拉开，到1999年高达10.7，回到1978年的程度。近年来，随着新农村建设推进与农产品价格提升，城乡居民恩格尔差异系数逐年缩小，至2013年年底已缩减至2.7。

表 4—6　　城乡居民恩格尔差异系数

年份	城镇居民恩格尔系数（%）	农村居民恩格尔系数（%）	城乡居民恩格尔差异系数	年份	城镇居民恩格尔系数（%）	农村居民恩格尔系数（%）	城乡居民恩格尔差异系数
1978	67.7	57.5	10.2	1996	56.3	48.8	7.5
1979	64	57	7	1997	55.1	46.6	8.5
1980	61.8	56.9	4.9	1998	53.4	44.7	8.7
1981	59.9	56.7	3.2	1999	52.6	42.1	10.5
1982	60.7	58.6	2.1	2000	49.1	39.4	9.7
1983	59.4	59.2	0.2	2001	47.7	38.2	9.5
1984	59.2	58	1.2	2002	46.3	37.7	8.6
1985	57.8	53.3	4.5	2003	45.6	37.1	8.5
1986	56.4	52.4	4	2004	47.2	37.7	9.5
1987	55.8	53.5	2.3	2005	45.5	36.7	8.8
1988	54	51.4	2.6	2006	43	35.8	7.2
1989	54.8	54.5	0.3	2007	43.1	36.3	6.8
1990	58.8	54.2	4.6	2008	43.7	37.9	5.8
1991	57.6	53.8	3.8	2009	41	36.5	4.5
1992	57.6	53	4.6	2010	41.1	35.7	5.4
1993	58.1	50.3	7.8	2011	40.4	36.3	4.1
1994	58.9	50	8.9	2012	39.3	36.2	3.1
1995	58.6	50.1	8.5	2013	37.7	35	2.7

资料来源：《中国统计年鉴 2014》，中国统计出版社 2015 年版。

但需要注意的是，反映食品消费支出比重的恩格尔系数在解释农村消费问题时，会使数据失真，缺乏足够的解释力。原因在于农村居民家庭中很大一部分食品是自给自足的，并没有进入消费市场统计支出，往往是越贫穷的家庭，购买食品的比重越低，反而维持了较低的恩格尔系数。因此，如果把这部分农村自给自足的价值考虑在内，实际上的城乡居民恩格尔系数之差会远大于此。

因此，除了用恩格尔系数分析的食品支出比重外，更加直观地反映城乡居民消费结构差距的指标是考察城乡居民每百户拥有耐用消费品情况。当城乡居民解决温饱问题后，家用电器、交通工具等耐用消费品将成为家庭的主要消费开支项目，通过家电等耐用消费品城乡之间的差距可以更加清楚分析城乡差距。从图4—1中可以看出，2012年年底，农村居民家庭已拥有较不错的家用电器，随着电视广播村村通等惠农工程的实施，电视机成为农村居民家庭普及率最高的家用电器，农村每百户拥有彩色电视机数量为116.9台，而城市居民随着互联网的普及，对电视节目的热情明显下降，城镇每百户拥有彩电136台，两者城乡差距较小；其余如洗衣机、电冰箱、固定电话等耐用品，城镇拥有量比农村基本上高出50%；而空调受城乡电价差别的影响，在农村普及率并不高，计算机等信息化家电则受到农村人口结构的影响，普及率也较低。总体上看，城乡收入水平差距是根本性影响因素，城乡之间在耐用品消费上还存在较大的差距。

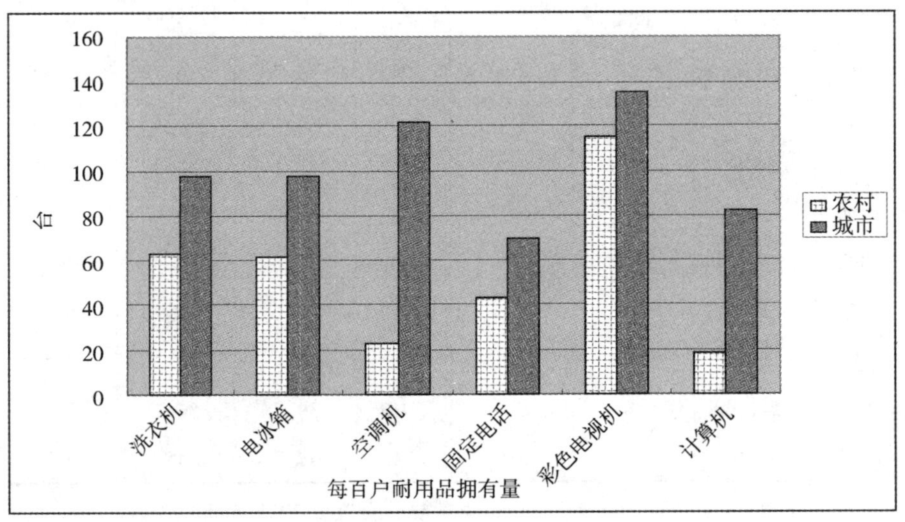

图4—1　城乡每百户家庭耐用品拥有量对比

资料来源：《中国统计年鉴2014》，中国统计出版社2015年版。

（四）城乡资源配置失衡

新中国成立以来，国家通过“剪刀差”的政策，使农村资源要素受价格驱动，争相流向城市，而城市的资源要素却缺乏向农村流动的动力。农村要素资源流失包括：一是农村土地资源的流失，由于城市扩张的征地，使得城市周边的优质农田不断被周转为城市建设用地，此外，在现有土地征用的政策下，农民对土地价值的收益权再次被侵蚀。二是农村的资金流失，由于工业投资的回报率远高于农业生产，农村的存款并没有用于农村的生产与建设，而是通过农村金融机构源源不断地流向城市高回报的行业。三是农村劳动力的流失，大量的农村青壮年劳动力流入城市，但这些进入城市从事非农生产的农民工，在进入中老年劳动力逐渐消退后又大部分回流农村，当农村劳动力减少不等同于农村人口城市化时，直接造成农村的劳动力资源被纯粹地剥夺。

1. 农村土地资源过度流失

其一，以耕地良田为代表的资源型生产要素的大量流失。城市建成区面积的快速扩张，导致土地占有过多。有学者认为，我国城市的发展可分两个阶段，从改革开放到20世纪90年代中后期，城市的发展主要表现为新建制的市、镇增加，此后由于政策的调整，城市数量不再增加，主要以城市建成区面积的快速扩展为主①，特别是在进入21世纪后，城市建成区面积呈现疯狂扩张的态势。据统计，1985年全国建成区面积仅9386平方公里，不足1万平方公里，2000年，全国城市建成区面积达到22439平方公里，至2013年年底，这一数据攀升至47855平方公里，28年里，城市建成区面积增长近510%；而同一时期，城镇常住人口从1985年的2.5亿人增加到2013年的7.3亿人，增长了291%。土地城市化的速度快于人口城市化的速度接近于1.7倍。受城市建成区面积大断扩大和小城镇遍地开花的发展模式的影响，耕地面积缩减迅速，根据2006年制定的《全国土地利用总体规划纲要（2006—2020）》，城市建设用地必须增减挂钩，但在增减挂钩的操作过程中，优质的耕地被城市扩张占用，而补回来的是劣地、复垦的宅基地、开发的山地、海塘地等，这些土地难以代替原有的优质良田从事农业生产活动，实际上造成了耕地的减少。2008年我国耕地总面积下降为18.3亿亩，已临近耕地保有量底线。至2012年，我国人均耕地仅有1.38亩，不到0.1公顷，广东、浙江、福建3省人均耕地已不足0.7亩②。

---

① 王桂新：《我国城市化发展的几点思考》，《人口研究》2012年第2期，第37—44页。

② 贾艳慧：《新型城市化的意义和推进重点》，《中国城市经济》2011年第7期，第9—10页。

表 4—7　　城市建成区面积与城镇人口变化

年份	1985	1990	1995	2000	2005	2010	2013
建成区面积（平方公里）	9386	12856	19264	22439	32521	40058	47855
城镇人口数（万人）	25094	30195	35174	45906	56212	66978	73111
城市人口密度（人/平方公里）	262	279	322	441	870	2209	2362

数据来源：《中国统计年鉴》2005 年、2011 年、2014 年，中国统计出版社。

其二，农村土地收益外流。在城市化过程中，政府通过征地和收储的方式集中土地，再高价出售给开发商。政府从农民手中征用土地的价格与政府出售土地的价格之间又形成了一种新的“剪刀差”。吴敬琏（2010）研究发现各级地方政府通过土地价格的“剪刀差”低价征地、高价卖出，获取高达 20 万亿—30 万亿元的增值收益。此前，中国科学院的一项研究表明，在现有的土地制度安排下，土地非农化收益的分配格局为：农民个人群体得到 9.93%，农民集体得到 4.46%，县以下政府得到 30.5%，地市级以上政府得到 10.6%，土地使用者得到 44.5%①。可见，在农地非农化的征用过程中，农民得到的收益是最少的。

2. *城乡间储蓄资金单向流动*

20 世纪 90 年代中期以来，农村商业金融机构如同农村资金的抽水机，大量从效益差、回报率低的农业和农村向效益好、回报率高的工商业和城市流动。目前农村金融的主力军是农村信用合作社，但是目前农村信用合作社不良贷款比率较高、业务办理效率低、队伍素质不高、支农保障体制不全，让规模本就偏小、抗风险能力较弱的农信社无力支援农村建设。商业银行的本质也让农信社资金更多流向工商业，与政策支农的要求存在一定矛盾，限制了农信社支援农村建设作用的发挥。农村另一支庞大的金融机构是分布农村的邮政储蓄网点，不仅乡镇有，有的村里也有邮政所，偏远地区的邮递员也同时充当吸储员的角色。由于网点多，存取款方

① 梁爽：《土地非农化及其收益分配与制度创新》，中国科学院博士学位论文，2006 年。

便，外出务工人员普遍通过邮政储蓄办理存、汇款，农民也乐意将钱存入邮政储蓄银行。庞大的网点吸收了大量的农民存款流向城市工商业项目。而唯一的农业政策性银行功能单一，业务范围狭窄。这样的金融体制与安排，造成农村金融机构普遍重吸储、轻放贷，农村资金大量流向城市，使得农村、农业缺少资本的投入，严重影响农村发展，也从根本上制约了城乡经济发展一体化的稳步推进。

3. 农村转移劳动力半城市化

城市从农村获得积累的另一种表现形式是劳动力成本的“新剪刀差”。所谓“新剪刀差”，是指通过压低农村生产资料的价格（土地征用）和农民工劳动力的价格（农民工工资）来获取城市发展的资本。这种“新剪刀差”带给农村收益的剥夺，远远大于计划经济时期传统“剪刀差”的产品价格剥夺。在长期的优先发展城市的发展战略下，改革开放以来，全国有上亿的农民工流动到城市务工，农民工成为中国产业工人队伍中的最重要组成部分，他们为城市提供劳动，但身份依然是农民。这种二元制度性分割，给“新剪刀差”提供了体制性基础，使得城市大量从农村索取廉价要素。长期的低工资只是农民工利益受损的一个方面，而工资拖欠、社会保障缺失使农民工权益受到更大的损害。变相克扣工资、欠薪逃匿、加班加点高强度劳动、社会保障参保率低，这些不仅是对农民工权益的损害，也影响到劳动力的再生产。

城市化过程本身是要把农村剩余劳动力转化为产业工人，把农村人口转化为城市人口。但我国改革开放以来长期实行的农民工制度把农民作为“无限供给的廉价劳动力”，只保证了城市工业产业的发展，却忽略了农民工自身的利益诉求，把他们置于毫无保障的市场资源配置体系中，既设置较高门槛阻碍农民工进城落户，又忽视农村经济的发展。当年纪较大的农民工一代不再有“劳动价值”时，又被剔出城市，同时也把子女教育、养老等社会负担抛给农村。这种制度形成农村人口难以转移而优质劳动力资源却外流的奇特景观。

4. 农村公共服务发展滞后

新中国成立以来，城乡发展的自然惯性加上重工轻农政策的叠加，使得农村经济社会发展严重滞缓，城市发展日新月异，农村凋敝破旧，农村交通、农村电视广播、农村平价用电、农村饮用水安全等问题仍有待进一步解决与完善，城乡生活面貌存在较大差别。农村教育、医疗、文化娱乐等公共服务供给明显不足，农村义务教育师资力量薄弱，教学质量偏低，农村中小学生的升学率明显落后于城市学生；农村医疗硬件设施条件差，医务工作人员少，专业技能水平低，公共卫生资源80%分布在城市，占全国60%的农民仅享用了20%的卫生资源；农村文化娱乐设施稀少，农村居民业余生活以看电视、打牌、打麻将为主，赌博现象比较普遍。社会保障等公共政策歧视性偏向长期得不到改变，城乡居民基本养老保险建立缓慢，且保障水平过低，导致农村居民参保积极性不高；农村合作医疗保险与城镇职工医疗保险在保障水平上还有较大差距，农民看病难、看病贵，因病致贫、因病返贫问题仍然突出，城乡医疗卫生资源配置的不平衡一定程度上反映在城乡人口平均预期寿命的差距上，城市人口平均预期寿命为77.22岁，而农村只有72.29岁，相差5岁①。

三　传统城市化战略对城乡失衡的影响作用

（一）城乡发展战略的影响

1. 工业化发展战略的偏差

产业结构的演变有其自身发展规律，优先发展工业几乎是近代国家经济发展的普遍道路选择，在工业化进程中，城市化是伴随工业化同步发展的产物。我国的城市发展、城市化道路与我国的工业化进程有密切联系。在新中国成立后的发展战略中，工业化战略显然是优先于城市化战略的，城市发展政策完全服务于国家工业布局安排。

新中国成立初期，重工业优先发展的战略决定了我国的城市化战略必须是保证满足工业化正常运行的最低要求。重工业是资本替代劳动的产业，需要大量的资本和原材料投入，却不能消化大量劳动力的就业问题，于是，国家通过严格的人口流动政策，限制了农村劳动力向工业的转移。其结果必然是工业化与城市化背离、城市与乡村发展脱节、城乡二元分割体制形成。

---

① 胡英：《中国城镇乡村人口平均预期寿命探析》，《人口与发展》2010年第2期，第41—47页。

改革开放后，由于城建落后和政策的阻碍，城市难以吸纳大量的农村剩余劳动力，我国的工业化选择了一条将工业拉入农村的独特发展道路。农民离土不离乡就业的乡镇企业工业化战略在我国资本积累不足、城乡体制分割的条件下具有现实性和创新性，并且取得了举世瞩目的巨大成就。乡镇企业解决了1亿多农村劳动力的就业，提高了农民的收入，尽管这些劳动力大多数并没有转化为城镇居民，但在20世纪80年代至90年代中期带动了大批小城镇的兴起和建设，也使当时的城镇发展战略更倾向于小城镇的建设，忽视了大中城市在城市化进程中的辐射带动作用。

农村工业化的发展战略造就了半城市化，职业身份转向产业工人而户籍身份是农民的农村剩余劳动力并没有真正地实现城市化，在某种程度上也影响了城镇体系的合理布局，加剧了城乡之间的发展差距。进入21世纪，随着乡镇工业的衰弱，一系列问题随之暴露出来，农村工业规模不经济、农村生态环境遭到破坏；大量劳动力仍然是农村人口，城市化水平滞后；小城镇遍地开花、土地资源浪费，大多数小城镇聚集效应差，服务业落后，发展缺乏后劲。

随着乡镇工业的没落，离土不离乡就业机会的减少，大量迁徙式外出务工的农村劳动力越来越多，20世纪90年代中后期以广东省为代表的中小城市劳动密集型制造业集聚区逐渐形成，吸引了大量内陆省份农村劳动力的迁移务工，形成了新一轮的农民工潮。“民工潮”一潮高过一潮，2005年全国约有1.3亿农业剩余劳动力跨区域流动和进城就业。这一时期加之城镇大批国有企业职工下岗再就业问题，农民工的择业难度更大，城市非正规部门成为其就业的主渠道，即使是在正规部门就业也只能以临时工或合同工身份获取临时性的工作。由于劳动就业的相关法律法规不健全，据一些学者估计，至21世纪初，我国进城就业的农民80%以上属“非正规就业”，2005年，第二产业就业人员中农民工占60%（其中建筑业就业人员中农民工占了近80%）；批发、零售、餐饮业等第三产业的就业人员中农民工占了53%以上①。过度依赖廉价劳动力的工业化模式，造成的直接后果是，大量的工业企业一线工人没有城市化的经济能力，传统工业化导致的工人低收入水平成为制约农民工市民化的一大障碍。而随着

① 刘维佳：《中国农民工问题调查》，《数据》2006年第2期，第37—40页。

20 世纪 90 年代中后期，城镇房地产市场改革后，城市住房价格的不断攀升，使农村进城务工人员在城市定居落户的可能性不断减小。

农民工的低工资就业实质上是农村为城市发展提供原始的劳动积累，但又没有付给农村相应的成本补偿，损害了农村发展的利益。同时，农用土地、农村资金也通过各种途径大量流入效率相对较高的城市区域和工业领域，农村发展积累进一步弱化，而人口城市化的滞缓使得农村人均可用资源量少，农业劳动生产率低下。虽然改革开放后农业生产力有了长足的进步，但在财政分权背景下，农业生产效率的提升一直被地方政府忽视。由于农业部门仍处于低效率状态，农业增产不增收，农民增收途径狭窄，造成城乡二元经济结构处于不断“强化”之中。

2. 城市化发展战略的偏差

脱离农村孤立发展城市的城市化战略是加剧城乡差距的原因之一。20 世纪 50 年代末至 70 年代，国家对城市的管理是围绕发展工业的单一目标来展开的，办企业与办社会合二为一，城市因矿而生、因企而生、城市的扩张取决于工业企业规模的扩张，造成的问题是城市代表工业、农村代表农业，城乡分离、城际分离。“文化大革命”开始后，甚至出现城市人口流向农村的逆城市化现象。

20 世纪 70 年代末，大量按政策回城和返城的知识青年给城市就业带来了很大的压力，面对农村人口开始出现的向城镇流动的迹象，当时学界和官方都认为城市容纳能力有限，无以应对大量的农村剩余劳动力，农村剩余劳动力问题的解决只能依靠发展小城镇，走农民就近城镇化的道路。在这种背景下，1980 年国务院《全国城市规划工作会议纪要》中提出“控制大城市规模，合理发展中等城市，积极发展小城市”的发展方针。“一定要严格控制大城市的人口和用地规模。今后，大城市和特大城市原则上不再安排新建大中型工业项目。”1986 年 12 月召开的全国城市建设工作会议重申了这一方针①。1989 年全国人大常委会通过的《中华人民共和国城市规划法》第四条规定：“国家实行严格控制大城市规模、合理发展中等城市和小城市的方针，促进生产力和人口的合理布局。”至此，我国的城市发展方针具有了法律效力。

① 参见王放《中国城市化与可持续发展》，科学出版社 2000 年版。

小城镇的发展对缓解城乡矛盾起到积极作用，是当时社会环境下的一种理性的自然选择，但严控大城市、积极发展小城镇的方针、政策起到了推波助澜的作用。大量一哄而上的小城镇普遍规模小、城市效益弱，难以形成规模经济和集聚效应。

同时，“严格控制大城市规模”的城市发展方针使大中城市失去了发展的良机，造成城市化滞后于工业化，人口城市化滞后于土地城市化的现状。“大城市在城市化初期和中期超前发展”是世界通行的城市化发展规律，大城市集聚力强、经济密度高、土地利用集约，能吸纳较多的人口，农村人口的减少也有利于农村自身的发展。西方发达国家工业化与城镇化是同步发展的，两者的相关系数高达 0.997，农村劳动力的城市化转移与工业化、城市化同步完成。而我国严控大城市规模的政策本义就是严控农村人口迁入大城市，结果是土地浪费、城市化滞后。

（二）城乡二元制度的影响

城乡分治的一系列管理制度是造成城乡差距和城市化落后的重要因素。比较突出的如户籍制度、土地制度以及社会福利制度，人为造成城乡互动的发展机制被扭曲，城乡间要素资源配置严重失衡，城市体系功能结构失调，城乡对立进一步加剧。

1. 户籍制度的影响

一个极具中国特色的现状是：城市户籍人口远远低于常住人口。大量的进城务工人员“移而不迁”，人户分离。全国第六次人口普查资料显示，2010 年全国现住地和户籍登记地不一致的流动人口为 2.61 亿人，其中有七成是由农村向城市流动的人口，约 2 亿人左右。这部分人在城镇从事工业和服务业工作，身份是农民，身份变化滞后于职业和地域变化，形成了“农民工”群体这一中国特色的产物。

由于户籍制度的阻碍，农民工虽然进了城，但不能是市民，不能享受城市政府提供的一些公共产品和公共服务；虽然务了工，但不能同工同酬，收入水平低下，也不能分享经济发展的成果。农民工作为流动人口，面临子女教育、就业、社保等种种政策性歧视，难以真正融入城市生活，形成候鸟式的务工大军。尽管在第五次全国人口普查后，国家将在城市就业或居住半年以上的农村人口纳入城镇人口统计范围，大幅提高了纸面上的城市化率，但实际上无益于真正城市化率的提升，城市外来务工人员只是“半城市化”人口，无法实现人口的真正转移。

城市化发展滞后也给广大农村人口造成了心理上的现实生活压力，进一步扩大了城乡差距，既固化了城乡二元结构，又降低了城市发展的质量，最终使城乡经济发展失调。

2. 土地制度的影响

我国土地制度相当复杂，其中一大特色是所有权、使用权、收益权、处置权的分离，无论是土地的产权安排上、市场交易方式上、土地利益的分配上，还是管理体制上，这种权属分离的制度带来了一系列的问题与矛盾，以代表地方政府利益的土地所有权与代表农民利益的土地使用权之间的冲突引发了一系列的矛盾。土地制度的问题，进一步加剧了城乡发展的不平衡。

农民土地收益不能兑现，严重降低农民市民化的可行性。农民利益与土地长期捆绑在一起，但仅拥有使用权和收益权，没有所有权和处置权，导致农民将户籍迁入城镇，却不能完全兑现土地上的收益，意味着要自愿放弃在农村的收益权利。而农民在耕地、宅基地、集体用地上的收益很大程度又和户籍牵扯在一起，为保有农村宅基地、承包地和村集体资产分红等权益，越来越多的外出务工农民选择保留农村户口。如果说外出务工人员缺少在城市购房定居的经济能力，那么农村大学生升学迁户趋势的明显下降更能说明这一问题，这一人群毕业后大多留城工作，很少回乡务农，应迁未迁的动机更多地在于农业户口背后的权益，这一现象在东部发达地区尤为明显。

廉价的征用地制度，使农民利益受损，拉开了城乡差距。《中华人民共和国土地管理法》规定，按照被征收土地的原有用途价格给予土地使用方补偿，农村土地原有用途带来的收益与征收后的用途带来的商业利润相差悬殊。如征收耕地补偿的费用主要包括土地补偿费、安置补助费以及地上附着物和青苗的补偿费①，补偿标准低使得农民无法平等分享城市化带来的土地增值收益。

① 参见《中华人民共和国土地管理法》第四十七条，中国民主法制出版社 2004 年版。

3. 就业与社会保障制度的影响

20 世纪 90 年代以来，劳动力在城市供过于求的状况造成了农民工就业的弱势地位，农民工就业不稳定，生活环境差，而且长期维持较低的工资水平，远低于城镇劳动者的平均工资。在劳动低工资的背景下，政府并没有矫正性地建立一套有利于城乡统一的劳动就业制度，任由地方政府、市场主体形成了城乡二元的就业制度。城乡二元就业制度人为地加剧了城乡的发展差距，在就业准入上，一些地方政府就企业用工的户籍、性别、工种设置了诸多限制性条件，阻碍农民工进城；在政策待遇上，与城镇居民就业相比，农民工就业没有专项的财政扶持，职业技能培训极为有限，大多数农民工得不到就业培训、劳动保护与公共服务；在劳动保障上，农民工面临着合同不规范、同工不同酬、欠薪、医疗工伤等社保缺失等不平等待遇，挫伤了其向城市转移的积极性。

社会保障是一种强制性的劫富济贫的公平性制度安排，中国农村劳动生产率落后、农民收入水平低，养老医疗更需要保障，公平的社会保障制度显得尤为重要。但我国长期以来非但没有给予农村公平的社会保障制度，反而通过社会保障制度的二元化，加剧了城乡差距和贫富差距。改革开放以后，城镇居民基本上享有基本养老保险、城镇职工养老、医疗保险、最低生活保障制度等一系列的社会保障。而农村的社会养老制度覆盖面窄、保障水平更低，与城市居民养老保障差距巨大，难以起到真正的养老作用；2002 年开始起步的农村新型合作医疗制度在一定程度上缓解了农民看病难的问题，但与城镇居民的医疗保障水平相比，仍有不小差距。

4. 义务教育制度的影响

无论是统筹城乡发展的需要，还是加快推进城市化进程的需要，义务教育中存在的地区间、城乡间的不平衡，在很大程度上影响着城市化的发展方向。人口的流动是无数个体的理性选择，地区间、城乡间吸引着人口流动的各种利益和影响因素中，子女的教育是至关重要的一环。中国几千年农耕文化中“耕读传家”的传统影响着每一代农村人，“学而优则仕”、出将入相、光宗耀祖的思想体现在几乎所有中国人的意识行为之中。与 20 世纪 80 年代农民外出务工不同，现在的农村外出务工人员不仅仅考虑是否能够就业，而更多地开始考虑子女的义务教育问题。特别在 2003 年国务院出台《国务院办公厅转发教育部等部门关于进一步做好进城务工就业农民子女义务教育工作意见的通知》（国办发〔2003〕78号），要求外来务工人员就业地统筹解决其子女接受义务教育后，越来越多的外来务工人员倾向于进入义务教育质量更高的大中城市，为子女将来发展创造一个好的开端。同时，不仅仅是农村外出务工人员，大中专毕业生同样会考虑不同地区、不同城市的中小学教育质量的差别，进而影响其择业、择居的决策。

统筹城乡的新型城市化要求大中小城市和小城镇协调发展，城镇与乡村一体化发展，要引导人口合理分布，向宜业、宜居的中小城市和小城镇集聚，必然要解决义务教育的均等化问题，通过教育制度的改革与创新，使各类城市之间、城市与乡镇之间的教育质量和教育水平逐步均衡化。

第五章　城乡统筹视角下的新型城市化：实现路径与重点环节

一　发达国家城市化的推进路径

国外发达国家的城市化进程基本完成，实现了城市有序发展、城乡关系协调。在城市化过程中，各个发达国家走了并不相同的城市化道路，美国更多地依靠市场化力量推进城市化过程，并在城市化进程中以政策力量同步推进农村与农业的现代化发展，城乡差别较小；英国是老牌工业化国家，城市化进程最早，在城市化的中后期开始弥补农村发展的短板，致力于实现城乡协调发展；日本以三大城市群的形态推进城市化，在城市化的中后期大力推进农村建设，快速地缩小城乡差距，实现了城乡的一体化；韩国与日本有相似之处，但韩国建设新农村的起步较慢，在较大城乡差距的基础上实现了城乡一体化发展。尽管这些国家走过的城市化道路不尽相同，但基本的路径有其共性的特征，分析和总结这些国家的成功经验，探讨其发展的主要路径，总结和找出其发展的客观规律，对于我国在当前实现统筹城乡与新型城市化的推进路径构思上有重要的借鉴意义。

综合来看，这些发达国家曾经走过的城市化主要路径的基本特点有以下几方面。

（一）以工业化为动力推动城市化

工业化带动城市化是所有发达国家最基本的城市化路径。英国工业革命不仅是英国城市化起步最主要的影响因素，也是全世界城市化的决定性起点。英国是第一个工业化国家，从圈地运动开始，工业化与城市化基本同步推进，农业的发展相对较晚，但英国仍然是第一个建立了田园城市的国家，可以说英国是世界城市化进程的先行者与试验者。工业革命后，英国机器化大生产的运用，使产业工人大量集聚到城镇，城镇范围不断扩展，小城镇发展为大城市。例如曼彻斯特，这个以棉纺工业闻名于世的早期工业城市，在1801年时还是个默默无闻的小镇，人口只有7.5万人；到1840年时，纺织工业85%的产业工人集聚于此；到1971年时，城市居住人口达到35万人，70年时间人口增长了近5倍。如以造船工业为支柱的格拉斯哥是英国的第三大城市，在18世纪末还是个小镇，到19世纪初期已迅速成长为20万人口的工业大都市了[①]。大批城市的建立又进一步促进了商业、运输业和服务业的发展，随着产业结构的改变，大批城市得以建立，形成了较为完善的城市体系[②]。

美国受欧洲移民的影响，工农业生产技术得以同步提高，工业化促进了美国的城市化，农业生产效率的提高可以满足不断增长的外来移民的生活需求，加速了城市的增长。19世纪美国产生了一大批工业城市、矿业城市、能源城市，纽约、费城、波士顿、芝加哥、底特律、克利夫兰等大城市集中于美国东海岸，成为美国的经济中心和经济带。日本在“二战”以后，制定了优先发展工业的战略，学习引进西方技术，极大地促进了国内制造业的发展，进而推动了东京、名古屋、大阪三大城市群的兴起。

（二）交通工具革命与交通网络建设助推城市群的实现

交通运输网的完善对城市发展的作用是不言而喻的。工业革命带来的交通运输业的革命使城市发展进入到新阶段，城市摆脱了依河流航道而建的束缚，在铁路、公路沿线形成数以百计的新城镇，快捷的交通加快了城市之间的联系，完善的交通网络有力地促进了人口和产业的流动和分布。英国是汽车和火车的发明国，工业革命后至1830年短短50年时间，英国全国公路交通网络初具规模；在蒸汽火车发明后，铁路运输发展迅速，到

① 陈爱君：《第一次工业革命与英国城市化》，《上海青年管理干部学院学报》2005年第1期，第52—54页。

② 纪晓岚：《英国城市化历史过程分析与启示》，《华东理工大学学报》2004年第2期，第97—101页。

1851 年，铁路总长度已经达到 6802 英里，到 1870 年时，全国铁路总长度达到 12698 英里，全国铁路网络初具规模①。美国的汽车工业大发展出现在第一次世界大战之后，底特律成为全球著名的汽车城，汽车的普及带动了公路的修建，20 世纪 60 年代，美国的高速公路网络加快了城市间的交通，带动了东海岸都市群的发展，也带动了周边农村地区的城市化，使美国的城市化水平迈向世界前列。日本采用电气化技术增加轨道交通的输送能力，修建了第一条高速铁路新干线，将东京、名古屋、大阪三大城市群串连一起，缩短了城市间的交往距离。德国在城市化进程中大力发展城乡公共交通，为人口出行和资源跨区域流动带来了便利。

（三）大城市先集中而后分散，形成大都市圈

当城市人口密度达到一定规模后，出于对生活质量的选择，大量富人会迁居城市周边郊区，由此带来城市空间的扩展，在大城市周围形成卫星镇，美国的城市化率超过 50% 以后，逐步形成了以特大城市为中心、大中小城市构成网络的大都市圈，1990 年美国大都市圈有 268 个，大城市圈人口占全国总人口的 80.3%。日本的城市化道路是先大后小，先向大城市集中而后分散，形成大都市圈，是典型的以大都市圈为城市基本形态的国家。日本的地形地貌也决定了日本必须采取城市与人口集中化的发展道路，日本近一半的人口集聚在以东京、大阪、名古屋为核心的三大都市圈中。韩国国土面积、地形地貌与日本较相似，城市的分布状态也非常相似，70% 的人口集中在首尔、釜山两大都市圈，其中，首尔都市圈几乎聚集了全国一半的人口。德国以中小城市为主，除柏林外没有特别大的城市，这一点与美国、日本等国家不同，但是德国的中小城市又集聚在一起形成了一个个都市圈，德国一半的人口聚集在 11 个都市圈内。

（四）农村与农业现代化为城市化提供推力

农村和农业的发展可以助推城市化的发展。美国城市化的一个特征就是城乡协调，农村富裕、农业机械化水平高，城乡间基础设施建设水平差

---

① 赵煦：《英国城市化的核心动力：工业革命与工业化》，《兰州学刊》2008 年第 2 期，第 138—141 页。

别很小，这大大提升了美国城市化的质量。美国农村地区的经济社会发展一直是政策的重点，政府实施了多项农业法规和农业促进政策，如1914年的《史密斯—利弗合作推广法》，完善农技推广体系；1916年通过的《联邦农业信贷法》，对农业生产提供信贷支持；1936年制定的《农村电气化法令（REA）》，利用政府资金建立农村配电线路发展和建立发电厂及输电线路，促进了农村电气化进程①。

日本在城市化中后期开始关注统筹城乡发展问题。1961年，日本颁布《农业基本法》，从政策、资金等层面扶持农业发展。一方面，加大对农村基础设施的投入，投入主要来自各级政府的财政拨款和金融信贷支持；另一方面，加大对农村工业发展的扶持，制定了《向农村地区引入工业促进法》、《新事业创新促进法》等法规鼓励町村创办涉农加工业，促进农产品加工一条龙②。在实行工业化的过程中，日本采取工业化和农业现代化同步推进的战略，在亚洲率先实现了农村城市化。

韩国政府倡导的著名的"新村运动"是一项旨在解决工业和城市化起步后城乡差距迅速扩大问题，实现"工农业的均衡发展"的重要举措。韩国的"新村运动"是以政府导向的农村基础设施建设为开端，通过向农村提供低价的水泥钢铁建材，带动农村住房改造、修建桥梁，村村都修筑了可通汽车的进村公路，到20世纪70年代后期，全国基本实现了村村通车，并实施农村改水、改电、改气工程，极大改变了农村面貌。在基础设施改善的基础上，引导农户发展农业经营，调整农业结构，进行合作化管理、集约化经营，并给予财政、金融、流通、技术服务等支持，进一步发展了农村经济，提高农民收入，1970年韩国农民收入相当于城市居民收入的75%，1980年为95.8%，到1993年，农村居民百户拥有彩电率为123.6%、电冰箱率为105%、汽车率为20.9%，城乡一体化基本实现③。

（五）政府的引导作用加快城市化质量提升

城市化的推动力来自市场力量，但政府作用不可低估。在城市化的进

① 朱效章编译：《美国的农村电气化》，《小水电》2005年第6期，第5—6页。

② 杨海水：《日本怎样推进农村城市化》，《乡镇论坛》2008年第1期，第31—32页。

③ 董立彬：《我国新农村建设的思考——基于韩国"新村运动"的经验》，《农业经济》2008年第8期，第11—13页。

程中，无论是城市发展质量的提升与把握，还是农村与城市的统筹发展，都离不开政府的规划与引领作用。以日本与德国为例，这两个国家在“二战”后的废墟上快速兴起与政府的规划引领作用密不可分。日本为了应对高速城市化中的环境污染、人口密集、交通拥堵等问题，出台了一系列住房保障、城市规划、土地开发、环境保护等法律法规，采取发展公共交通、合并町村（减少了70%的町村）、提高土地利用效率等措施，提升城市化质量。德国通过行政区划的调整，将城市周围的一些村镇并入城市中去，实现了农民的就地城市化。此外，德国设立了团结税以减少区域发展的不平衡，实现区域的共同富裕以及可持续性发展。

（六）降低迁移障碍，加大保障力度，促进人口流动

现代西方国家基本上不存在限制人口流动的制度障碍。英国在农奴制废除后，特别在工业革命后，通过一系列法律制度，消除了人口流动的制度障碍，大大促进了劳动力的转移，加快英国城市化进程。

日本对进城的农民给予和市民一样的户籍身份，没有任何的歧视政策，在用工与社会保障方面，通过立法监督企业对所有劳动者提供一致的社会保障。日本政府还建造了大量的公营住宅，低租金提供给低收入人群。在城市化过程中，放宽农村土地所有权流转限制，鼓励农地适当集中和农民的市民化。为了使市民化的人群能在城市顺利就业，日本政府会为这些人群提供免费的职业教育和业务培训，以使他们更快地适应城市生活。

因此，虽然每个国家的城市化进程各有不同，但也有许多可以总结的共性经验。英国、美国、德国等西方国家是城市化与农村现代化同步发展较好的国家，在城市化的过程中，大量农村劳动力转移到城市，农村人口的快速下降为农业生产效率提升创造条件，辅之以这些国家同步推行的城乡基础设施一体化建设、农业扶持政策等，推动了城乡的良性互动。日本、韩国等亚洲发达国家优先快速实现了城市化，在城市化的中后期开始大力补上农村发展的短板，由于政策措施到位、力度大，较好地扭转了城乡差距。

总体上看，发达国家实现统筹城乡与城市化的发展路径给我们很多启示：在城市化模式上，不同国家选择了适合自己特点的道路，日本、韩国

国土面积小，推行的是大城市群的集中型城市化模式，日本三大城市群、韩国两大城市群集聚了全国大部分城市人口；而德国、英国等欧洲国家城镇基础较好，采取的是均衡城市化模式，大中小城镇协调发展，在城市化的主导力量上，政府引导与市场推动同样重要，政府的职能与行为边界的控制值得研究；在城乡关系上，美国、英国等老牌资本主义国家采取的是城市与乡村同步协调发展的路子，农村发展起步早，城乡差距较小，城乡关系融洽，日本、韩国采取的是追赶式的城市化发展路子，优先集中发展大城市，在城乡差距拉大后加大农村扶持力度，缩小城乡差距，形成城乡互促的发展格局。

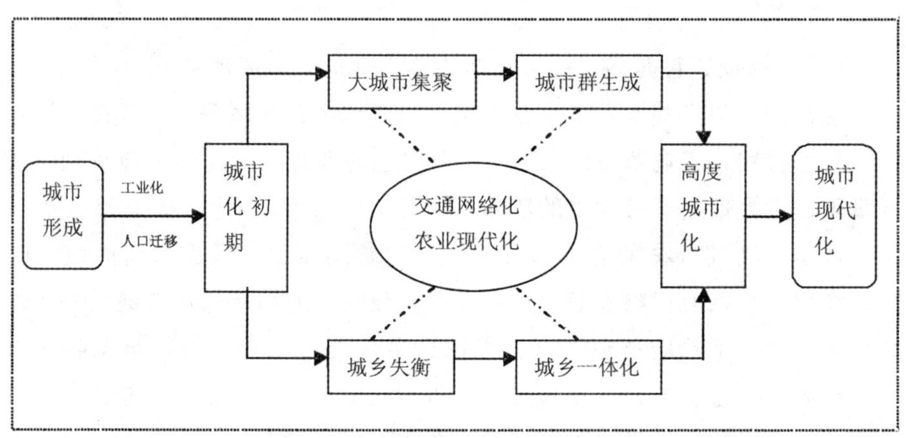

图 5—1　发达国家城市化推进路径

因此，通过比较和借鉴发达国家的城市化实现路径的经验，对于我们厘清新型城市化的发展路径有很大的帮助。在城镇体系的空间分布上，因地制宜，处理好大中小城市与小城镇集中与分散的协调关系，既要发挥大城市的集聚和扩散效应，也要发挥中小城市的节点作用，实现城市体系的良性互动；在主体行为上，要处理好政府与市场的关系，政府的重要职能是科学规划与清除城市化的制度障碍；在城乡关系上，城市与乡村同步发展是提升城市化质量的关键，等等。

二　城乡统筹视角下新型城市化推进路径的主要选择

目前，我国按户籍人口计算的城市化率不足 40%，远低于 54% 的常住人口城市化率。城市化处于快速发展的转型时期，有问题、有矛盾，也有机遇，在新时期，我国的城市化必须抓住发展机遇、尽快地改革阻碍城市化进程的机制体制障碍，选择适合国情的、有利于城市化健康快速发展的路径。我国的城市化是先城市后农村的追赶式发展路径，与日本、韩国具有一定的相似性，我们认为，我国的城市化应走"以人为本、产业推动、空间合理、统筹城乡、政府调控"的城市化发展模式，走出符合本国国情，具有自身特色的城市化道路。

（一）以农业人口市民化为根本推进新型城市化

人口从农村向城市转移，农业人口转化为城市居民是城市化最基本的路径之一。坚持"以人为本"的城市化路径，城市化的一切都应当围绕"人的城市化"来展开。"以人为本"的城市化关键是推进人口的"三维转换"：一是实现人口从乡村到城市的地域转换；二是实现人口从农业到非农业的职业转换；三是实现从农民到市民的身份转换。三维转换一方面让迁移到城市的农民能够在城市里"劳有所得"、"住有所居"，享受城市居民同等的现代化的公共基础设施和服务；另一方面也有助于推进乡村公共服务质量的提高，让农民和城市居民一样"学有所教"、"老有所养"、"病有所医"，拥有良好生活品质的生活环境。中央提出到 2020 年，要解决约 1 亿进城常住农业转移人口落户城镇，约 1 亿人口的城镇棚户区和城中村改造，约 1 亿人口在中西部地区的城镇化①。3 亿人口的城市化目标要求当前必须加快户籍制度改革、土地制度改革等，让城市"沉淀型"农村人口真正在城市定居，加快新型城市化的进程，改善城乡公共服务水平和创业就业条件，使进城人口更好地融入城市。

（二）以三次产业升级为动力推进新型城市化

产业支撑和转移人口稳定就业是城市化的重要基础，也是推进新型城市化进程的重要路径。首先，工业化是城市化的基础动力，要借助信息化提升工业化水平，以新型工业化带动新型城市化，大中城市集中力量用科技改造

① 《中国要求 2020 年解决 1 亿进城农业转移人口落户城镇》，中国新闻网 2013 年 12 月 24 日，http：//www. chinanews. com/gn/2013/12—24/5658795. shtml。

传统产业，发展战略性新兴产业，中小城市增强产业承接能力，承接大城市的产业转移，小城镇要打造特色镇，形成大中小城市与小城镇分工合理、功能互补的产业发展格局。其次，大力发展现代服务业，既要发展劳动密集型的生产消费性、分配性和社会性服务业，加快就业人口的吸纳，也要大力发展高端的现代服务业，提高服务业的智力化、资本化、专业化水平，体现新型城市化质量同步提升的要求。再次，实现农业现代化，发展现代农业，提高农业生产效率，增加农民收入。农业现代化提高城乡统筹水平，城乡统筹为农业现代化创造外部条件，进一步助推新型城市化实现。

（三）以加快城乡统筹为切入点推进农村城市化

城乡一体化是新型城市化的发展目标，也是新型城市化的推动力。这就需要我们在新型城市化的进程中，时刻关注城乡统筹发展。一方面，城乡统筹发展的着力点是加快新农村建设，改善农村交通状况，整治农村生态环境，改善农村教育、医疗、文化、体育等公共服务水平，提高农村的宜居程度和农民的生活质量。另一方面，要发展农业现代化，用现代机械装备提升和改造农业生产能力，加大农民生产技能的培训与应用，完善农产品加工产业链，形成显著效益、生态文明、可持续发展的现代农业，不断增加农产品有效供给和农民收入。如果说财政资金投入提升农村生活品质是统筹城乡的外生变量，那么农业现代化提高农业生产收入就是统筹城乡的内生变量，只有农业发展了，务农的收入提高了，城乡统筹才有持续性的动力。

（四）以城乡要素的合理配置为基础推进新型城市化

城乡要素的合理配置是新型城乡关系的要求，也是推进新型城市化的基础。城乡要素当中，最主要的是劳动力、资本和土地。劳动力的配置要改革限制人口永久性迁徙的户籍制度，促进劳动力的自由流动。资本本身是逐利的，随着金融制度改革的深入、融资成本的降低，可以进一步引导资本在城乡之间合理流动。土地的利用是目前城市化进程中矛盾最为突出的问题，深化土地制度改革是实现新型城市化的路径之一，新型城市化也要把解决好土地问题作为统筹城乡与城市化的前提。在土地资源日益稀缺的当下，推进城市建设用地集约使用是新型城市化的内涵之一，要创新土地管理制度，严控增量、盘活存量，优化土地利用结构、保障城市建设用地的集约利用，通过相对集中布局等方式节约建设用地，改变土地城市化大大快于人口城市化的局面。深化农村土地制度改革，保障改革中农民利益的兑现是促进农民离地城市化的重要前提，当前许多城镇常住人口不愿意放弃农村户籍，最主要的因素是农地利益无法兑现。农村土地改革重点要完善土地产权设计，农民对耕地、宅基地拥有的基本权利要与户籍脱钩，地随人走，改革和完善农民对耕地、集体用地和宅基地拥有的权利，推动农民的真正市民化进程。

（五）发挥城市的集聚效应与扩散效应，优化城市空间布局

我国的城市化已进入中期阶段，全国分布着大量的大中小城市，城市体系需要进一步优化空间布局。作为城市生态链顶端的大城市要发挥扩散效应，由单一的大城市形态向城市群形态转变，形成以大城市为中心的、一定的辐射半径内的中等城市、小城市和中心镇共同构成的区域城市系统。在城市群的区域城市系统内，大城市、特大城市发挥它的辐射带动作用，通过便捷的现代交通方式，影响周边中小城市与小城镇，在更大范围内优化资源的配置，实现城市间的产业分工与合作，形成经济联系密切、功能互补、等级有序的城市系统。最基层的小城镇肩负农村人口的就地城市化的重任，小城镇要突出重点，选择部分经济基础好、发展优势明显的中心镇进行培育，突破行政体制对小城镇的障碍，实现跨越式发展，将小城镇发展成为产业集聚效应明显、人口集聚效果突出、城市功能完备的宜居小城市，发挥小城市联结城乡的节点作用。新型城市化要求的城市空间布局，是强调大城市、中等城市、小城市和小城镇协调发展的城市空间形态。既要避免我们曾经出现过的大城市人口盲目膨胀产生的“城市病”，又要避免小城镇“村村点火、户户冒烟”式发展的“农村病”，从统筹城乡的视角看，在以城市群为主的空间形态下更要突出小城市培育的重要性。

（六）政府引导和市场推动“上”“下”结合推进新型城市化

城市化是市场主体空间自由选择的过程，是无数市场主体利益偏好在空间聚集上的显现，例如特大城市的形成，自然是每个参与其中的市场主

体的理性选择，新型城市化不可回避市场力量“基础作用”的重要性，要按照市场规律办事。但市场不是万能的，仅通过市场选择难以实现最优均衡，特大城市的“城市病”需要以市场以外的力量进行引导。因此，城市化要健康可持续发展，就必须将市场推动“下”的力量与政府政策引导“上”的作用有机结合，合理规划，消除障碍因素，创造适宜的硬件环境和软件环境。

政府政策“上”的引导作用主要体现在：第一，准确把握城市化发展的客观规律，对城市化发展进行前瞻性的城乡一体规划；第二，以财政力量为主、调动社会资本用于城乡建设，引导产业投资方向与空间分布；第三，为辖区内的城乡居民提供均等化的公共基础设施和公共服务，引导人口的合理流动；第四，为辖区内的企业和城乡居民提供公平、公正、统一、规范的制度环境。

结合上述六个层面，我国统筹城乡视角下新型城市化的推进路径如图 5—2所示。

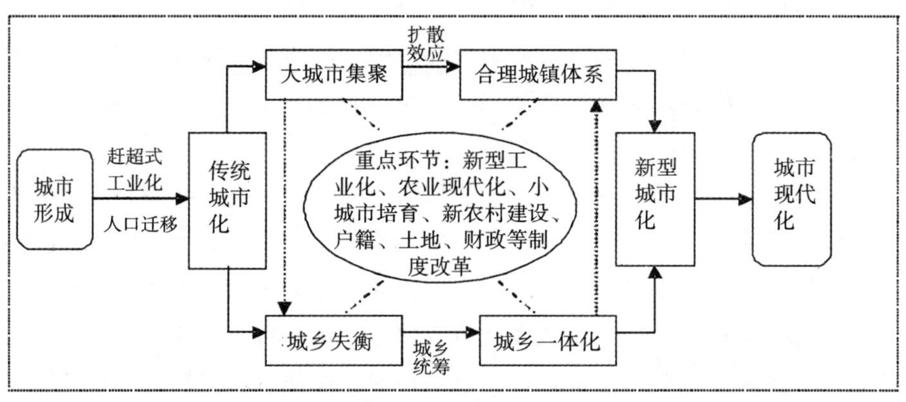

图 5—2　我国新型城市化推进路径图

三　城乡统筹视角下新型城市化路径实现的重点环节

上述分析勾画出我国城市化实现路径的基本框架，在这样一个框架中，有必要进一步找出其中的关键点，也就是推动新型城市化路径中的重点改革事项，通过这些重点事项的改革，推动我国城市化的快速发展。结合新型城市化“以人为本、产业推动、空间合理、城乡统筹、政府调控”

的发展目标，我国当前新型城市化推进路径的重点环节主要有以下几个方面。

（一）以新型工业化和农业现代化为动力，带动新型城市化发展

工业化是城市化的前提和基础，也是城市化的核心动力。现代融合了信息化特征的工业化被称之为新型工业化，与传统工业化时期不同，虽然发达国家已经达到高度城市化的水平，但在进入信息化时代后，城市化表现出品质提升与集约发展的新特征。以信息化为基础的新型工业化成为新型城市化的最新动力，尤其对于中国这样处于城市化中期阶段的国家来说，更要转变发展方式，推进工业结构优化升级，把新型工业化作为推进新型城市化的基本动力。

农业现代化是新型城市化的重要助推力。城市化水平的提升，人口由农村向城市的集聚为农业规模化、集约化生产创造了条件，而农业现代化生产技术水平和现代化管理水平的提高，直接提升了农业的生产效率。农业作为第一产业，是第二、第三产业发展的基础，农业现代化为城市化提供充足的生产要素支持，新型城市化的发展目标必定要求以农业现代化为基础。

新型城市化要以新型工业化和农业现代化为动力，发挥新型工业化的拉动力和农业现代化的推动力，两者结合，共同助力新型城市化的实现。

（二）加快小城市培育，发挥小城市统筹城乡的节点作用

新型城市化是城乡统筹协调发展的城市化，表现在城市的形态上，既要加快大城市的辐射带动作用，又要加快中小城市与小城镇的协调发展，构成科学合理的城镇体系；从城乡的关系上看，中心镇发挥了联结城乡的节点作用，加快中心镇的发展，把大量中心镇培育成为小城市，这是我国新型城市化战略的重要突破点。与普通的中心镇相比，小城市是更具备城市形态，具有更强经济集聚能力和人口集聚效应。把一批有特色产业支撑的、人口承载力强的中心强镇培育成为小城市，让这些小城市名正言顺成为现代城市体系中的有机组成部分，是统筹城乡视角下城市化的重要选择。

（三）加快实现城乡公共服务均等化，提升城市化质量

城市化的本质是农村人口进入城市，实现市民化的城市化过程。当然，我们所指的统筹城乡视角下的新型城市化，是要在农村人口城市化的基础上同步实现农村发展的现代化，随着农村人口的减少，农业生产效率提升、农村经济条件改善得以可能。城市化的代价不应该是农村的衰败，而是城乡的共同发展与富裕，因此，要推进农村各项事业的发展，加快建立城乡公共服务的均等化供给制度，健全农村基础设施建设与公共服务投资保障机制，为城乡居民提供均等的生活条件和制度环境是实现新型城市化的重要抓手。

（四）深化户籍制度改革，破除人口城市化的壁垒

户籍制度如同城乡间一道沟壑，阻碍了人口的自由流动，进而影响人们生活的各种政策制定，如养老、医保、教育、婚姻、购房、购车几乎都与户籍或多或少相关。随着市场化改革的深入与人口自由流动的频繁，城乡分割的户籍制度通过阶梯式的制度设计，对农村进城落户者层层筛选，而忽视了流动人口自身的需要与选择权利，结果是直接从制度层面上阻碍了中国的城市化进程。户籍制度当下或许不是阻碍人口流动的最主要因素，但仍然是一个选择性的前提因素。新型城市化的进程首先要在一定程度上削弱和消除户籍对人口流动的影响，还户籍制度登记的本来职能。

（五）深化土地制度改革，提高人口与土地城市化效率

随着中国工业化、城市化的不断推进，现有农村土地制度成为制约新型城市化的因素。其一，在城市化过程中，征用地制度中的不等价交换方式严重损害了农村的利益，也造成了土地使用中的浪费。其二，市场经济的发展对农村现代化生产方式提出了新的要求，农业规模化生产倒逼耕地使用制度改革，无论是农村农业生产用地或是城市建设用地，都需要进一步深化土地制度改革，提升土地利用效率，优化土地资源配置。其三，农民无法合理兑现土地利益，成为农村人口主观上不愿进城落户的阻碍因素，影响农村人口顺利城市化。农村土地制度的改革一要有效地保护和利用好有限的耕地资源；二要保护城市建设用地使用中的农村和农民利益，

合理调节城乡利益关系；三是要集约高效地利用城市建设用地，这也是新型城市化的题中之义。

（六）深化义务教育与社会保障制度改革，促进人口理性流动

义务教育与社会保障是影响城市化进程的重要公共服务内容。我国国民普遍重视子女教育，不同城市与乡村教育质量的差距、升学难易程度等都会影响到人口的流动与择业择居。社会保障城乡差距问题仍然较突出，农村居民享有的社会保障水平远低于城市，社会保障覆盖面不全、力度小、可持续性不强等问题一方面影响了进城务工者的参保续保积极性，阻碍了新型城市化发展；另一方面也降低了农村居民的参保意愿。同时，城乡教育质量的差距、社会保障水平的城乡差距也影响了城乡公共服务均等化进程，有违新型城市化的本意。义务教育与社会保障制度改革要建立健全城乡义务教育均等化的供给机制，以增强公平性、适应流动性、保证可持续性为目标统一和完善城乡社会保障制度。

（七）深化行政与财政体制改革，创新城市化发展机制

除了户籍、土地、教育等基本制度外，与城市化密切相关的财政政策、金融政策以及政府行政管理体制设计也是影响新型城市化进程的重要因素。中国的城市发展受行政层级的影响很深，不同的城市管理体制会形成不同的城市发展格局，城市化发展需要从体制机制上进一步解缚。城市化本质上是资源的配置过程，是财力在特定区域的堆积，深受地方财政能力的制约，因此必须相应地加快财政体制改革。行政管理体制和财政体制改革的重点：一是要讨论如何构建有利于城市加快发展的行政体制、市镇体制等；二是讨论如何破解地方财政的困境，建立有利于城市化长远健康发展的财政保障机制。

余下章节，我们将进一步对城市化路径实现的七个重点环节进行分析与阐述。

第六章　城乡统筹视角下的新型城市化：新型工业化与农业现代化

马克思曾经指出："某一民族内部的分工首先引起工商业劳动和农业劳动的分离，从而引起城乡的分离和城乡利益的对立。"① 城市在农业生产力提高基础上产生，后续的壮大与扩张则需要依赖手工业、工商业的繁荣与发展，工业化的集中生产与规模效益为城市化发展创造条件，由此造成人口从农村向城镇高度集中，部分乡村演变为城镇、城镇演变为城市。尽管城市诞生早于工业，但城市的高速扩张与发展则是18世纪英国工业革命以后机器大生产和工业化不断推动的结果。工业化是城市化的最重要推动因素，第二次世界大战后人口统计资料显示，一个国家或地区城市人口的比重与城市产业工人占总人口的比重是密切相关的。

与传统工业化不同，以信息化为基础的新型工业化是新型城市化的新动力。西方发达国家在进入信息化时代后，虽然其人口城市化率很高，但城市化并未停滞，而是出现了新的特征。新的特征表现为城市化不再强调人口单向迁移与城市规模的扩大，而是注重于城市的品质发展与集约发展。信息化逐渐与农业、工业和服务业相融合，使三次产业具备了新的内涵，并提升城市化过程的质量。

中国已进入城市化的中期阶段，服务业现代化是更高层次的城市化发展需要，目前中国具备发展高端服务业的城市集中在北上广等一线城市，全国大多数地区可以把服务业现代化作为城市发展的目标和地方经济发展的重要组成部分，但能够大规模推动新型城市化进程的核心动力仍在于大力发展与信息化相融合的新型工业化，新型工业化将是我国未来新型城市

---

① 《马克思恩格斯全集》（第三卷），人民出版社1960年版，第24页。

化的主要动力。

著名经济学家张培刚先生说过："工业化是城市化的内在动力，而农业部门的发展则是城市化的外在条件和制约因素。"离开工业化的城市是不可想象的，而缺乏农业部门支撑的城市化也是难以持续的。中国的农业长期发展滞后，一直成为推进工业化与城市化的阻碍因素，农村产业结构的演变是产生城市化的原始基础。当前我国城镇人口超过农村人口，农产品市场需求上升，土地制度的改革将使农村土地规模化经营成为发展趋势，农业现代化建设必然成为新型城市化的推动力。

新型工业化与农业现代化构成中国新型城市化的核心动力机制，中国要走新型城市化道路，必须抓住机遇，加快实现新型工业化和农业现代化。

一　新型工业化是新型城市化重要的驱动力

（一）新型工业化的内涵与特征

工业化理论的研究起源于1791年美国经济学家汉密尔顿对工业化问题的探讨，其后，李斯特（1841）从"后进国"的视角系统地进行了论述，为世界工业化问题研究奠定了基础。发展经济学围绕工业化内涵、相关理论、实现路径和工业化的具体标准等方面展开了研究。钱纳里（Chenery）提出工业化是广义的"经济结构转变"，是"生产资料的去处和产品的来源从农业活动转向非农生产活动"的过程[①]；库兹涅茨（Kuznets，1986）认为"工业化是指以各种不同的要素供给组合去满足类似的各种需求增长格局的途径"[②]。国内著名经济学家张培刚认为"工业化不应该仅仅局限于工业部门，而应该涵盖整个国民经济。工业化以生产技术的突出性变化为基础和前提，进而引起国民经济结构的调整和变动，最终导致人们的思想观念、生活方式、思维方式、价值观念等都发生一系列相应的变化"[③]。

---

① 钱纳里等：《工业化和经济增长的比较研究》，吴奇、王松宝等译，上海三联书店1989年版。

② 库兹涅茨：《现代经济增长》（中译本），北京经济学院出版社1989年版。

③ 张培刚：《发展经济学通论（第一卷）：农业国工业化问题》，湖南出版社1991年版。

较之新型城市化的概念，新型工业化的研究受学界关注更早，2002年，党的十六大报告提出了我国要走一条“科技含量高、经济效益好、资源消耗低、环境污染少、人力资源优势得到充分发挥”的新型工业化道路[①]。这段纲领性文字概括了新型工业化道路的基本涵义：其一，新型工业化的核心是科技，通过科技带动工业升级，充分发挥科技是第一生产力的作用；其二，通过科技进步，不断改善经济增长质量、提升经济发展绩效；其三，新型工业化要发挥人才优势，逐步提高劳动力素质和技能，以智力代替劳力，提高劳动生产率；其四，新型工业化要推进产业结构的优化升级，以高新产业代替传统制造业，特别要淘汰高能耗高污染的落后产能，合理开发和利用自然资源，实现人与自然的可持续发展。

关于新型工业化道路的基本涵义，国内众多学者也从经济社会发展、生态环境保护、资源集约利用等多个角度对新型工业化的基本内涵进行了解读。

工业化赋之予“新型”两字，是相对于我们以往走过的、发达国家曾经经历过的传统工业化道路而言的。新型工业化是把信息化进程与工业化进程相叠加，在经济全球化不断深化背景下，推进现代工业化的进程。江小涓（2003）认为，新型工业化与传统工业化的不同在于，传统工业化是西方国家曾走过的道路，即工业化有自身的规律，从第一次工业革命到第二次、第三次工业革命，先工业化后信息化，而新型工业化是在第三次工业革命之后发展中国家赶超式的工业化道路，是把信息化放在优先发展的战略地位，用信息化推动工业化的道路[②]。有的学者从可持续发展的角度解释新型工业化的“新”，认为新型工业化是以信息化带动、以集约型增长为主，力求产业结构优化，以经济效益为中心、坚持人与自然和谐统一的可持续发展，政府导向、市场推动型的工业化道路[③][④]（简新华、

① 十六大报告：《全面建设小康社会，开创中国特色社会主义事业新局面》，新华社 2002年11月18日。

② 江小涓：《新型工业化：全面实现小康社会的必由之路》，《哈尔滨商业大学学报（社会科学版）》2003年第2期，第3—5页。

③ 简新华、向琳：《论中国的新型工业化道路》，《当代经济研究》2004年第1期，第32—38页。

④ 王新天、周振国：《新型工业化道路与跨越式发展》，《求是》2003年第9期，第29—31页。

向琳，2004；王新天，2003）。江小涓（2002）认为新型工业化的核心是走可持续发展之路，即“一条经济高速增长同时降低能耗和污染、产业结构升级同时又扩大就业的效益与速度完美结合的工业化道路”①。胡鞍钢（2003）结合产业结构升级、就业、经济增长和环保等方面，认为新型工业化是“以信息化为基础的、在节能减排的条件下获得较好经济效益的工业化”②。吕政（2003）在此基础上提出，广义的新型工业化还要破解经济增长方式以及机制体制等问题③。

总结中央的指导思想与国内学者的拓展研究，我们认为：新型工业化是信息化与工业化互促互进，以高新技术产业为主导、以基础产业和先进制造业为支撑，以工业结构的升级优化，资源、能源的高效利用，环境污染的减少为目标，实现经济社会的可持续发展。

与转型国家和发达国家曾经历的传统工业化道路相比，从加快推进新型城市化的角度来看，中国现在要走的新型工业化道路，主要有以下几个显著的特征：

（1）新型工业化是由科技创新和信息化驱动的工业化。信息化是一个过程，是由信息技术引起的工业社会向信息经济社会转变的过程。欧洲发达国家从18世纪工业革命开始就进入工业化与城市化同步发展的时期，在20世纪后期信息化时代到来之前，200多年的充裕时间让欧洲发达国家完成了工业化进程。这些国家是在发达工业化的基础上进入信息时代，用信息技术实现工业化的飞跃，走的是一条先工业化后信息化的道路，不存在如何处理信息化与工业化同步推进关系的问题。我国目前处于传统工业化的中期阶段，面临传统工业化进程与信息化时代相互融合的任务，意味着我国要走的新型工业化道路是跨越式发展道路，必须在工业化过程中吸收当代最先进的科技成果，借助科技创新的力量，以信息化驱动工业化升级，以工业化提升信息化发展，实现二者的互动与融合。工业化和信息化的融合助推工业化的跨越式发展，加快了新型工业化与新型城市化的同步推进。

---

① 江小涓：《积极探索新型工业化道路》，《求是》2002年第24期，第19—20页。

② 胡鞍钢：《城市化是今后中国经济发展的主要推动力》，《中国人口科学》2003年第6期，第1—8页。

③ 吕政：《我国新型工业化道路探讨》，《经济与管理研究》2003年第2期，第3—8页。

(2) 新型工业化是以经济效益为中心的工业化道路。经济效益强调社会成本的节约，符合现代集约发展的思想。传统工业化重速度、轻效益，重数量、轻质量，低产出、高能耗，尽管工业生产增长速度比较快，但经济效益却比较低。新型工业化正确处理速度与效益的辩证关系、重视经济效益的重要性，注重科技创新的作用，使生产能力有质的突破，产品质量不断提升，人民物质生活水平不断提高。

(3) 新型工业化是以集约型增长为主的工业化道路。传统的中国工业化主要依靠投资拉动，上新项目、建新工厂，不断投入资金、物质和劳动力来带动工业生产，是典型的粗放型增长模式，高能耗、低投入，整个工业化过程付出了巨大的成本，成效却不理想。而新型工业化是强调以集约型增长为主的工业化，包括重视资源节约、能耗降低的生产过程，重视科技创新和科学研发的投入，依靠科技进步提升企业生产效率，依靠提高劳动者素质提升企业经营管理能力，不断改善工业化的质量和效益。

(4) 新型工业化是力求产业结构优化的工业化道路。18 世纪的工业革命带动欧洲及整个世界的产业结构的变化，产业结构从以农业为主转变为以工业为主，这一过程也称为工业化，本质是产业结构按顺序由农业向轻工业过渡，再进入重工业为主的结构。20 世纪后期，又演变为以服务业为主的产业结构。新中国成立后大力发展工业的战略选择，片面强调优先发展重工业，忽视轻工业、农业和服务业的发展，形成了畸形的产业结构，造成了严重的比例失衡。而新型工业化道路则根据工业化发展的客观规律和科技时代世界信息技术发展趋势，破解我国产业结构发展中的失衡问题，促进三次产业结构优化。

(5) 新型工业化是注重可持续发展的工业化道路。欧洲工业革命之后的工业化道路是一条先污染后治理的道路，18 世纪至 19 世纪，欧洲大陆工业制造业大量依靠消耗自然资源和廉价劳动力粗放扩张，环境受到很大破坏，居民生命健康受到严重威胁。直到 20 世纪中期，欧洲才开始投入巨资进行环境改造，为此付出了相当大的代价。中国工业化的前期阶段走的是西方国家的老路，过度依赖资源的投入、环境不断遭到破坏，水源、土壤污染严重。以自然环境恶化为代价的工业增长得不偿失，中国的工业化发展再不能走这样的老路，唯一的选择是走可持续发展的新型工业化道路，实现人与环境的和谐相处。新型工业化道路坚持以信息技术替代资源消耗，以清洁生产替代污染排放，发展科技产业与绿色产业，保护环境和合理开发资源，走“边发展边保护”的新路子。

（二）新型工业化带动新型城市化的作用机理

工业化是城市化的根本驱动力，而新型城市化强调集约、环保、可持续生态经济高效，这就必然需要传统工业化向新型工业化转型。突出新型工业化的科技、高效、集约、环境的特性。

1. 新型工业化是中国新型城市化的持续动力

工业化对城市化的作用机理主要表现在以下四个方面：

（1）工农业区域比较优势。工业发展所形成的资源要素在城市的集聚造成了城市相对农村的区位优势，城市的资源禀赋、收入水平都较农村优越，城乡之间比较利益差异显著。城乡比较利益的存在为市场交换提供了可能，在市场利益的驱动下，要素向城市流动和聚集。因此，一些具有较好区位优势和较高比较利益的城市往往成为工商业聚集地区，这实质上形成了城市化的最原始动力来源。

（2）产业与人口的空间聚集。经济资源在地理空间上的集中所产生的资源高效率利用称为聚集经济。与农村相比，城市具有聚集性经济的典型特征，便利的交通、快捷的资讯、配套的服务，满足工业发展所需要的外部经济条件，因此，城市天生就具备工业化和专业化所需要的聚集效应和规模效应。产业聚集自然为人口聚集提供了动力，正如斯科特（Skate）所言，工业的聚集带动了资本、技术和教育等生产要素在有限空间里的高度集合，提供了大量的就业岗位，自发推动了城市的形成与发展。所以“工业化和城市化本质上是一致的，只是经济要素集中的不同表现形式”①。

（3）产业结构的转换。工业产业从资源密集型向劳动密集型，再到资本、技术密集型的发展过程，其生产方式的分工和专业化程度不断提升，所需的综合要素越来越集聚，当分工和要素集聚到一定程度，服务于产业发展的相关领域将极大地促进第三产业的发展。第三产业的发展吸收

① 刘伟：《工业化后大城市地区城乡关系转型研究——以北京市为例》，首都经济贸易大学博士学位论文，2014 年。

了大量劳动力和闲散资金，赋予城市以新的活力，从一定程度上促进了经济就业非农化，从而间接地提升了城市化水平。此外，工业的现代化也使农业现代化成为可能，农业生产率的提高，一方面使农业产出支持更多城市人口的发展需要；另一方面又促进了农村剩余劳动力的产生和劳动力为追求更高收益而转移到城市发展。

（4）工业发展的路径依赖。当某个工业行业在最初形成时落脚在某个城市或区域，路径依赖与发展惯性会使经济主体作出建立在“初始利益”基础上在原有区域进一步扩张的布局决策，并自发地形成了产业的集聚和专业市场。产业集聚与城市发展存在明显的互动因果关系，工业经济的增长吸纳新的劳动力进入，带动消费品生产与服务业发展，提升城市经济总量，扩张城市规模。城市规模的扩张带动基础设施投入，公共服务水平提高，进一步吸引投资与人力资源进入，新工业应运而生，循环往复，不断加强。

新型工业化在工业化的基础上更前进一步，发挥信息化在工业化过程中的作用，对未来的城市化产生更深远的影响。

（1）新型工业化以其创新特性增强城市的集聚功能。集聚功能是城市的基础功能，人口、资本与产业等要素的集聚造就了城市的繁荣。由于传统要素的有限性，传统产业面临生命周期的衰退期，围绕这些产业建立起来的城市集聚功能会不断弱化，城市经济发展逐渐停滞、走向萧条。中国的东北老工业基地、德国的鲁尔工业区和美国的汽车城底特律，无一能逃过产业发展的规律。因此，对于城市来说，保持工业的自我更新能力和城市的集聚功能至关重要。保持工业的自我更新能力关键在于走新型工业化道路，与传统工业化相比新型工业化的核心是信息化，载体是知识经济，表现是创新能力。不断创新与生产力的释放使处于新型城市化阶段的城市拥有新的支柱产业和经济增长点，知识元素的无限扩展性和快速衍生能力使这些城市的集聚功能得以不断持续。

（2）新型工业化推动城市空间的优化利用。传统工业化只注重产业的集聚而缺乏对空间利用的规划，加上地方政府间的过度竞争，大量的产业园区造成土地利用的浪费，城市的扩张存在规模边际效应，会带来“规模不经济”。与传统工业化不同，新型工业化更关注空间优化利用，主张产业集聚与产业扩散的有机融合，标准化与模式化的生产制造环节，以及传统的劳动密集型、资本密集型产业从城市中心向周边扩散；与此同时，以信息化为基础的创新型企业和商务活动频繁的企业内部管理部门向城市中心集聚①。

（3）新型工业化推动城市的人力资源优化。新型工业化对人力资源的要求更高，更有利于吸引高端的人力要素集聚。但同时新型工业化发展要更重视对技术密集型与劳动密集型产业关系的把握，更重视高新产业与传统制造业的协调发展，毕竟工业部门是就业的主渠道，要吸取先行国家出现的就业问题的教训与经验，把发挥人力资源优势、加大社会就业放在重要位置，通过信息化和新型工业化发展，起到提升城市人力资源整体素质水平的作用。

（4）新型工业化推动城市"绿色"发展。新型工业化关注"绿色"，坚持资源集约利用与环境保护，把可持续发展放在根本和首要地位。从非流动经济要素上讲，新型工业化可实现土地、水、电力、能源等要素的集约利用，使区域内土地利用效率、万元GDP水耗和能耗达到最佳；从环境治理上讲，新型工业化可实现污染治理、生态建设和环境保护；从可流动经济要素上讲，新型工业化可实现资金、技术、信息、人才等要素的优化组合。因此，突出"绿色"发展的新型工业化，将极大提升城市功能和可持续发展能力。

（5）新型工业化加快城乡统筹发展。统筹城乡发展离不开"工业反哺农业、城市支持农村"的发展路径，需要建立"以工促农、以城带乡"的长效机制。新型工业化能够进一步增强城市的集聚功能，加快高新制造业和现代服务业的发展，城乡之间劳动力资源进一步配置优化，加速农村剩余劳动力向城市转移，进而促进农村土地规模化和农业现代化发展。此外，新型工业化能有效增强城市的综合经济实力，提供充足的财政能力支持农业生产，推动生活性基础设施向农村延伸，增强以城带乡的辐射效应，最终实现城乡共同繁荣②。

2. 新型城市化为新型工业化提供发展空间

主要表现在以下三个方面。

---

① 朱攀峰：《中国新型城市化道路选择研究》，中共中央党校博士学位论文，2009年。

② 刘亭：《新型城市化和新型工业化的良性互动》，《今日浙江》2006年第17期，第8—10页。

（1）城乡统筹的新型城市化将带动对工业品及公共产品的需求。城市人口的增长将直接带动对工业产品的劳务的有效需求。2013 年中国城市人均可支配收入为 26955 元，农村人均纯收入仅为 8896 元，是城市的三分之一。2012 年城市居民人均消费性支出 16674 元，农村仅为 5908 元，是城市的 35%。城市居民非食品性支出占比 64%，农村居民非食品性支出占比 60%。以 2012 年城乡消费性支出差距计算，如果城市化率每年提高 1%，即有 1300 万农村居民进入城市落户，拉动的消费品市场将增加 1300 多亿元，相当于每年为 1 万多个年销售额 1000 万元的中小企业提供市场空间。原有的城市消费市场以及城市化拉动的新增市场是一个不断升级的商品和劳务市场，消费需求的不断升级为新型工业化时代的产业结构转型升级提供相应的市场空间。从 2002 年、2007 年和 2012 年三个时间节点的城市消费需求看，城乡居民消费水平及消费结构具有明显的差异。

城市化拉动的作用不仅体现在消费品市场上，还表现在对公共产品的需求增加上。城市人口的增加，需要城市为其提供交通、住房、城市管网、学校、安全等基础设施。根据统计，城市人口每增加 1 人，城市基础设施投资需投入 6 万元，按每年城市化增加 1 个百分点计算，可拉动基础设施投资 7800 亿元，相当于 2012 年全国固定资产投资的 2.1%。新型城市化的持续推进将成为中国经济增长强有力的助推器。统筹城乡的新型城市化还有助于改善农村生产生活条件，助力农村经济的发展，提高农村居民的消费能力，再次启动农村工业品消费市场。

（2）可持续发展的新型城市化将促进工业增长方式转型。新型城市化将推动未来城市向着高效、集约、生态、环保可持续的生产生活方式发展，城市自身的发展模式为工业文明的转型创造了外部条件，为现代企业提供了良好的外部环境和空间依托。新型城市化直接促进了工业生产从粗放型增长向集约型发展转变，从劳动与资本密集型产业向科技进步型产业转变，工业增长方式从依靠资金和要素的投入转变为依靠科技研发和人力资本驱动。

（3）以人为本的新型城市化将为新型工业化提供人力资本积累。以人为本的新型城市化为城市居民提供了宜居、宜业的生产生活环境，将吸引更多优质人力资源的集聚；同时，新型城市化注重教育发展，有利于提高人力资本投资效率，提升人口整体素质，为产业发展积累大量人力资源。

以信息化为基础的新型工业化需要的最基本条件是拥有高素质的就业队伍，新型城市化的发展为传统的外延粗放型企业发展模式向新型的以技术进步为主的内生集约型企业发展模式转变提供了最重要的人力资本积累。

（三）发挥新型工业化在新型城市化进程中的动力机制作用

中国新型城市化道路必须以新型工业化作为最核心的驱动力，实现以经济效益好、科技含量高、资源消耗低、环境污染少、人力资源优势得到充分发挥为目标的一系列战略性的产业结构转型。

1. 营造激励自主创新的政策环境，推动企业转型升级

地方政府要加强自主创新的统筹规划与部署引导，制定和完善鼓励创新的产业政策，扶持企业增强自主创新能力。加大财政对高新技术企业自主研发的支持，改善金融机构对高新技术企业的信贷服务和融资环境，完善资本市场对科技创新等投融资支持，鼓励企业逐步成为科技投入、技术开发与高新技术产业化运用的主体。

大力推进产学研联合，鼓励企业与科研院所、高校建立长期合作关系，共同成立研究发展机构、产业技术合作机构等技术创新组织；健全各类科技中介服务组织，完善科技服务体系，有条件的科研院所可以转制为企业化经营的经济实体，为企业提供市场化的技术创新指导与咨询服务。

加快培养和吸引各类科技人才，建立健全有利于科技人才培养和使用的激励机制，改善科技人员的待遇，保护知识产权，通过股权等方式使其技术创新成果与个人收益挂钩，促进创新人才脱颖而出。

2. 发展信息产业，推进信息化与工业化深度融合发展

信息化与工业化融合是我国新型工业化发展的关键性举措，是推动我国产业转移升级的重要战略选择，也是工业化与城市化在更高层次互相渗透、互促发展的产业基础。信息化与工业化的深度融合，要求运用信息技术改造和提升传统工业、加快发展新型产业和现代化服务业，前提要加快信息产业的发展。

现阶段要抓住国际信息技术革命的浪潮带来的发展机遇，引进、消化、吸收和创新信息技术，尤其是加快信息技术创新能力培育，推动我国产业链向中高端升级，实现开放式、全方位、跨越式发展。发展信息产业重点要加大对软件产业、集成电路、新型材料、通信产品、网络技术、数

字技术产业等的政策扶持力度，制定有利于信息产业发展的政策，加大资源整合力度，目标要实现国内信息技术企业占我国国民经济各领域信息化建设的市场份额达到80%以上，主要电子信息产品销售量占全球销售收入的比重达到30%以上。

3. 积极采用信息技术改造传统行业

所谓用信息技术改造传统行业，主要是指运用信息化技术和智能化设备来武装传统工业，通过科技创新带动传统制造业改造升级，重点要放在大型装备制业、冶金、石化、汽车、纺织工业、建筑材料等传统产业的改造与升级上，加大关键技术的自主研发能力培养，围绕着改进质量、提高效率、节能减排的目标，促使其科技水平、装备水平、工艺水平有质的飞跃。

通过运用信息技术和高科技手段，提升传统行业的管理水平，使企业产品的研发、设计、加工、制造、营销管理、仓储物流以及售后服务自动化、智能化和网络化水平有大幅的提升。企业生产经营效益改善、能耗水耗指标下降、污染废弃物排放大幅减少，传统工业技术水平和可持续发展能力快速提升。

此外，在公共事业如能源、交通、电信通信、商贸服务、科学教育、文化卫生、市政管理、社区服务等领域，积极普及应用信息化技术，为信息技术带动新型城市化提供配套的服务与环境。

4. 大力培育战略性新兴产业发展

战略性新兴产业是指随着新的科技发明的应用，对经济社会全局和长远发展具有重大引领带动作用的一系列新兴产业部门。新兴产业具有知识技术密集、能耗低、综合效益好等产业特征。

作为新型工业化战略的重要构成部分，加快培育战略性新兴产业是抓住新一轮科技革命浪潮带来的发展机遇，抢占经济发展制高点，获取科技与产业发展主导权，提升我国经济发展实力的核心战略。因此，2010年国务院出台了《关于加快培育和发展战略性新兴产业的决定》，根据当代世界先进技术的发展趋势和我国所具备的科技、产业、人才基础，立足现实，着眼长远，明确提出现阶段重点培育发展节能环保等七大产业。到2020年，战略性新兴产业增加值占国内生产总值的比重力争达到15%左右，吸纳、带动就业能力显著提高，新一代信息技术、生物、高端装备制造产业成为国民经济的支柱产业，新能源、新材料、新能源汽车产业成为国民经济的先导产业①。

在加快科技创新的前提下，要建立与完善扶持战略性新兴产业发展的财政、金融政策支持体系，综合运用财政资金引导性投入、税收减免优惠、信贷支持和金融创新等多种政策手段，推动战略性新兴产业的培育与发展。

5. 加快智慧城市建设，提升城市生活品质

以信息化带动工业化，加快智慧城市建设是提升城市生活品质、实践新型城市化的重要内容。智慧城市是信息化、工业化和城市化的深度融合，其借助新一代的大数据、云计算与物联网等信息技术，将城市中各项基础设施与公共服务通过网络连接成为新一代的智慧化社区，从而整合人、商业、运输、通信、医疗、教育、供水和能源等城市运行的各个核心系统，达到城市运营智能化的目标。智慧城市在科技创新、新兴产业、食品安全等方面也能发挥重要的作用，是信息化作用于现代城市发展的重要切入点，也是推进新型城市化战略的重要抓手。

二　农业现代化是新型城市化的重要推动力

（一）农业现代化的内涵与目标

1. 农业现代化的定义

关于农业现代化的定义，国内外学者提出了诸多见解。1964 年，舒尔茨在其《改造传统农业》一书中，论述了现代农业与传统农业的根本区别，他认为传统农业是一个经济概念，即以农民为主体的、凭借经验生产、几乎没有农业技术的提升且相对封闭的农业。发展中国家的农业起步于传统农业，工业化与城市化的发展有赖于农业的稳定增长，出路在于把传统农业改造为现代农业②。由于社会生产力、科技发展水平的差异，在不同的国家和不同的经济发展阶段，农业现代化的内涵也明显不同。新中国成立后的一段时期内，我国学者认为农业现代化的本质是在农业中运用

① 《国务院关于加快培育和发展战略性新兴产业的决定》（国办发〔2010〕32 号）。

② ［美］西奥多·舒尔茨：《改造传统农业》，商务印书馆 1987 年版。

工业技术进行生产，农业现代化被概括为“四化”：机械化、水利化、电气化和化学化；改革开放后，对于农业现代化的理解有了拓展，学界的主流观点是强调农业现代化是一个“化”的过程；21世纪以来，对农业现代化定义的认识也更趋复合，认为农业现代化既是一个过程，也是一种手段，是相对动态变化的。其主要内容指用现代生产技术改造农业，用现代科学文化知识改造农业生产者，大幅度提高农业综合生产能力，把农业建成经济效益、社会效益和生态效益相统一的可持续发展的农业①。

综合前人的研究，我们认为，农业现代化是指把传统农业转变为现代农业的过程，是逐渐改变以经验和手工工具为基础、以劳动力不断投入为要素的农业生产方式，代之以先进生产工具为装备的、以现代科学技术和现代经营方式为基础的、以新型知识化农民为主体的、以现代理念引领的农业生产体系的总称。

2. 农业现代化的目标

从农业现代化的定义看，农业现代化的目标要达到较高的农业机械化水平，先进的农业技术应用，发达的农业产业化程度，高素质的农业经营者以及完善的农业基础设施和土地产出效率。

与发达国家相比，我国人均农业资源匮乏，耕地面积比重低且优质耕地不断缩减，人均耕地仅0.1公顷，只有世界人均水平的四分之一，家庭式分散作业的基本农业生产模式限制了农业生产效率的提升，加上自然条件复杂多样，旱涝等自然灾害频发，农业基础设施建设总体落后，要从传统手工农业向现代化农业生产过渡困难重重。所以，我国农业现代化的实现，要充分考虑国情的特殊，不能好高骛远。从当前农业发展的水平看，我国实现农业现代化的目标主要包括以下五个方面。

第一，生产工具现代化。生产工具现代化是农业现代化的前提，也是农业现代化的重要构成。狭义上的农业生产工具指农业机械，广义上的生产工具还包括农业基础设施，包含农业水利设施、电力设施、农业交通运输工具等。首先要在农业生产过程中实现机械化生产，运用农业机械代替手工劳动，改善劳动条件和提升劳动效率，特别在育秧、耕地、播种、灌溉、收割、脱

---

① 周洁红、黄祖辉：《农业现代化评论综述——内涵、标准与特性》，《农业经济》2002年第11期，第1—3页。

粒、包装、运输等需要较大体力支出的环节率先解决机械对人力的替代，使农业劳动者从纯体力支出转变为机械操作，极大改善劳动者的劳动环境，提高劳动生产率。其次农业基础设施的现代化将极大改善农业生产的基础条件，增强农业生产抗风险能力，是农业现代化的基础条件。

第二，生产技术现代化。科学技术是解放农业生产力、发展现代化农业的核心因素。技术现代化是农业生产效率得以提升发展的动力源泉与推动力，是带动农业生产从量变走向质变的关键变量。农业生产技术现代化，是指现代的农业科学技术与农业生产活动紧密结合，以提升农业生产过程中的科技含量。从某种意义上讲，实现农业现代化的过程就是先进的科学技术不断应用于农业生产领域提升技术产出率的过程。

第三，劳动者素质现代化。劳动者是农业现代化的关键因素，是农业生产力构成中具有基础性作用的重要组成部分。劳动者素质的现代化是指劳动者具有较高的综合素质、文化素质以及专业技术能力，在现代农业生产经营过程中，劳动者能够凭借其素质把握市场变化规律选择合适的生产项目，提高农业经营效益，能够凭借专业技术素质使用现代化的生产工具、适应现代化的生产方式，提高农业劳动生产率和土地产出率。

第四，经营方式现代化。农业现代化要求农业生产经营方式由落后的传统农业生产方式向现代集约型、产业化农业生产方式转变，具体包括农产品的加工方式由粗放型向精加工、深加工转变，农产品的流通方式由传统的单一方式向产供销一条龙的流通方式转变。通过产业化经营，提升现代农业的生产附加值，增强农业经营效益。

第五，农业生态可持续发展。农业现代化不能脱离可持续发展的理念。可持续发展理念要求农业生产的生态化与集约化，种植业减少化学生产资料的投入，增加有机肥使用，加大土壤生态保护和修复；畜禽业的集聚化生产与经营，排泄物的集中收集与处理，减少农业面源对环境的损坏，在现代化农业的生产过程中，促进生态环境的保护。

（二）农业现代化是新型城市化的重要推力

农业现代化，从动态讲是指从传统农业向现代农业转化的过程和手段；从静态看，也可以指实现现代农业后的一种生产状态。无论是动态还是静态，农业现代化的基本特征一是要有效运用现代科学技术和现代经济管理方法，提高农业生产效率[①]；二是逐步扩大农业产业规模，大力发展集约化经营，实现大农经济，使农业生产力由落后的传统农业转化为当代世界先进水平的农业。

从世界城市化与现代化发展的历程看，农业现代化、新型工业化、新型城市化三者是相辅相成、相互促进的关系（韩长赋，2010）。农业现代化为新型工业化与新型城市化提供基础保障，新型工业化与新型城市化的发展反过来又促进农业现代化的发展。三化同步、互促互荣是加快发展现代农业、促进工农协调发展、城乡和谐的必然途径。发达国家几百年的发展历史证明，健康城市化的核心动力是新型工业化与农业现代化的同步推进。

一方面，新型城市化促进农业现代化的发展。城市化过程是农村剩余劳动力转移的过程，同时也为农业的规模化、专业化运作打下了相应的基础。人口的转移进城又间接创造了新的农产品消费需求，产生了对更高层次农产品的消费需求，刺激农产品市场，加快推动农业产业结构的优化调整。同时，城市高端制造业与现代服务业的发展为农业现代化提供必要的硬件与软件支撑，有利于把城市先进的科学技术和科技人才引入农业生产过程中，促进农业发展。

另一方面，农业现代化是实现新型城市化的基础。新型城市化更依赖于农业现代化，农业现代化助推新型城市化的发展。

首先，农业技术水平的提高、农业生产的集约化与专业化将直接影响着农业生产效率，也制约着城市化的质量。农业现代化提升了农业的生产能力和生产效率，加快产业结构的优化升级，为新型城市化发展打下扎实的基础。

其次，农业现代化为新型工业化发展提供充足的劳动力资源和基本的原材料支撑，农业发展是新型城市化发展的基础条件，工业化与城市化的起步与发展很大程度上取决于农业生产的发展和农业领域中资源要素向城市的转移。随着农村劳动力转移到城市，农业人口比重下降，农业生产集约程度提高，提升城乡居民的消费结构与消费水平，进一步支撑了新型工业化与新型城市化的发展。没有农业农村的发展，城市化就难以为继。

---

① 黄祖辉、林坚、张冬平：《农业现代化：理论、进程与途径》，中国农业出版社 2003 年版。

再次，城市化过程中城市规模的扩张需要大量地征用农村土地，城市建设与耕地保护是一对矛盾。新型城市化的发展要求城乡土地的共同集约利用，新农村建设与农业现代化发展直接制约我国现阶段的城市化发展速度。此外，只有农业现代化发展才能在农业劳动力和农业用地减少的条件下不危及国家粮食安全。“把饭碗牢牢端在自己手上，是治国理政必须长期坚持的基本方针”①。无论是人口的城市化还是土地的城市化，都将挤占农业生产要素，在人口与土地、特别是土地要素压缩的情况下保证粮食的自给自足，唯一的出路是提高单位土地面积上的生产效率，走农业现代化之路。

最后，农业现代化加快农业生产企业的成长，提高农民的收入水平和消费能力，加速农村城镇化进程，使得城乡差距逐渐缩小②，农业现代化带动农村经济走向繁荣，带领农民致富。只有农民收入有了大幅度改善，城乡差距逐步缩小，城乡一体化发展加快，才能实现以城乡统筹和谐共进为基本特征的新型城市化道路。

（三）加快发展农业现代化的措施

农业现代化是提高农民收入、统筹城乡发展与加快新型城市化进程的必然路径。实现农业现代化的过程，就是改造传统农业、不断提高农业劳动生产率的过程。为此，要深入贯彻落实党的十八大和十八届三中全会精神，坚持统筹城乡的发展方略，坚持城市化、信息化、工业化与农业现代化四化同步发展的发展方针，用新型工业扶持现代农业，力争提高农业综合生产能力，实现农业增长方式由粗放型向集约型方向的根本转变。

1. 深化农业科技创新体系改革

科技进步是发展现代农业的根本出路，重点要深化科技创新体系改革，增加智力投入，增强农业的自主创新能力。一方面，要不断提高农业科技投入水平，把科技投入作为财政支农的重要支出类目；另一方面，要引导农技类科研机构、农业类高等院校产学研相结合，将科研成果转化为

---

① 中共中央　国务院印发：《关于全面深化农村改革加快推进农业现代化的若干意见》，《人民日报》2014 年 1 月 20 日。

② 刘玉：《农业现代化与城镇化协调发展研究》，《城市发展研究》2004 年第 6 期，第 37—40 页。

农业企业的生产能力，加快推进农业的机械化和信息化，推进大田作物生产全程机械化，提升现代农业的装备水平；力争到“十二五”期末，我国农业科技进步贡献率和耕种综合机械化率提高到55%以上和60%左右①。在劳动力要素投入方面，要大幅度增加人力资源开发投入，加大农业先进适用技术推广应用和农民技术培训力度，提高农民的科学文化素质，培育适应现代农业发展的新型农民。

2. 完善农业经营发展机制

转变、优化和完善农业经营发展机制，用现代发展理念引领农业，用现代经营形式推进农业。一是要利用政府推动、企业带动、联动等方式推进传统农业改造，加强农业自主创新能力，改革农业技术推广体系；二是要发展专业化的农业经营主体，密切与农户、农民合作社的合作。发展混合所有制的农业产业化龙头企业，发挥农业龙头企业对现代农业的带动作用，提高农业附加值和效益；三是要加强农产品流通的市场体系建设，完善流通机制，提升农业的对外开放水平；四是要健全农业社会化服务体系。发展多元化的农村公共服务机构，试行合作式订单式的服务模式，创新政府购买服务的方式，发展第三方服务组织，推广农业生产全程式社会化服务，构建主体多元化、服务专业化、运行市场化的新型农业服务体系；积极稳妥开展供销合作社综合改革试点。

3. 用现代技术改造农业生产

大力推进农业机械化进程，在平原地区推广农业规模化、机械化生产，研究丘陵山区小型农业机械的使用，突破山区农业机械化瓶颈问题；加快发展农业信息化，把在工业领域常用的互联网等现代信息技术运用于农业生产环节，实现农产品生产、加工、储藏、运输和销售环节的信息化，更加适合市场的需要，提高农业生产的精准度。

4. 进行农业产业结构调整和优化

优化农业产业结构，提高农产品适应市场的能力，推动农业持续增长是发展现代农业、促进农业与农村经济发展的重点之一。我国目前农业结构不尽合理，产销脱节，要建立信息传导机制帮助农民及时调整优化农业

---

① 韩长赋：《加快推进农业现代化努力实现三化同步发展》，《农业经济问题》2011年第11期，第4—8页。

结构、农产品和质量结构。一方面，要调整农、林、牧、渔业的产业构成，使农产品品种结构在整体上适应城乡居民不断提升的消费需求结构；另一方面，要调整农产品的质量结构，开发多样化的名、优、特、精、细类农产品，适应市场对农产品高档化、精细化的需求。最后要利用国际市场实现国际国内双重资源格局下的农业生产结构优化。

5. 促进生态友好型现代农业发展，建立利益补偿机制

建立农业生产环境保护制度，新型农业经营主体要增加有机肥使用比例，减少化肥和农药用量，推广碳酸盐肥料、微生物肥料，解决化肥和农药污染的突出问题。大力推进机械化保护性耕作和农作物秸秆还田等综合利用，推进畜禽规模养殖场畜禽粪便无害化处理和资源化利用，推广部分农村地区使用沼气燃料，实现生态循环。加大农业面源污染防治力度，全面摸清全国土壤重金属污染状况，编制土地污染治理计划，开展耕地修复和种植结构调整试点，探索建立重点污染区域生态补偿制度。落实最严格的耕地保护制度，加快加大对粮食主产区的财政转移支付力度，增加对商品粮生产的奖励补助，完善粮食主产区利益补偿机制。

6. 因地制宜地发展适合地方特色的现代农业

中国东部、中部、西部地区资源优势各不相同，发展现代农业不能脱离当地实际，要因地制宜、有所侧重地发展区域特色农业，形成各具特色的农产品种植区。东部地区经济发展水平较高，适合发展资金技术密集型的现代农业；中西部地区劳动力资源丰富、各具资源优势，适合发展劳动力密集型和资源密集型农业；一些城郊地区，重点要发展城需型现代农业，如休闲农业、观光农业等都市型农业，提高农产品的科技含量和附加值。

7. 健全财税、土地、价格等配套政策，助推农业现代化

加大财政支农力度，保障财政资金对农业生产的支持，通过贴息、奖励、税费减免等措施，引导社会资本投向农业；清理和归并整合涉农资金，提高资金利用效率。发挥财政资金引导作用，完善农业补贴制度，向农业机械采购、新型农业经营主体、种粮专业户和农民合作社倾斜。加快推进农产品价格机制改革，完善粮食收购保护价政策，探索建立重要农产品目标价格和差价补贴制度，保障农民务农种粮收益。做好农村耕地确权登记颁证工作，明确农民的土地财产收益，引导农村耕地的有序流转，加

快农业规模化、机械化经营。发展新型农村金融机构和农村资金互助会等自助组织，探索开展农村土地承包经营权、大中型农业机械等抵押贷款业务，为农业现代化生产提供资金保障。完善政策性农业保险制度，降低规模化农业生产风险。

三　案例:杭州未来科技城与新型城市化发展

(一) 杭州未来科技城规划概况

杭州未来科技城是浙江省、杭州市和余杭区三级政府为贯彻人才强省战略、提升科技创新能力、推动新型工业化而专门打造的海外高层次人才和高科技企业创新创业的产城融合区，并契合“大众创业、万众创新”的国家发展战略，成为杭州创新创业的先行区。2010年年初，浙江海外高层次人才创新园（以下简称海创园）率先启动，并得到迅速发展。2011年4月，杭州与北京、天津、武汉四地一起，经中组部、国务院国资委批准，并列为全国4个未来科技城。2014年未来科技城在杭州市发展规划中被列为杭州市副城市中心的发展目标。

未来科技城位于杭州市西侧，毗邻西溪国家湿地公园，距西湖9公里、距浙江大学紫金港校区4公里、到杭州萧山国际机场1小时车程。区域内通过文一西路和天目山路两条主干道与市区联通，规划杭州地铁5号线贯穿其中。距离杭州绕城高速入口仅2公里，可与杭徽、杭长、沪杭等多条高速互通，距离火车高铁站10公里，通过沪杭高铁、宁杭高铁可快速连接长三角城市群。未来科技城是杭州城西最具开发空间的科技创新产业集聚区域，整个区域规划面积113平方公里（东至绕城高速、西至南湖苕溪、南至杭徽高速、北至杭长高速）。首期以文一西路和城市公共绿轴为发展轴线，重点建设的区域约39平方公里，定位为科技资源集聚、人才创业创新、公共服务便利优质的人才特区和科技新城，规划建成一座“生产、生活、生态”三生高度融合的品质宜居新城。新城以文一西路为产业发展轴，形成生物医药研发、电子商务、高等教育等产业集群；以南北城市公共绿轴串联起居住区、湿地生态区、城市中心区，打通南侧门户空间，沿此城市中轴线，形成占地7平方公里的城市中心区。

在城市功能布局上，以良睦路、绿汀路为界分为研发生活、综合服务、科教生活三个功能区，具体可细分为“两心、两园、两城、三区、两湿地”的城市功能格局，即中央商务中心（CBD）、城市公共服务中心，产业研发园、海创园，淘宝城、杭州大学城，三个居住片区以及两片城市湿地。中央商务中心（CBD）体现大开大合的城市建设理念，形成地标性建筑群，地铁5号线CBD站位于区域中心，地下空间设置商业步行街，营造更加优美的工作生活环境。城市公共服务中心秉承湿地风貌的协调和延续，采用岛状开发理念，体现岛与水的交融，在规划中心岛上，建设市民体育中心、图书馆、音乐厅、文化主题公园等城市公共服务设施。海创园形成未来科技城产业发展的主平台，汇聚全球海外高层次人才，实现创新创业梦想；科技城南部精心保留了两块城市湿地，和睦湿地将保持生态面貌，承担城市生态保育及水源涵养功能；五常湿地将为全球企业总部基地选址提供理想空间。

重点建设区域内部形成“四纵四横”主干路网系统，并规划城市有轨电车系统、水上巴士系统、城市慢行系统，共同构成未来科技城综合立体交通体系，目前淘宝城、恒生科技园已建成运营，海创园首期孵化平台、梦想小镇、互联网小镇、天使小镇等创业园区也已投入使用，仓前老街即将旧貌换新颜，省委党校、杭州市大学城的落成，为未来科技城奠定了浓厚的人文氛围。正在建设中的医院、学校、人才公寓、公园等设施，将进一步完善城市生活功能。

（二）杭州未来科技城的创新实践

杭州未来科技城（海创园）项目启动建设以来，按照“确立‘一个理念’、把握‘两大定位’、发挥‘三项红利’、实现‘四区’目标”的总体思路（“一个理念”即人才引领创新、创新驱动发展；“两大定位”即人才特区、科技新城；“三项红利”即创新、改革和新型城市化；“四区”目标即努力打造高端人才集聚区、科技创新先行区、资智结合示范区、宜业宜居新城区），积极探索符合杭州产业发展实际、具有信息产业特色、体现浙江优势的发展道路。

未来科技城建设启动以来，立足高端、聚焦重点、统筹推进，取得了明显实效和不俗业绩，展示了科技城的巨大发展潜力。从2011年至2013

年3年间，未来科技城范围内实现技工贸总收入分别为203亿元、343亿元、600亿元，完成税收分别为11.7亿元、30.5亿元和46.9亿元。主要经济指标3年来始终保持高位增长，增幅分别达到72%和100%。未来科技城的发展潜力体现在以下几方面：

1. 未来科技城成为杭州高端人才的集聚区

杭州未来科技城最初起步于杭州海外高层次人才创业园，通过引进高层次人才、项目带动科技园区发展，政府出台了大量的人才政策，配套相关服务，致力于打造杭州高端人才的集聚区，吸引大量高层次人才落户杭州。

未来科技城管委会落实省、市、区三级政府提供的一系列扶持政策，加快审批、兑现速度，通过机制改革创新提能增效，3年来，累计已拨付各类人才、科技奖励补助资金近2亿元。成立杭州未来科技城创新研究院，引入浙江省科技信息研究院等研究服务机构，省商务人力资源交流服务中心设立服务点，为各类人才提供服务，打造“一站式”服务网络。与此同时，10万平方米科技创新中心二期主体工程全部封顶，杭州科技创新孵化器有限公司积极向国家级孵化器目标迈进。梦想小镇开园后，引进了七家各种类型的创新孵化器平台。15万平方米的人才公寓基本建成，低租金提供给符合条件的人才居住。随着政策、服务体系的不断完善，人才引进有了快速的突破，截至2014年8月底，已累计引进海外高层次人才1053名，其中“国千”56名、“省千”66名，联系对接各类人才6000余人次，累计引进海归投资项目335个。

2. 未来科技城成为杭州科技创新产业先行区

建立以项目招人才、为产业聚人才、以人才促产业、产才融合的良性格局，通过集聚高端人才、加快信息化与新型工业化进程发展创新型经济。科学规划产业门类，重点打造高新企业研发中心、总部经济产业业态，构建以电子信息研发为主的产业板块，大力发展新能源新材料、生物工程、现代金融服务业。北京大学工学院研究院、乐道新材料研究院、中国移动研发中心等近20家科研院所及央企研发基地相继落户。世界500强企业美国安进公司在亚太区域首次投资的贝达安进制药公司已在未来科技城顺利落户。目前，335个海归研发项目中已有110家进入产业化阶段。

3. 未来科技城成为杭州资本与智力结合的示范区

出于浙江民营企业发达、民间资本充沛的区域经济特色考虑，杭州未来科技城确立了“人才+资本+民企”的发展模式，积极推动海外智力与民间资本有机结合。一是建立“人才库”，收集多方人才信息；二是建立“资本库”，引进天使投资等各类资本进驻；三是建立“项目库”，加强与人才及企业的沟通联系。通过成立金融发展中心、创业投资服务中心，定期举办投融资洽谈会、项目路演、实时推介等活动，积极搭建对接平台，实现“三库”联动互通，加快海归本土化和民企高端化“双转型”。为有效引导民间资本成为科技资本、产业资本，未来科技城将专门建立1亿元引导基金，设立4亿元贷款风险池。截至2014年8月底，累计引进股权机构53家，吸引省区市引导基金阶段参股2亿元，109家海归企业获得融资，融资规模达20亿元。

4. 未来科技城创造杭州宜业宜居的新城区

城市是科技、人才的集聚地。杭州未来科技城凭借区位优势、生态环境优势、人才集聚优势，带动新型城市化发展。未来科技城以杭州副城市中心的规划目标出现，从一开始就立足于“建园”与“造城”同步跨越式发展，在未来5年内形成一座产城高度融合、生态环境优美的新城。近期重点建设区域面积39平方公里，坚持灵活分区，注重功能复合，综合规划了居住、商业、高教、科研、公共配套及产业化板块，充分利用生态禀赋，有机结合西溪湿地和余杭塘河水系，推动“生产、生活、生态”“三生”融合。未来科技城规划兴建之初，周边还是城郊农村，经过3年的一期建设，初步形成了宜居、宜业的杭州城西副城市中心。以未来科技城为中心，公共配套逐步完善，一批对提升城市功能有重大意义的项目正在加快实施，浙医一院海创园门诊部、西溪沃尔玛商场已经投用；杭州师范大学新校区已经启用；浙江大学医学院附属第一医院余杭院区、纽蓝顿商业综合体、欧美金融城等项目加快推进；学军中学项目成功签约落户，未来科技城第一小学、文澜中学余杭分校、未来科技城幼儿园等配套教育项目正在加紧建设。

（三）杭州未来科技城的发展目标

2014年未来科技城发展目标完成情况：经济指标方面，实现技工贸总收入800亿元，完成税收70亿元。招商引资方面，全年实际利用外资2.8亿美元，市外投资25亿元。新引进海外高层次人才500名，累计超过1200名，国家、省“千人计划”人才总数达到150名。项目建设方面，全年完成固定资产投资104亿元（不含房产项目），其中政府投资达51亿元，产业投资达53亿元。

2015年至2020年的5年，杭州未来科技城有更宏大的发展目标，2014年修订的《杭州市城市总体规划（2001—2020年）修改（草案）》经国务院批准，将新增未来科技城为杭州城市副中心，根据发展规划，离这一目标的实现仅剩五年时间，相比杭州其他区域的发展，前几年还是默默无闻的杭州未来科技城，发展速度确实很快。未来五年一要把未来科技城建成科技资源集聚、创业创新活跃、公共服务优质的国家级创新示范的重要平台。五年内全社会固定资产投资力争年平均增长40%以上，培育国家“火炬计划”高新技术企业和国家、省、市重点支持领域高新技术企业500家以上，建成一批省级以上企业研发中心、技术中心、重点实验室、工程研究中心，涌现一批具有开拓创新精神的科技型企业家。财政总收入突破200亿元，研发投入占到生产总值比重的10%以上。近期加快科创孵化大楼、人才公寓建设，建设淘宝城二期，规划淘宝城三期，细化金融创新示范区规划，结合省证监大楼建设和省金融办项目，推进金融产业园建设，打造区域金融创业服务中心。二要把未来科技城打造成为代表国内最高水平的高层次人才创业基地和科技创新中心。五年内计划累计引进海外高层次人才5000名、国家和省“千人计划”人才总数达到1000名，尤其重视“带项目、带技术、带资金”的高端人才及创业团队的引进，着力构建人才优先发展的战略布局。以全新的引才用才机制为重要保障，通过创新政策和体制机制，引导中央企业、大型民企、海外院所搭建平台，发挥引才用才主体作用，构建人才吸收和开发利用体系。三要把未来科技城打造成为生活配套成熟的宜居宜业的城市副中心。未来五年，将有更多的配套项目不断引进落成，100万平方米的EFC欧美金融城商业办公综合体建成后将成为未来科技城板块的全新地标，24万平方米的VVpark主题购物公园西溪海港城、西溪银泰城、余杭银泰城、西溪永乐城等各类大型综合商业项目正在规划建设中。地铁轨道交通5号线贯穿杭州未来科技城，与2号线、6号线可实现无缝换乘，便利通达杭州城区的各个区域，5号线一期施工工期为60个月，今年开始建设，预计2019年试运营。快速公交6号线今年开建，全长28公里，是连接主城区和西部地区的主要公交通道，预计明年上路，未来将和地铁5号线、B4线共同构成余杭组团连接主城区的公交快速走廊；五常小学、五常中学等原有中小学将交由杭州师范大学托管，统一更名为杭州师范大学附属学校，杭师大仓前附属小学即将开建；学军中学海创园校区也已确定入驻，学校占地面积达212亩，预计明年也将动工新建。据了解，分校建成后，师资完全由学军中学提供，50%的生源分给余杭，其余50%分给全市、全省。目前总计30多所教育设施将要开建。

（四）未来科技城对杭州新型城市化进程的提升效应

杭州是浙江的省会城市，下属8区5县（市），总面积16596平方公里，其中市辖区3068平方公里。常住人口884万人，其中城镇人口662.42万人，常住人口城市化率74.9%；户籍登记人口706.61万人，其中非农业人口393.88万人，户籍人口城市化率55.7%。两项城市化率指标相差近20个百分点。

杭州属于特大城市，且常住人口的城市化率已处于城市化后期阶段，但户籍人口的城市化比重并不高。作为一个大城市，杭州的发展同样面临着一系列的"城市病"，人口密集于主城区，交通拥堵、能源短缺，环境污染，看病难、看病贵，优质教育资源短缺，公共安全压力大等。

大城市新型城市化的发展不在于城市规模的扩张与人口的集聚，而更注重城市化的质量提升和城乡的一体化发展。杭州的城市化发展要求吸收高端人才的集聚、新兴产业的集聚，以新型工业化发展为动力，带动大城市的新型城市化。以杭州未来科技城为代表的一系列高新产业集聚，为大型城市的新型城市化带来了发展的活力，未来科技城建设对杭州城市化的带动作用体现在以下三个方面。

1. 以科技创新带动传统产业转型升级

杭州的工业产业结构中，大部分是以劳动密集型为主的传统制造业，集中在纺织服装、食品饮料、电气机械、仪器仪表、印刷、工艺品、通用设备制造业等领域，分布在萧山、余杭两区和五县（市），上万家民营企业构成了"一乡一品"、"一村一业"的块状特色经济形态，如萧山的纺织化纤、汽车零部件、羽绒服装、钢结构、包装、花边和厨卫设备等；余杭的丝绸、布艺等；富阳的通信器材、造纸等；桐庐的医疗器械、制笔等。2013 年统计显示，杭州市食品饮料、纺织服装、机械制造、建材、精细化工、造纸 6 个传统优势产业规模以上企业 4440 家，占全部规模以上工业企业 5937 家的 74.78%。传统的劳动密集型企业在劳动力成本大幅上涨的形势下，普遍面临用工困难、用工成本上升等问题。传统产业迫切需要用科技改造提升生产方式，实现“机器换人”，改变低技术含量、高能耗、高污染、以量取胜的增长方式，形成高技术含量、能源和资源节约型、效率和效益提高型增长方式。

传统产业转型升级一是以信息技术为突破口，推动传统优势产业生产工艺的提升。如高档数控机床与基础制造装备、自动化成套生产线、智能控制系统、精密和智能仪器仪表与试验设备等运用是传统制造业转型升级的主要方式，未来科技城的研发优势在于为制造企业提供智能制造的基础技术和产品、深化研究智能制造相关技术、支持中小型制造设备的改造提升、加快进行生产线自动化改造、扶持大型高端制造装备的研发生产、培育工业机器人的研发及生产和建立数字化工厂等方面。同时，杭州未来科技城成为一些传统制造企业的研发中心，如奥克斯智慧塔、智造中心等。二是高新技术产业对传统产业的渗透。发展高新技术产业集群是未来科技城的一大亮点，有利于加快形成高新技术产业集群与传统产业集群的互助式联盟，高新技术产业集群部分技术可以更快地渗透到传统产业中，进而带动传统产业集群的增长方式整体性转变。

2. 带动高端人才集聚，提升新型城市化人力资源结构与质量

目前，杭州未来科技城为了加快高端人才的集聚，提供了大量的优惠条件吸引人才，比如给予研发启动经费补助，给予不低于 1000 万元的支持，可获得最高 600 万元的购买研发设备及研发费用补助、最高 150 万元办公用房租赁补助、最高 500 万元高新成果奖励等。给予人才住房安置，未来科技城 10 万平方米人才公寓主体工程全部封顶，5 万平方米人才房完成精装修，并出台了货币化安置的安居政策，给予创业政策扶持，未来科技城还从税收优惠、建设用地、出入境和落户等多个方面给予创业人才最大力度的政策扶持。目前，累计拨付各类人才、科技奖励补助资金达 1.5 亿元人民币。

随着传统制造业的技术升级和“机器换人”，大量低端劳动力减少，专业技术人才增加，人力资源结构得以优化。高端人才的集聚有助于加快推进新型城市化的实现，一方面，高端人才是产业转型升级的前提，高端人才的集聚加速了新兴产业的发展和传统产业的改造，引导城市化过程向更高质量的目标发展；另一方面，高端人才集聚推动城市人力资源结构的优化，高端人才向大城市集聚是市场力量的结果，谁占据了人才优势，谁就可以更快更好地发展，大城市发展要把握人才集聚的机遇，抢占人才高地，实现人力资源质量的提升。

3. 带动三产发展，走产城融合的城市化发展道路

传统的工业园区厂房密集，周边冷清萧条，工人租住在周边农居点，环境普遍“脏乱差”，难以形成新的城市集聚区。而未来科技城的发展完全不同，规划 113 平方公里的园区中，近期重点建设 35 平方公里的核心区，欧美金融城、恒生科技园、海创园二期、淘宝园二期、宝力综合体等相继开工建设。2015 年，基本建成 200 米以上高楼 3 幢，100 米至 200 米楼宇 37 幢，80 米至 100 米楼宇 33 幢，甲级和超甲级写字楼 15 幢以上。随着科技城的逐步开发建设和高端产业、高端人才的集聚，带动了周边第三产业的蓬勃发展，市场的作用辅以政府引导，在未来科技城周边，将建成沙田酒店等五星级和超五星酒店 4 家，大型商业综合体若干座，浙大医学院附属第一医院医学中心、占地 500 亩的中央公园、西溪风情、西溪悦居、翠瑜园等数十个高档楼盘相应建设起来，以科技城为中心形成一个新的城市副中心。

以科技产业集聚区的形态，形成数百平方公里的城市新区，在以往的传统产业园区形态下是不可想象的。大城市新型城市化的发展不偏重于城市规模的扩张，但不等于城市不需要扩大建成区面积，只是在扩大面积的同时，更注重土地的集约利用，单位面积的经济效益和城市发展的质量。以未来科技城为高端要素集聚区，带动城市服务业的发展，将是大城市高速健康实现新型城市化的主流模式。

第七章　城乡统筹视角下的新型城市化：城镇体系与小城市培育

一　构建科学合理、城乡统筹的新型城镇体系

（一）关于城镇体系问题研究的简要回顾

西方国家对城镇体系的研究起步早，成果远比国内的研究丰富。英国学者埃比尼泽·霍华德（Ebenezer Howard），最早提出“城镇体系”的概念，他在著作《明日的田园城市》（*Garden Cities of Tomorrow*）中提出城市的建设要与乡村相联系，城乡要作为一个整体来对待，这一观点也为城镇体系的研究奠定了理论基础。

其后，德国地理学家克里斯塔勒（W. Christaner）在其著作《Germany in the Southern Center of Principle》[①] 中提出了中心地理论，认为中心地在规模、职能和空间形态上具有一定的规律性，并用严谨的数理模拟方法认证了区域内城市空间系统化原理，这一规律性的探究被后人公认为是城镇体系研究领域的开山之作。首次明确提出“城镇体系”这一词汇的是美国地理学家邓肯（Duncan）在其著作《大都市和区域》（1950）中明确提出了“城镇体系”（Urban System）一词。法国地理学家戈德曼（Jean Gottmann）于1957年发表了著名的论文《大都市带：东北海岸的城市化》中提出“Megalopolis”（大都市带）概念，并预言“大都市带”是城镇体系发展的未来方向，是人类社会居住形式的高级阶段，并对美国

① ［德］克里斯塔勒：《德国南部中心地原理》，常正文、王兴中等译，商务印书馆2010年版。

东海岸300年来城镇发展的过程进行了实证研究。1958年阿尔伯特·赫希曼（Albert Hirschman）在论著《经济发展战略》中提出“不平衡增长学说”①。此外，佩鲁（F. Perroux，1955）提出著名的“增长极理论”，罗斯托（W. W. Rostow，1960）的“经济增长阶段”理论，阿隆索（Alonso）、弗里德曼（Friedmann）提出的“核心—边缘模式”模型等都对城镇体系有一定的阐述。

20世纪60年代后期，国外对城市的研究开始侧重于城镇体系，伴随着统计学和计量经济学的快速发展，城镇体系的研究中也大量应用统计工具、数量方法和动态模拟技术等。研究的内容更多地涉及城镇的规模结构、职能关系、空间分布方面以及城镇体系内部的相互关系与经济联系等。在城镇体系等级规模结构研究上，美国学者贝利（Berry）研究了美国城市人口分布和城市等级的关系，并运用1790—1950年美国人口分布数据进行了实证分析②。在城镇体系职能结构研究方面，亨德森（Henderson）认为随着城镇体系的发展，规模较小的城镇的经济职能会偏向于某类专业化职能，如专业镇和县域产业集聚等形态，而规模较大的城镇会更偏向于城市功能的多元化拓展。在城镇体系空间分布研究方面，大量研究通过时间序列视角观察城镇体系的空间形态变化。日野真辉（Hino）通过对日本三大城市体系的跟踪比较研究，发现日本城镇体系在60年代后进入一个不稳定时期③。金（King，1966）通过对加拿大城镇体系空间分布变化地研究，揭示了区域城镇体系分布与国家城镇体系分布之间的关系④。

总体上看，国外对城镇体系的研究起步早，成果丰富，研究视角不断扩展，研究内容不断深化，如萨森（Sasen）提出了“世界城镇功能体系”、科特勒（Kotler）提出“动态核心城镇群体模式”等。这些丰富的

① ［美］阿尔伯特·赫希曼：《经济发展战略》，曹征海、潘照东译，经济科学出版社1991年版。

② Brian J. L. Berry，Cities as systems within systems of cities ［J］. Paper of Re gional Science Association，1964，13（1）.

③ Masateru Hino. Fundamental dismensions of Japanese urban system in the year of 1950. 1960 and 1970 ［J］. Geogra Phical Reviews of japan. 1970（6）.

④ King L. T. cross – sectional analysis of Canadian urban dimensions：1951 and 1961 ［J］. Canadian Geographer. 1966（10）.

研究成果是我国进行城镇体系研究和实践的理论基础。

国内的研究可想而知起步较晚，1945 年梁思成在《大公报》发表了《市镇的体系秩序》一文，他认为我国城市发展应秉承“有机性疏散”的新理念，一个大城市的总体布局要成为多数小市镇（区）的集合体，使城镇发展成为有机的秩序组织体系，并在国内首次提出了“城镇体系”的概念①。

直到 20 世纪 80 年代初我国才开始系统地研究城镇体系问题。在城镇体系规模经济的研究上，杨一星、许学强等学者取得了丰硕的成果，许学强用哲夫公式对国内 100 个城市数据进行计量分析，发现城市规模与城市人口之间呈非线性相关关系②。杨吾扬（1985）的研究也表明，城镇体系具有一定序列排序，并存在内在联系③。顾朝林（1987）的研究将我国地域城镇体系的等级规模分布归纳为 5 个发展阶段：弱核体系、单核体系、单心多核体系、多核体系和强核体系④。在城镇体系职能结构研究上，周一星（1988）、宋家泰和张文奎等借助统计工具对城镇职能体系中的城镇进行了分类研究，大致分为政治中心体系、工矿业中心体系、交通中心体系、旅游中心体系等几种类型⑤；提出了专业化部门、职能强度、职能规模的“城市职能三要素”，成为我国城市职能分类定量研究的重要起点。在城镇体系空间结构的研究上，陆大道（1995）在著作《区域发展及其空间结构》中，揭示了城镇空间结构演变的特征并对“点轴系统”进行了详细阐述⑥；刘继生等（1999）则运用空间关联维数、网络维数和聚集维数等计量方法对城镇体系空间结构进行了研究。顾朝林对中国城镇体系有着较深入和全面的研究，他在专著《中国城镇体系：历史、现状、展望》中，从城市地理学、城市经济学、城市规划学等多学科角度，全面

① 梁思成：《梁思成全集》（第四卷），中国建筑工业出版社 2001 年版。

② 许学强：《我国城市规模体系的演变和预测》，《中山大学学报（哲社版）》1982 年第 3 期，第 40—49 页。

③ 杨吾扬：《论城市体系》，《地理研究》1987 年第 3 期，第 1—8 页。

④ 顾朝林：《地域城镇体系组织结构模式研究》，《城市规划汇刊》1987 年第 10 期，第 3—7 页。

⑤ 周一星等：《中国城市（包括辖县）的工业职能分类——理论、方法和结果》，《地理学报》1988 年第 4 期，第 287—298 页。

⑥ 陆大道：《区域发展及其空间结构》，科学出版社 1995 年版。

系统地论述了中国城镇体系的历史、现状及未来，提出等级规模、职能组合、空间结构三个结构的体系，成为中国城镇体系研究的一座里程碑[①]。

（二）构建科学合理新型城镇体系的重点

关于城市化的空间形态，大中小城市及小城镇在数量和空间分布上以怎样的形态出现，选择什么样的城市化道路，实质上关系到我国实现新型城市化主要路径的选择问题。

新中国成立后，我国的城市化道路指导方针几经变化，取得了一定的成绩，也暴露出新的问题。相应的学术界讨论也长达数十年之久，形成了大城市发展论、小城镇发展论、协调发展论等诸多学说。2003 年，党的十七大报告指出："要走中国特色城镇化道路，促进大中小城市和小城镇协调发展。"至此，不同等级规模的城市协调发展成为共识，既不能过度地发展小城镇，造成小城镇遍地开花，也不能过度发展特大城市。但大中小城市与小城镇的协调发展，在城镇规模、空间布局、城市职能定位等具体形态上如何体现？是平均式的所有城市同步发展还是突出某一等级规模的城镇为重点？仍值得进一步加以探讨。

从统筹城乡的角度看待城市发展的具体形态，大中小城市和小城镇相互促进、协调发展的现代城镇体系是城乡统筹的突破口，也是推进我国新型城市化进程的战略选择。以大城市为中心、带动中小城市发展，进一步辐射周边小城市和中心镇，并以小城市和中心镇为节点，带动城镇体系内农村、农业的发展，这是构建现代化城镇体系的基本要义。要达到区域内城乡一体化的高级阶段，必然要求加快构建科学合理的城镇体系，这是大中小城市和小城镇协调发展的基本要求，也是新型城市化的基本前提。

1. 城镇体系等级规模的调整

《国家新型城镇化规划（2014—2020 年）》的出台，为未来城镇体系规模结构优化发展指明了方向：形成由特大城市、大城市、中等城市、小城市与小城镇共同构成的有序分布、集中与分散相协调的城镇规模结构。提高城镇等级规模体系，形成更加合理的稳定结构，其主导方向应该是：增加大城市的数量、扩大中等城市的规模、强化中心城市和县级城市的功

① 顾朝林：《中国城镇体系：历史与未来》，商务印书馆 1992 年版。

能、集中力量建设一批重点镇级市，积极培育中心镇。

（1）以城镇体系的规模提升代替特大城市的过度膨胀。特大城市普遍存在人口密集、空气污染、交通拥堵和公共安全压力大等问题，资源环境不堪重负。因此，诸如北京、上海这样的超大规模城市通过合理的城市规划和管理来防止城市版图无序地自发膨胀是必然的政策选择。

尽管我国从20世纪80年代起一直维持着“严格控制特大城市人口规模”的政策，但特大城市的人口规模仍然快速增长。人口向大城市集聚是市场力量的客观作用，对于中国来说，出现这种现象，正是因为特大城市少了，人口流动的理性选项中缺少特大城市的替代项。因此，城镇体系等级规模的调整，要从区域布局的角度出发，以特大城市为核心，加快发展周边大中城市，改善特大城市周边的城市群结构，用城市群的协调发展代替单个超大城市的过度膨胀，让人口流动有更多的优化选择。一个以特大城市为中心、几个大城市和中等城市组成的城市群，是更有利于周边小城市和中心镇发展的空间结构，也更有利于统筹城乡协调发展。

以城市群代替特大城市的发展思路，并非否定特大城市的重要性。尽管北京、上海这样的特大城市自身规模超过了通常的最优规模区间，但它在城市群的构建中发挥了重要作用，作为城市群的核心通过辐射功能带动周边城市的发展，使整个城市群具有较高的整体外部效应。从这个意义上看，我国的特大城市并非过多，而是少了，如果中西部地区也能形成一到两个这样的特大城市，并构成相应的城市群结构，会大大增加整个中西部地区的发展能力。当然，以中西部地区的人口集聚能力，这样的特大城市不宜多，更不能一窝蜂地依靠行政力量推动。

中国特大城市发展有其自然的规律，也有和西方发达国家不同的特征，我国在过去城市的发展中有较多的以行政方式实施的计划性资源配置，导致一些特大城市成为福利的高地，人口分布难以疏散。亨德森（2007）曾针对中国城市化问题提出：财政政策以及金融市场不可避免地向“北上广”等特大城市倾斜，引起人口进一步集聚，最广泛的市场化改革将起到避免特大城市出现的作用①。因此，在城市化的过程中，更多

① 王小鲁：《中国城市化路径与城市规模的经济学分析》，《经济研究》2010年第10期，第20—29页。

地要用市场的力量配置资源，对于特大城市的“特权”要逐步弱化。

（2）提升培育区域中心大城市。要想促使城镇体系的提升与发展，首先需要有大城市的健康发展。适度规模的大城市数量不足恰恰是造成少数特大城市过于庞大拥挤的原因。发展大城市更重要的是要把更多的中等城市发展成为新的大城市，促进现有的区域中心城市向大城市发展。从全国城市的整体发展水平看，除北京、上海、广州、天津、武汉等城区人口超过400万的特大城市外，沈阳、重庆、南京、哈尔滨、西安、成都、长春、大连、杭州、济南、太原、青岛、郑州、石家庄、昆明、兰州、长沙、南昌、乌鲁木齐、贵阳、无锡、福州、苏州、合肥、深圳、南宁等城区人口在100万以上的省会城市、副省级城市、计划单列市或经济强市都可以进一步扩大规模，提升功能，发展成为区域内中心大城市或特大城市。

目前全国城市辖区内常住人口在100万以上的城市有46座，按《国家新型城镇化规划（2014—2020年）》的要求，到2020年，城市化率提高7个百分点，新增1亿左右农业转移人口在城镇落户，这就表明除了现有的大城市外，还需要形成上百个新的百万级人口城市，现有的50万人口以上的中等城市中很大一部分将进一步发展为大城市，同时，还有一批有较好成长性的小城市和中心镇成长为新的中等城市。

至于哪些城市会面临较快的发展机遇，这应该是市场选择的结果。要避免任由地方政府的发展冲动左右大量行政资源去推动现有的几百座中小城市和成千上万座小城镇扩张①。

（3）发挥小城市和中心镇的城乡节点作用。相比于大中城市，小城市和中心镇更能发挥联结城乡、以城带乡和统筹城乡发展的重要作用。尤其是中心镇处于城乡融合的交会点，是农村区域性政治、经济、文化中心的载体，城市现代化文明向农村扩散的节点，能起到承上启下的作用，小城镇是城镇体系上的一个重要基础环节。

要加强小城市和中心镇建设，大力发展小城镇经济，巩固和增强现有小城镇实力，提升小城镇整体规模，使城镇体系逐步完善，成为吸纳农村

---

① 王小鲁：《中国城市化路径与城市规模的经济学分析》，《经济研究》2010年第10期，第20—29页。

剩余劳动力低成本转移的可行途径。

不同地区有不同的城镇发展现状与特点，对于中西部人口分布散、人口密度低的地区，要重点发展中等城市和小城市，特别是不宜过多发展小城镇，要侧重于区域中心城市发展，重点突出县政府所在地的城关镇，集中力量将县城发展成小城市，成为县域范围内的人口集聚区。对于东部人口密集区，要根据不同城镇的经济发展状况，有选择地发展一批中心城镇，人口规模在20万以上的一些县域中心小城市要鼓励其向中等城市发展，一些经济强镇初具小城市的规模，要允许其突破行政限制，向小城市发展，中心镇要不断增强产业集聚和人口集聚能力，整体上形成一批产业集聚力强、居住环境适宜的小城市和中心镇群体。

2. 城镇体系职能的完善

城镇职能（Urban Function）是指城镇在一定区域发展中，在城镇的体系中所承担和发挥的不同作用，是城市对城市本身和周边区域在政治、经济、文化方面所起到的不同作用，每个城市都具有自身特色的职能，按城镇职能体系的划分，大致可以分为行政中心城市体系、交通中心城市体系、工业城市体系和旅游中心城市体系四大类。在城镇体系中，各城镇职能不仅反映其自身的地位和作用，而且通过城镇体系的有机组合，形成了具有地域特色的职能综合体，这种城镇职能的综合体，构成了城镇体系的职能结构①。

城镇职能结构的调整与完善，需要建立科学合理的城镇体系职能分工与优化，要充分发挥各城镇现有的产业基础和资源优势，形成分工有序、功能互补的城镇职能结构，确定各城镇的性质与发展方向。

首先，特大城市、大城市是区域经济、政治、文化和交通的聚集中心，是经济社会发展的主要增长极。在完善城镇体系职能的过程中，要发挥中心特大城市、大城市的核心和辐射作用。大城市往往是综合型功能城市，应发挥大城市行政中心、交通枢纽中心、经济文化中心的辐射带动作用，发展现代信息产业、国际先进制造业、高端现代服务业等先进产业，增强基础设施支撑、生产要素配置等综合职能，带动城市群区域经济社会

① 宋福娟、段晓霞：《试论我国城镇体系的发展趋势》，《通化师范学院学报》2006年第3期，第65—68页。

的发展。

其次，中等城市和小城市要强化专业性功能，依据自身的发展特色，有选择地重点发展电子信息、医药等高新技术产业、现代制造业、食品轻工业以及生态旅游等产业，发展金融、通信、会展商务、现代物流、科技、文化教育等高层次的第三产业。努力改变产业结构趋同、低水平竞争的状况，提高专业化水平，有效组织城镇间的协作，形成各具特色的地区性中心城市，带动周围地区的发展。

小城镇的发展不能再以数量扩张为主，要把提高小城镇的发展质量，扩大经济强镇的规模放在重中之重，走小城镇的差异化理性发展之路。小城镇不能仅强调工业产业的发展，也要突出发挥农业产业化龙头的重要功能，工业化与农业现代化协同带动小城镇的发展。各类小城镇要根据自身发展特点及其资源、交通和区位条件，选择适合自身发展的类型，重点建设商贸工业型、交通依托型、旅游服务型等几种类型的小城镇。

3. 城镇体系空间结构的优化

城镇体系空间结构是指城镇体系内各城镇在地域空间中的位置分布、联系及其组合状态。

“十二五”规划和《国家新型城镇化规划（2014—2020年）》中对我国的城镇体系空间结构形态均有表述，“构建以陆桥通道、沿长江通道为两条横轴，以沿海、京哈京广、包昆通道为三条纵轴，以轴线上城市群和节点城市为依托、其他城镇化地区为重要组成部分，大中小城市和小城镇协调发展的‘两横三纵’城镇化战略格局”①。

沿着“两横三纵”的城镇空间规划发展，未来10年，我国将有望沿“两横三纵”进一步发育形成六大城市群集聚区，即长江中下游、黄淮海、珠江闽江、三江平原、长江上游、黄河上游等城市群集聚区。六大城市群集聚区与其他区域的城市群，如长株潭、山东半岛、关中城市群等17个已编制规划的城市群以及其他城镇化地区共同构成我国大中小城市与小城镇协调发展的城镇空间体系②。

城镇体系空间结构的进一步优化要以市场机制为基本动力，尊重城镇

① 《国家新型城镇化规划》，《人民日报》2014年3月17日。

② 方创琳、姚士谋、刘盛和等：《2010中国城市群发展报告》，科学出版社2011年版。

空间发展客观规律。一要加强统筹规划，以特大城市和大城市为龙头，发挥中心城市集聚功能和中心小城镇的节点作用，形成若干用地少、就业多、要素集聚能力强、人口分布合理的新城镇体系。二要改变原有的单一城市“摊大饼”式的空间发展模式，就城市发展而言，将整个城镇体系作为经济载体，加强城镇体系内各城镇的分工协作和优势互补，重新定位各自的功能，合理布局各级、各类城镇，引导生产要素合理流动、形成有效集聚的城镇发展和产业布局。三要依托高速铁路、高速公路等快速交通网络，完善城镇体系内快速交通系统，通过科学规划与发展、使城镇体系内的大中小城市和小城镇间构筑起网格化的交通功能，促进城镇体系空间布局的科学化。

二 以小城市培育为重点，发挥其统筹城乡的节点作用

统筹城乡的新型城市化要求建立科学合理的城市体系，构建由大城市、中等城市、小城市和小城镇组成的规模提升的城市体系。从城市功能体系看，要形成以大城市为中心、带动中小城市发展，进一步辐射周边小城市和中心镇，以小城市和中心镇为节点，带动农村共同发展的科学城市体系；从统筹城乡的角度看，小城市更侧重于统筹城乡的功能发挥；从空间角度看，要发展县城和经济强镇，创造更多非农就业机会，低成本的转移农村剩余劳动力，加速城市化进程；从产业角度看，要建立城乡产业联系，利用城市郊区化和县域经济发展机遇统筹城乡。当然，前文已述，中国地区差异大，不同地区要因地制宜，不能“一刀切”，东部人口密集区域可以加快发展10万人口以上的小城镇，而中部地区则以县城和区域中心城市为重点，西部地区应以中等城市为发展重点。

什么是小城市？1989年制定的《中华人民共和国城市规划法》中对小城市的判断依据是“市区和近郊区非农业人口不满20万的城市”，但这部法律在2008年起被《中华人民共和国城乡规划法》所替代，新的《城乡规划法》并没有设定城市规模的条文，事实上，从城市的发展看，20多年前制定的城市划分标准也不适应城市化快速发展的现状。2010年由中国中小城市科学发展高峰论坛组委会编写的《中小城市绿皮书》中提出许多县城（包括规模较大的县的中心镇）的镇区常住人口已经达到

20 万，应该把小城市的人口规模界定为 10 万至 50 万之间。

尽管人口划分标准有些模糊，但从直观的感受看，中国除了一部分特别发达的县城，如义乌市等，可以达到市区非农常住人口 50 万以上，其余大部分县城人口在 10 万至 50 万之间，一部分非县城的中心镇人口也超过了 10 万，从这个规模来衡量，我们通常指的小城市，主要是指县城和中心强镇。

县城是县域行政区划的中心，也是农民“离土不离乡”最适宜的迁移地，无论是东部沿海省份，还是中西部内陆地区，县城始终是统筹城乡、推进农村人口城市化的重要战略节点，尤其是经济并不十分发达的地区，非县城的小城镇集聚力差，难以承担城镇化的重任时，县城的发展显得尤为重要。但小城市仅靠县城的发展，数量上是大大不够的。《国家新型城镇化规划（2014—2020 年）》提出把“加快发展小城市作为优化城镇规模结构的主攻方向”，发挥小城市在统筹城乡中的节点作用，使之成为吸引农民就近城市化的重要载体。东部沿海如浙江地区的大量县城非农人口达到 20 万以上，按原有标准已初具中等城市规模，这些县城的发展目标是要增长成为中等城市，成为区域的集聚中心。东部地区小城市培育的重点是要把大量有潜力的中心镇培育发展成为小城市。

因此，本节讨论的重点是如何将东部地区的中心镇培育成小城市的问题，并以浙江这个县镇经济发达的地区为典型，探讨其经验与问题，为我国的小城市发展提供建议。

（一）小城市培育在城乡统筹与城市化进程中的重要意义

1. 把大量产业基础强的中心镇培育成为联结城乡的小城市是我国新型城市化战略实施的重要突破点

目前小城镇在全国发展的现状是数量多、规模小、集聚能力弱、建设水平低，期待小城镇成为新型城市化的重要平台在某种程度上有些“一厢情愿”。显然并不是每个建制镇都要往规模扩张上去发展，小城镇的发展与其遍地开花，不如突出重点，有选择地发展。相对来说，一些经济基础好、产业支撑强的中心镇有可能发展成为更大的镇、甚至是小型城市，成为加快城市化进程的重要突破口。中心镇是沟通城乡联系的重要纽带，是推动城乡互动的中转平台，是实现城乡互补的重要节点。根据农村劳动力向小城市、大中城市梯度转移的规律，以及小城镇向现代城市梯度演变的规律和小城镇差异化发展的现实性，把一批有特色产业支撑的、人口承载力不断提高的中心强镇培育成为小城市，让这些小城市名正言顺地成为现代城市体系中的有机组成部分，这是小城镇建设发展方式的正确方向。它在推动新一轮城市化进程和城乡一体化发展中，居于特别重要的地位。此外，中心镇这种特殊的性质和地位决定了把它转变成为现代化小城市具有特殊的意义和作用。

2. 培育小城市是城乡联动发展、构建新型城乡关系的切入点，也是提高县域城市化水平最直接最有效的途径

大中城市作为现代大工业的集结地，其对农村地区的辐射带动更多地体现在间接作用上，而小城市是一定农村区域发展中心和增长极，是沟通城乡的重要节点，其建设和发展更多地依赖于农村区域内部资源要素的整合、重组与再配置。因此，小城市能够使周边的农村更融洽地共享其相对较完善的公共服务和资源，并有利于带动农村工业化水平的提高。另一方面小城市还可以充分发挥联结城乡的公共服务中心的作用，通过小城市的扩散功能，缩小城乡公共服务的差距，使居住在农村社区的农民也能便捷地享受到城乡均等化的基本公共服务。可见，小城市是实现以工促农、以城带乡、城乡有机互动协同发展的桥头堡和主阵地。对于我国在新时期新阶段新形势下促进城乡联动发展具有重要的战略意义。

3. 小城市培育是促进产业集聚、城乡资源优化配置的迫切需要，能有效推进乡镇块状经济向城市产业集群的转型升级

我国的城市管理模式更多依赖于城市的行政级别配置资源，使得资源向大中城市集中，削弱了小城市和中心城镇的发展潜力，制约小城市发挥“调结构、促发展”重任的作用。新型城市化是强调地区产业结构的升级、农村人口市民化与城市现代化的统一。加快推进小城市的培育和建设，将显著提高城镇的聚集和辐射能力，使各种资源和要素向小城市流入，并得到合理配置和利用，有效提升城市经济的发展水平和第二、第三产业的集聚度。小城市培育可以有效解决以乡镇为基地的特色块状经济向产业集群转变中缺乏城市依托的大矛盾，实现由原先的主体分散经营向工业园区聚集生产的转变、获取规模经济效益和范围经济效益。

4. 小城市培育有利于低门槛地吸纳大量进城务工家庭安居乐业，加

快农村人口城市化进程

“以人为本、以城带乡”是新型城市化的本质特征，加快农民工市民化和农村人口向城镇转移是新型城市化的最核心任务。把众多中心镇培育成为现代化的小城市是实施新型城市化的创新之举，可以有效解决当前存在的大量农民工需要在城市安居就业、大量农村剩余劳动力需要向城市转移的现实需要，也可以化解大中城市难以容纳大量农民工和农村转移人口的困难，使农村剩余劳动力按自身的需求与能力实现差别化迁移进城。数量众多的小城市可以顺利地吸纳大量的农村剩余劳动力就业，并能较低门槛地让这些新增劳动人口及其家属子女在小城市中安居乐业。按每个小城市到 2020 年新增 10 万常住人口的发展目标，全国仅以千强镇计算，可以新增城镇人口 1 亿人，小城市有能力成为吸纳农村人口和农民工的大载体。显然把农村地域建制的中心镇发展成为具有现代城市功能的小城市，可以产生吸纳农村人口城市化的巨大空间，是优化城市空间布局、城乡人口结构，加快“以人为本、以城带乡”的新型城市化的必然要求。

（二）小城市培育的探索与成效——以浙江为例

1. 浙江小城市培育取得的成绩

浙江省在 1995 年开始小城镇综合改革试点，20 多年来小城镇发展迅速，成为加快城市化和统筹城乡的重要抓手。2010 年 12 月，浙江省政府印发《关于开展小城市培育试点的通知》，在全国率先提出小城市培育试点。什么是小城市，学界和政府都没有明确的概念。浙江省政府制定了“浙江省小城市培育建设标准”：“小城市参照中等城市的标准进行规划建设，按照城市的理念进行管理与服务，功能定位清晰，经济繁荣发达，服务功能完备，生态环境优美，体制机制灵活，能主动承接大中城市的转移，有效带动周边乡村的发展，是宜居宜业、充满活力的区域性中心。其中建成区面积要达到 8 平方公里以上，户籍人口 6 万以上或常住人口 10 万以上，年财政总收入 10 亿元以上、农村居民人均纯收入 2 万元以上，二、三产业从业人员比重 90% 以上”。参照这个标准，浙江省从 200 个中心镇中精心挑选出来 27 个试点镇开展小城市培育，这 27 个小城市试点镇中，既有温州市柳市镇、龙港镇、诸暨市店口镇等工业产业强镇，有杭州市塘栖镇、绍兴市钱清镇等宜居宜业的都市区周边镇，也有江山市贺村镇这样的欠发达山区重点扶持镇。并明确提出“以加快推进人口集中、产业集聚、功能集成、要素集约为着力点，培育一批经济繁荣、功能完备、生态文明、宜居宜业的小城市，走出一条具有浙江特色的城乡一体化发展新路子”。

按照最初的“三年行动计划”，截至2013年年底，27个试点镇的57项考核指标实现度为105%，超额完成预期目标。小城市培育试点镇已成为统筹城乡的新型城市化实践的重要地标，成为产业发展的集聚高地、城乡公共服务均等化的宜居之地。

（1）有效投资快速增长，城镇化水平不断攀升。小城市的培育首先离不开投资的增长。2013年27个试点镇共实施在建项目4878个、完成投资1341亿元，同比增长20.1%；投资额占全省投资比重达6.64%，高出全省2个百分点。其中，工业投入达580.6亿元，占总投资比重43.3%，比去年提高0.8个百分点，高出全省平均8.5个百分点，非国有资本投入达76.4%，高出全省平均7.9个百分点。投资最大的龙港镇总额突破百亿元，达111.9亿元。店口镇工业投资最大，达到51.7亿元，占总投资比重67.6%。“三年行动计划”累计完成投资3618.7亿元，年均增速32.6%，比全省快11.8个百分点；占全省投资比重由2010年的4.65%提高到2013年的6.64%，提高了1.99个百分点。

城镇化水平有了新提升。镇均建成区常住人口达10.5万人，城镇化率由2010年的57.2%提高到2013年的64.8%，提高了7.6个百分点。户籍人口城镇化率达到56%。基础设施加快完善，27个试点镇2013年新增城市道路370公里、累计城市道路2287公里；新增110千瓦变电站6个、管道煤气用户3.14万户、日供水能力13.81万吨。旧城改造不断推进，崇福、南浔、周巷、分水、新市等镇实施老商业街整体改造和老街保留性开发，城镇商业区、工业区、生活居住区框架规划初步实现，小城镇建成区绿化覆盖率达到25%，柳市、分水、瓜沥等试点镇基本完成建成区亮化改造。商业配套设施加快建设，店口、龙港等小城市建成大型城市商业综合体，小镇居民逛大商场不必再去县城，截至2013年年底，试点镇拥有星级宾馆6家。行政审批事项大量下放到小城镇，与县行政中心联网运作，方便企业和居民办理审批事项，每个试点镇日均办理审批事项272件，就业保障中心全年介绍就业15万人次。

（2）经济发展势头强劲，质量效益同步提高。一是经济实力不断增强。经济实力较强是选择小城市试点镇最基本的条件之一，这些小城镇产业基础较好，在纳入小城市试点镇后，在相关政策的大力扶持下，经济发展又一次进入快车道。至 2013 年 27 个试点小城市共实现国内生产总值 2411 亿元，镇均达 89.3 亿元，有 9 个试点镇 GDP 超百亿元，最多的乐清市柳市镇达 187.6 亿元，其余 8 个镇是苍南县龙港镇、吴兴区织里镇、柯桥区钱清镇、平阳县鳌江镇、瑞安市塘下镇、诸暨市店口镇、东阳市横店镇、和温岭市泽国镇。27 个试点小城市完成 2013 年财政总收入 305 亿元，其中乐清市柳市镇和东阳市横店镇财政总收入超 20 亿元，尤其是乐清柳市镇，连续 3 年财政收入超 20 亿元，2013 年财政收入达 29.8 亿元，高于省内 24 个县全县的财政收入，成为小城镇中的产业第一强镇。其他有 13 个试点镇财政总收入超 10 亿元。

二是财政收入持续增长。与 2010 年试点之前相比，3 年来 27 个试点镇平均 GDP 年均增速达 16%，远高于全省平均 10.7% 的增速；2013 年完成 GDP 2411 亿元，占全省 GDP 的比重为 6.42%，比 2010 年 5.58% 的比重提高了 0.84 个百分点。3 年来，27 个试点镇财政收入年均增速 16.3%，比全省快 4.1 个百分点；2013 年完成财政收入达 305 亿元，镇均超 11 亿元，占全省财政总收入的比重由 2010 年的 3.77% 提高到 4.44%，提高了 0.67 个百分点。

三是工业产业加速集聚。27 个试点镇工业功能区扩大了 12 平方公里，新集聚企业 9697 家，规模以上企业累计达到 3211 家，亿元销售企业 750 家。上市企业由 2010 年的 18 家增加到 23 家。工业功能区用地 GDP 亩产 34.6 万元。

四是城乡居民收入增加。3 年来，在工业经济快速发展的同时，农民年人均纯收入同步快速增长，2013 年农民人均纯收入 21718 元，比 2010 年的 14684 元增长了 7034 元，年均增速 13.9%，比全省快 1.4 个百分点。

表 7—1　　首批小城市培育试点镇“三年行动计划”成效对比

年份	财政收入总量（亿元）	财政收入占全省比重（%）	GDP 总量（亿元）	GDP 占全省比重（%）	镇均建成区常住人口（万人）	城镇化水平（%）
2010	193	3.77	1544	5.58	9.3	57.2
2013	305	4.44	2411	6.42	10.5	64.8

(3) 公共服务水平提升，社会事业快步发展。小城市培育的根本目标是要形成宜居宜业的人口集聚区，加快农村人口的就近城市化，小城市的基本公共服务水平决定了人口集聚的程度，因此在小城市的培育中要把提升公共服务水平作为政府工作的着力点。2013 年，27 个试点镇完成社会公共服务投资 106.5 亿元，比 2012 年增加 9.6 亿元，3 年累计超过 300 亿元，重点在于教育和医疗等民生领域。基础教育投入力度进一步加大，通过建成区校舍建设与改造，提升义务教育的办学条件和容纳能力，进一步吸纳外来务工者子女就学。按常住人口计算的学前教育普及率、义务教育普及率、高中段毛入学率分别达到 99.4%、90.8% 和 98.5%，入学率逐年有所提升，进城务工者子女就学问题基本得到解决。基本医疗卫生服务能力进一步增强，27 个小城市培育试点镇医院床位数达到每千人 3.5 张、医护人员数达到每千人 3 人，小城市培育试点镇中心医院普遍与中等城市、县城二级甲等以上医院建立合作关系，通过医生轮诊、技术共享、专业培训等方式提升医疗服务水平。近年来，各医院各项指标逐年上升，医疗服务质量有了明显提升。社会综合治安能力进一步加强，应急处置能力得到提升。平均每个小城市培育试点镇拥有执法资格人员 30 人，年查处各类案件 4 万件，刑事案件发案率逐年下降 10 个百分点，为小城市经济社会的发展创造了安定的社会环境。

2. 小城市培育“三年行动计划”取得的经验

(1) 推进城乡规划、发展规划的编制，明确小城市发展的定位。一是把加强规划计划的修编、编制作为加快小城市培育的重要基础和前提来抓，全面推进小城市规划的编制、修编。一是开局之年 27 个小城市培育试点镇共完成了 24 个总体规划、79 个专项规划和控制性详细规划的编制和修编，形成了发展有规划、行动有计划、年度有重点的工作格局。二是推动三年具体行动计划的编制实施，在全国率先研究提出了小城市的基本理念和 45 项建设发展标准，及时编制完成了浙江省“三年行动计划”和 27 个试点镇每个镇的“三年行动计划”，省发改委及时印发了 27 个试点镇“三年行动计划”文本。

(2) 合理调整行政区划，为小城市发展拓展空间。适度调整和扩大小城市培育试点镇的行政区划，增强小城市的发展潜力，扩大小城市的集聚能力和城乡统筹的辐射范围。例如，乐清市撤销七里港镇、黄华镇、象阳镇建制，其行政区域并入柳市镇；苍南县撤销肥艚镇、芦浦镇、云岩乡建制，其行政区域并入龙港镇。平阳市撤销钱仓镇、南麂镇、西湾乡、梅溪乡、梅源乡建制，其行政区域并入鳌江镇；慈溪撤销天元镇建制，其行政区域并入周巷镇等。大多数中心镇通过乡镇撤并扩展了面积，为下一步的发展预留了空间，有利于大镇区域内人口的城市化，发挥中心镇统筹城乡的辐射作用。

（3）以产业发展带动城市发展，以城市发展提升产业发展动力，初步形成工业化与城市化双轮驱动模式。产业发展是城市发展的基础，没有良好的产业增长和充足的就业岗位，就不可能有效形成人口的集聚，城市化更无从谈起。经过3年的结构调整和重点培育，浙江小城市培育试点镇的整体发展实力得到有效提升，并保持了良好的经济增长势头，初步摆脱了依靠外部资源进行简单粗加工的生产格局，形成了较为完善的现代工业产业支撑体系和较强的市场竞争活力，并逐步融入了城乡和区域一体化发展的进程。在国家统计局公布的主要工业产品中，浙江有将近110种产品的产量居全国前2位，占所有产品的21%。即全国有1/5产品主要生产基地分布在浙江省的许多小城镇。类似于这样一种块状经济或者结合专业市场主导地方经济发展的小城镇，目前全省有240个左右，而这27个试点小城市所创造的GDP、工业产值和财政收入占整个小城镇系统的50%以上。浙江中心镇及小城市培育的经验证明了小城市的发展方向，即以工业化来带动城市化，以城市化来提升工业化的发展动力和品质内涵，两者相互促进，形成双轮驱动的新型地方经济发展模式。

（4）以“强镇扩权”为突破，推动行政管理体制创新，赋予小城镇部分县级管理权限，进一步解放小城镇发展的行政束缚。在市场经济体制下，企业的发展、市场的形成是市场力量起主导作用，但不能忽视行政体制的助推或掣肘作用。适应城市发展的行政体制会助力城市的发展，反之则会阻碍城市的发展。在中心镇向小城市迈进的过程中，行政管理体制改革内容之一是“强镇扩权”改革。浙江省在推行“强县扩权”改革的基础上，对中心镇和小城市培育试点镇实施“强镇扩权”改革。2007年5月，浙江省政府印发浙政发〔2007〕13号文件《关于加快推进中心镇培育工程的若干意见》，对141个省级中心镇赋予其部分县级经济社会管理权限，涉及财政、土地、户籍、社会管理等方面；通过放权，扩展了镇政府管理职能与服务能力，增加了小城市发展需要的政府管理权限，从而能够有效发挥镇政府的管理服务职能，加快中心镇向小城市转变。2014 年 6 月，浙江省人民政府办公厅关于印发《浙江省强镇扩权改革指导意见》，对省级中心镇特别是小城市培育试点镇进一步下放管理权限，重点涉及行政审批权、综合执法权和社会管理权限。

（5）创新土地管理方式，通过土地管理制度、建设供地制度、宅基地制度等制度创新，提高小城市建设土地要素的保障力度。省国土资源厅建立试点镇年度建设用地的保障机制，通过切块指标安排新增建设用地的分配方法，确保小城市试点镇年建设用地不少于 300 亩；县（市、区）分配给试点镇的用地指标也加大倾斜力度。部分试点镇通过行政区划的调整与扩展，为小城市培育预留了发展空间。对于农村存量土地，通过制度创新盘活利用，嘉兴市开展的“两分两换”、温州市试行的“三分三改”等创新举措，让农民通过宅基地使用权换取城镇住房，让农民进城的同时保留了农村集体经济的收益权。农民获得自己所需的城镇住房，同时也增加城市建设用地。加快农村耕地流转，试点镇由于工业经济发达，农村土地流转率接近 50%，高出全省平均值近 10 个百分点。

（6）加大财政扶持力度，将更多税收留在镇本级使用，建立镇级独立财政，赋予其独立预决算管理权限。一是按照省对县“划分税种、核定基数、超收分成”的原则，县对镇也采用类似的分成方式。以 2010 年为基期，超收大部分留给镇，包括镇级独立的预算决算制度、独立的金库和明确的收入管理权。二是财力向试点镇倾斜。根据各镇的财力水平确定县、镇两级的税收划分基数与分配比例，其中，有 20 个县对试点镇实行税收超过基数部分全额返还的政策；县（市）职能部门派驻单位的各项收费原则上留给试点镇；土地出让金收入基本归还试点镇财政支配使用。三是省财政给予专项扶持。省级财政加大对试点镇的扶持力度，省财政 3 年共投入 30 亿元小城市培育试点专项资金，县（市）按 1∶3 的比例配套，共撬动上百亿元社会资金投向小城市建设。

3. 小城市培育中面临的主要矛盾

（1）户籍人口的城镇化远落后于工业化进程，已经成为最大的制约瓶颈。目前试点中心镇发展的主要矛盾仍在于实际的城镇化水平大大落后于工业化。试点镇往往是工业强镇，工业化程度较高，而由于种种原因，户籍人口的城市化率却没有相应地提升。大部分试点镇的外来务工人口占到城镇总人口50%的比重，按常住人口与户籍人口统计的城市化率相差近一倍。外来务工人员不能转化为当地户籍人口带来的一个问题是城镇的生活消费和居住品质难以大幅度提升，因为流动性常住人口的平均消费支出较低，降低了城市化对中心镇发展的实际绩效。如柳市镇镇区的常住人口为45万，但户籍人口（含农村人口）只有22万，另外23万为常住的外来务工人员，这导致整个城镇的消费市场大为缩水，商贸业的人气不旺。同时，一旦产业出现滑坡，城镇的人口规模将急剧下降，存在很大的不稳定性。

（2）产业综合实力不强，创新发展与现有平台之间矛盾突出。浙江省大多数中心镇的发展历程是以特色产业园区、工业功能区为载体，形成以小企业、小产品、大市场为特色的区域块状经济，这些特色块状产业往往企业规模小、数量多，总体规模实力有限，产业发展呈现“散而全”的特点，整体集聚功能非常弱。试点小城市中除了乐清、店口、横店等特强镇外，大多试点镇存在主导产业布局散乱、技术落后、能耗大、竞争力弱等问题。在产业转移升级的大背景下，中心镇的产业升级与创新会面临更大的挑战。另外，小城市培育试点镇的技术创新服务平台非常缺乏，制约着原有产业的升级和创新能力提升。如全省首批27个试点镇，特色产业群数量超过70个，但技术服务平台数量仅30多个。

（3）试点镇投资需求与财力保障之间仍有差距。现有财政体制通常造成基层政府财力困难，由于税费返还比例较低，小城市培育试点镇的自身财力有限，多为吃饭财政，没有更多的资金用于小城市的基础设施建设，“小马拉大车”现象比较严重。27个小城市试点镇按其发展的规划，面临较大的基础设施建设任务，3年累计需要的投资额近5千亿元，其中需要政府出资的近千亿元，平均每镇30多亿元，超过试点镇的财政收入水平。镇政府自身财政基本上不可能提供所需的建设资金。同时，社会资本参与小城市培育的热情不高，而镇级融资平台达不到商业银行放贷门槛①，上千亿元的社会性投资筹集有较大难度。

① 王立军：《新型城市化与城乡统筹发展的有机结合》，《中共宁波市委党校学报》2012年第2期。

（4）试点镇的区域城乡辐射能力未被充分挖掘。作为全省经济实力最强的27个小城市培育试点镇，镇区常住人口规模普遍超过10万，已经显示出较强的辐射影响力。但由于行政区划的限制，以及缺少从县域整体发展的角度来考虑小城市试点镇的区域职能和定位问题，使其服务片区的效能大打折扣。如温岭泽国镇的区划面积均在40平方公里以下，而即便是镇区人口规模10万以上的20个省级中心镇，仍有9个城镇的区划面积在100平方公里以下。这种空间上的行政阻隔仍在很大程度上阻碍了地方县市城乡经济的一体化发展进程，既缩减了小城市对周边农村的带动作用，又束缚了小城市试点镇自身的发展能力。

（5）城市管理能力需要提升。随着扩权改革的不断深入和城镇规模的不断壮大，浙江省试点镇发展的主要约束已开始由土地、资金等硬件要素转向政府的城镇管理和经营能力等软件要素。软件要素的提升一方面需要试点镇拥有更多的管理权限；另一方面也需要提升镇级政府的组织管理能力。其一，虽然经过多次"强镇扩权"，下放了部分经济管理权限，但这仅是在原有管理体制下的一些突破之举，与一级城市所需的自主权相比仍有不小差距。此外，一些职能部门不愿真正放权，以法律、法规等有要求为理由规避实质性的权力下放，更多地下放了责任，造成镇级政府有责任无权限，反而增加了试点镇政府的管理成本。其二，随着小城镇规模向小城市扩张，下一阶段试点镇发展的实际绩效更多地取决于政府管理能力，但目前的镇政府还普遍缺乏经营城市的能力和理念。面对扩权后全新的运行机制、工作方法和工作节奏，迫切需要建立与小城市建设相适应的干部队伍和管理机制。

（三）在国内加快推广小城市培育试点的建议

把具备发展潜力的中心镇培育成为小城市，是加快新型城市化的重要路径之一。在东部地区的重点中心镇、中西部地区的县城中有许多符合条件的小城镇，全面实施以培育小城市为增长极的城镇集群化发展战略，丰富和发展具有中国特色的新型城市化模式，把它们发展成为宜居小城市，使之真正成为统筹城乡发展、促进城乡一体化的战略支撑点。

1. 编制区域性城镇集群规划，推进城乡综合配套改革

小城市的培育是中心镇发展的新阶段，今年浙江省又新批准6个中心

镇成为小城市培育试点镇，今后随着中心镇的发展会有更多的省级中心镇进入小城市发展阶段。小城市的发展规划更要注重城镇集群的整体性。根据科学推进新型城市化发展战略设想和现实需求，确立以试点镇为规划单元，编制小城市发展集群规划。完善县（市）域总体规划和土地利用总体规划，深化城镇集群主体功能区规划、城镇体系建设规划、生态环境功能区规划和若干重要产业发展规划。通过编制以中心镇为单元的区域性城镇集群规划，使之成为指导城乡一体化发展、区域性发展的战略指导性规划。总结国内 7 个国家级综合配套改革试验区 4 年来的成功经验，以试点镇为单元逐步扩大试点范围和扩大推广面。

2. 推进小城镇产业转型升级，由乡镇经济向城市经济跨越

小城市试点镇通常是区域内的经济强镇，有较好的产业发展基础，但许多中心镇的工业产业往往具有劳动密集型的特征，技术含量低、能耗高，产业对城镇的支撑必须有可持续性，就要面临转型升级的问题。当前要把传统工业向先进工业转变、低附加值产业向高附加值产业提升、制造业向现代服务业发展作为小城市培育的重要内容。一是加快工业转型升级，在提升改造传统产业的基础上，做大做强特色产业，积极引进战略性新兴产业、高新技术产业，增强小城市经济发展实力。积极培育科技型中小企业，增加技术服务平台数量，增强企业创新能力。二是大力发展第三产业，建设特色产品的市场和相应的物流等服务业，以二产推三产、三产促二产，走工贸结合的新型工业化道路，加快商业街、商业综合体、酒店、院线等商业企业落户，发展消费型服务业，提升小城市的人居环境。三是大力发展规模农业、效益农业、生态农业，推进农业现代化；推进适度规模经营与机械化耕作，提高农业效益。

3. 推广“强镇扩权”改革，赋予试点镇更广泛的管理权限与职能，完善县镇政府间协调配合联动机制

一是推广“强镇扩权”改革，认真研究试点镇在经济社会管理中的职权需求，进一步加快管理权限下放。在经济管理职能、社会治安职能权力下放的基础上，进一步下放规划、环保、土地管理等职权，对试点镇赋予相当于县一级政府的完整的基层政府的管理职能。虽然有国家发展改革小城镇、省级统筹城乡综合配套改革试点和中心镇培育工程等改革措施与政策支持，但是对强镇、大镇、特镇，更需要类似于龙港镇在 20 世纪 80

年代初期具有更大独立权限的发展体制和管理机制，让小城镇具有与之相适应的强大的自主发展能力。

二是要完善县级政府和试点镇的协调配合机制。权力的分配上要处理好县与镇之间的利益关系，随着基层政府层级间的权力配置关系的改变，县镇政府之间的利益博弈问题不容回避。同时要防止上级职能部门以法规、规定为由，虚放权力，实放责任，造成镇级政府权责利不相称。随着小城市培育试点镇拥有更多的自主权限，明确县与镇的职责分工，建立试点镇和县级政府职能部门的联动机制。

4. 改革财税制度、投融资制度和用地制度，加大小城市建设要素保障力度

一是要理顺县与镇的财政关系，增强财政的支撑能力。虽然对小城市试点中心镇下放了相当的财权，但县与镇的财政关系始终没有理顺，县级政府在很大程度上可以左右镇级财政能力，而在县与镇的发展关系上，是优先发展县城还是试点小城市，两者同样面临矛盾，特别是强镇弱县的格局下，这种矛盾关系更加突出。中心镇的财政改革要理顺县与镇的财政关系，首先要明确县与镇的事权划分，从中心镇到小城市，基于强镇进程中的城市管理的事权不断扩大。其次对有发展潜力的中心镇不采用“乡财县管”的体制，“乡财县管”是分税制下缓解基层财政困难和财政层级扁平化的举措，但对于经济强镇显然并不适用，县级财政部门在对镇财政行为进行监督的前提下，要赋予小城市培育试点镇独立的财政主体地位，扩大试点乡镇的财政管理权，包括财政资金的预算权、使用权、税收权等。改革和调整财政分成和规费收入、国有土地出让收入分成政策，增强镇级财政能力。最后要加大转移支付制度力度，在财政资金上解的同时，省、市、县要给予小城市培育试点镇专项扶持资金，对于重点以上项目建设上要增加市县财政的支持力度，使小城市有充足的资金投入公共基础设施建设和公共服务中来。

二是创新小城市试点镇投融资方式，调动社会资金参与城市建设。小城市发展需要大量的城市基础设施投资，创新投融资方式势在必行，要发挥财政资金的引导作用，吸引民间资本进入，可采取 TOT、BOT、PPP 等融资方式。有条件的小城市培育试点镇可以搭建小城市建设发展融资平台，设立创业投资引导基金、银行分支机构、村镇银行和小额信贷公司，

形成多元化投资格局。

三是改革土地管理制度，加强土地综合管理，对农村土地空间布局重新考虑，向中心镇集中；在农地流转、宅基地置换经济适用房、农民集体建设用地市场化、村级集体经济股份化等方面深化改革；在镇域内统筹规划，置换农村土地，便于集中搞好中心镇规划建设。用地指标要向试点镇倾斜，适当调减试点镇农保率指标，给予建设用地计划单列指标。从长远看，应赋予试点镇独立的土地使用权。

5. 小城市培育既要基层的实践探索，也需要顶层的改革设计

目前，小城市培育处在地方政府的实践和摸索阶段，是地方政府对经济强镇的一种政策扶持。其一，国内尚没有小城市的法定概念，小城市是浙江省最早提出的，虽称之为小城市培育，但实质仍是镇的范畴，浙江希望借助小城市的提法，使中心强镇的发展有所突破。部分镇的人口已突破40万，小城市需要名正言顺地突破式发展，要纳入有法可依、依法可建的法律和制度体系中来。其二，小城市培育过程中的扶持政策，包括财政政策、土地政策、行政级别高配等都是在现有行政体制内的变通，即“开口子”，变通操作，适度放权。从短期看，小城市试点镇获得发展空间的扩展；但从长远看，这样的体制会暴露出越来越多的矛盾，限制小城市的进一步发展。中央政府近期设立了国家级的试点小城镇，也在探索实行多元化设市途径，但对于如何进一步发展，尚未给出明确的改革措施。其三，当作为普通中心镇的小城市逐步壮大，甚至要超越县城时，县与镇的矛盾会进一步激化，县与小城市的关系如何调整，涉及整个行政体制、市镇体系的变革，这不是地方政府所能解决的，它需要从国家层面提供改革的思路，为小城市发展正名。

三　案例：浙江乐清市柳市镇小城市培育的实践

柳市镇位于浙江省东南沿海，是乐清市（县级市）下设的一个镇。2011年4月，为了加快柳市镇的跨越式发展，乐清市对乡镇行政区划进行了调整，柳市镇周边的七里港镇、黄华镇和象阳镇成建制并入柳市镇，合并后镇域总面积达到92平方公里，下辖179个行政村和社区，户籍人口21.9万，常住人口超过50万人。柳市镇先后被确定为全国城乡一体化

发展试验区、国家级小城镇综合改革试点镇和全国小城镇建设示范镇。

柳市镇排名温州市经济十大强镇第一位，全国千强镇前十位，是“温州模式”的发源地，因其工业产业发达，被誉为中国“低压电器之都”、“中国电器城”。柳市镇拥有正泰集团、德力西集团、天正集团、人民电器集团等国内知名民营企业，截至 2013 年年底，镇内规模以上企业有 350 多家，年产值超 10 亿元的企业有 6 家，全国 500 强企业 4 家，全国 500 强民营企业 8 家，堪称“小城市培育产业第一镇”。强大的产业基础带动了人口的集聚，使柳市镇初具小城市规模。

（一）柳市镇三年小城市培育取得的成绩

2010 年年底浙江开始小城市培育试点工作，柳市镇顺理成章地成为浙江省第一批 27 个试点镇之一。根据浙江省统一部署的小城市培育试点“三年行动计划”的要求，乐清市政府制订了《乐清市柳市镇小城市培育试点三年（2011—2013 年）行动计划》，按照“一年一个样、三年大变样”建设目标，柳市镇在三年的培育行动中，社会经济发展发生了较大的变化，第一轮“三年行动计划”的 57 项主要指标总体完成度达 128%。各项指标均高于全省、全市的平均发展速度，国内生产总值、地区财政收入两大指标一直位居试点小城市之首，并连续三年被评为考核优秀单位。柳市镇经济实力大大增强，城市功能大大提升，小城市的形态格局已经初步形成①。

1. 产业经济实力不断增强

柳市镇 2011 年固定资产投资达 45 亿元，2012 年增加到 71 亿元，同比增长 57%；2013 年固定资产投资 78 亿元，同比增长 10%，3 年累计完成投资 194 亿元。3 年来，柳市镇新实施工业项目 536 个，新增规模以上企业 131 家，3 年累计完成企业投资 58.22 亿元，工业总产值累计实现 1737.78 亿元，工业增加值累计实现 365.64 亿元。财政收入稳步增长，2010 年财政总收入 19.59 亿元，小城市培育试点后的第一年，财政总收入猛增至 28.05 亿元，同比增长 20%；2012 年财政收入 28.69 亿元；2013 年达到 29.79 亿元，逐年稳步增长，3 年累计完成财政总收入 86.53

① 浙江省发改委网站：《乐清柳市小城市培育试点取得显著成效》，2014 年 2 月 23 日，http://www.zjdpc.gov.cn/art/2014/2/23/art_112_632163.html。

亿元。柳市镇共拥有中国驰名商标32个、省著名商标40个、市知名品牌25个；其中近3年新增加的中国驰名商标2个、省著名商标4个、市知名品牌13个，被称为“中国电器之都”。

表7—2 柳市镇2006年至2013年工业总产值和财政总收入变化表

年 份	2006	2007	2008	2009	2010	2011	2012	2013
工业总产值(亿元)	281.42	32.03	375.2	375.57	432.75	609.93	559.45	568.4
工业总产值增长率（%）	25.1	25.1	6.77	0.1	20.2	15.7	-8.8	1.6
财政总收入(亿元)	10.87	13.17	15.7	17.39	19.59	28.05	28.69	29.79
财政总收入增长率（%）	20.65	21.15	19.2	10.76	12.78	20.8	2.28	3.83

资料来源：浙江省乐清市统计局：《乐清统计年鉴2014》，中国统计出版社2015年版。

2. 城乡空间不断优化

进一步完善柳市镇城乡整体性规划，在2011年年初编制了柳市镇空间发展战略规划，随后又制定了柳白新城26.28平方公里控制性详细规划，按照“一主轴（以电器城大道为主轴线）、三副轴（中心大道城市服务副轴、白象空间拓展副轴、柳市空间拓展副轴）、三功能核（现代生活服务核、生产服务示范核、滨江金融商务核）、一带（滨江服务带）”的规划结构展开，分为中国电器城、生态宜居区、行政功能区、文化体育区等功能区块。以电器城大道为城市发展主轴建设“一城六中心”。将其打造成为以生产性服务与生活居住功能为主，融商业金融、商务办公、文化休闲及特色产业等功能为一体的综合型城市功能区。

3. 城市功能全面提升

3年来，柳市镇加速完善城市功能，加快公共基础设施建设和公共服务事业发展。3年里共开工60个基础设施建设项目，建成中国电器城一期、乐清市第三人民医院、柳市镇客运中心、柳市林宅公园、柳市文化中心、柳市职业技术学校。城市道路长度从小城市培育前的54公里增加到2013年的110公里，重点完成柳青南路和溪桥路延伸等工程。加大城市绿化力度，建设美丽城市，根据《乐清市“揭疤栽花”行动实施方案》要求，柳市镇对道路两侧、拆违残留地和垃圾死角进行整治和绿化，目前人均公共绿地面积达到2平方米。开展环境卫生整治，启动160公里河道整治，生活垃圾、建成区污水集中处理率分别提高了25个、20个百分点。

4. 社会事业全面发展，人民生活持续改善

柳市镇全面建成行政审批、行政服务、资源交易等公共服务平台，办事效率大幅提升，企业和老百姓办理相关事项不用跑到县城，可以在镇行政服务中心“一站式”受理。2013年，企业职工养老保险和医疗保险人数达93952人，城乡居民养老保险参保人数达76710人，城乡居民医疗保险参保率达98.53%。

（二）柳市镇实施小城市培育的主要措施

1. 以科学规划为引领，完善小城市发展规划

为建设功能完善、宜业宜居的现代化小城市，柳市镇根据自身特点，科学定位、统筹规划，在借鉴有关规划设计成果的基础上，制定了符合柳市镇发展实际的《柳市镇土地利用总体规划（2006—2020年）》、《乐清市柳市镇小城市培育试点三年（2011—2013年）行动计划》、《柳白新城控制性详细规划》、《柳市镇1+X社区控制性详细规划》以及《乐清市柳市镇小城市培育试点新三年（2014—2016年）行动计划》等，明确了将柳市镇打造成为工业化与城镇化相互促进、城市与乡村协调发展的城市区块发展思路。为了实现柳市镇“国际电工电气产业城和综合性港口物流枢纽”的功能区定位，乐清市政府高起点地编制了城乡规划体系，城市建设用地控规覆盖率达到84.3%，建成区控制性详细规划覆盖率达到100%。柳白新城规划以电器城大道为城市发展主轴建设“一城六中心”，即中国电器城、会展中心、电器展销中心、商务中心、金融服务中心和物流中心以及国际电工电器采购中心。

2. 以特色产业支撑为兴市基础，助力企业加快转型升级

工业发展是柳市镇小城市培育的基础，面对国内外的经济形势快速变化，地方政府把握机遇与挑战，努力实现工业经济的转型升级。一是充分挖掘发展潜力，通过科学规划与加大基础设施投资，进一步激发区域经济发展的活力和动力，重点开工建设电器城大道、柳青南路延伸、白象大道延伸等工程，启动中国电器城等“一城六中心”和新型“两化”电工电气产业园建设，利用温州海峡两岸经济合作项目机遇，加快国际机电产品

采购中心和台商机电产业科技园项目建设，促进乐清电工电气产业转型升级。二是以产业发展为中心，做好服务企业工作。建立了中国科学院上海国家技术转移中心等科研院所分支机构、浙江省电器产业共性技术支撑平台等，为企业发展提供技术支撑；通过“强镇扩权”改革，将工商、检疫、海关、行政服务中心等办事机构落户柳市镇，方便企业办理相关手续，为企业节省了时间和资金，加快货物流通；帮助企业协调解决项目供地难、融资难等现实问题，解决企业用地、用电、用水、环评及外来员工子女就学等方面实际困难，多举措为柳市镇企业发展营造良好的环境。

3. 加快行政管理体制创新，适应小城市培育的迫切需要

一是推进“强镇扩权”改革。在现有的行政管理体制下，推进“强镇扩权”改革是打开镇级小城市发展空间的最主要的体制改革措施。2011年，乐清市制订了《柳市镇强镇扩权改革实施方案》，在柳市镇建立公安、工商、国税等9个分局，下放16个部门的144项经济社会管理权限，组建了柳市镇项目审批中心，1000万元以下的投资项目，在镇里就可以直接拍板。二是完善行政工作平台。3年来，陆续在柳市镇组建了行政审批、应急维稳等“五大中心”以及公共资源交易中心和项目审批中心。新建占地5300多平方米的办事大楼，五大中心全部迁入集中办公，开设了45个办事窗口，能办理100种不同事项，极大地增强了柳市镇的公共服务能力，让每一位居民能够享受到无差别的政府公共服务。三是强化领导，理顺党政管理体制。乐清市于2011年1月小城市试点之初就成立了以市长为组长的小城市培育试点工作协调小组，办公室设在市发展改革局，明确每年召开4次小城市培育专题研究会议，研究解决柳市镇遇到的需要市里协调和解决的重大问题，助推柳市镇城市建设。按照精简、高效的原则，在柳市镇合并周边的七里港、黄华、象阳等镇。扩大行政区划后，结合小城市培育试点工作的需要，对镇内设机构进行重构，在柳市镇设置了“五办六分局五中心一所”。五办是指党政（人大）办公室、综治办公室、组工办公室、宣传办公室、统战办公室；六分局是指农业分局、经济发展分局（统计办公室）、村镇建设分局、社会管理分局、人口和计划生育分局、财政分局；五中心是指事业机构农业综合服务中心、治安综治服务中心、经济信息服务中心、社会事务服务中心、计划生育服务中心；一所是指环境卫生管理所。为加大城市市政管理，还设立了柳市镇城

市管理综合执法大队。为进一步加强对柳市镇的扶持，设立乐清市柳市新区管理委员会（为市政府派出机构），与柳市镇政府合署办公，进一步强化了柳市镇的城市管理、规划、建设、发展等功能。与“强镇扩权”改革相配套，加强干部职级的高配程度，镇党委书记由市委常委兼任，镇所属的内设机构、下属单位负责人和社区书记、主任高配为副科（局）级干部。

4. 强化资金、土地等要素保障，为小城市发展提供政策支持

一是加大财政政策扶持力度，建立镇级独立财政，按照小城市培育试点镇财政体制的要求，以“划分税种、核定收支、综合分成、自求平衡”的原则，对柳市镇税收收入实行“总量分成、超收分成和专项分成”的综合分成制度，将更多的收入留给镇级财政，税收收入增长部分全额留镇；教育附加费和土地出让金 80% 留镇。二是加强土地要素保障，在建设用地指标安排上给予大力倾斜，3 年间用于柳市镇的计划用地指标为 1378 亩，占全市 3 年总指标数（6528 亩）的 21.1%。

（三）未来 3 年柳市镇小城市培育发展目标

随着《乐清市柳市镇小城市培育试点新三年（2014—2016 年）行动计划》的出台和获批，柳市镇小城市培育试点新的发展目标已经确立。

今后 3 年，柳市镇新一轮小城市培育发展目标是按照“跳一跳能摘桃”的原则，实施“名牌名品、企业航母、产城融合、生态低碳”战略，努力实现“12345”的发展目标，即至 2016 年，实施固定资产投资超 100 亿元，GDP 超 200 亿元，地方财政收入累计超 30 亿元，财政总收入超 40 亿元，城镇化率提高 5 个百分点，为建成“中国现代电工电器名城”奠定坚实基础。

1. 加快市政建设步伐

计划 3 年累计完成固定资产投资 280 亿元以上（非国有投资 250 亿元以上）。建成区面积扩大到 23.2 平方公里，常住人口达 18.8 万人，城镇化率达 61% 以上，户籍人口城镇化率达到 55% 以上。

2. 实现经济快速增长

2016 年 GDP 达到 236.3 亿元以上、年均增长 8% 以上，年财政总收入达到 37 亿元以上，第三产业占比达到 34%，工业电气产业增加值占地

区生产总值比重达 80%，二、三产业从业人员比重达到 93.9% 以上；人均 GDP 达 10 万元以上，全社会劳动生产率达13 万元/人以上；建设用地亩均 GDP 达 45 万元以上、亩均税收达 10 万元以上，商贸综合体营业额达 3500 元/平方米以上；农村承包土地流转率达 91% 以上，农村居民年人均纯收入达到 3 万元以上。

3. 提升城乡公共服务能力

3 年安排总建设用地 4037 亩，新增非农就业岗位 1.2 万个以上，建成区人口密度达 7800 人/平方公里；日最大供水和供电能力分别达 18 万吨、59 万千瓦；建成区污水集中处理率提升 25 个百分点，达 85% 以上；具有中高级职称的教师、卫技人员占比分别达 65%、37% 以上①。

① 吴赉仪等：《柳市小城市培育试点进入新阶段，未来三年立起新标杆》，《乐清日报》2014 年 9 月 17 日。

第八章　城乡统筹视角下的新型城市化：城乡基本公共服务均等化

城乡统筹视角下的新型城市化要求在农村人口城市化的基础上实现农村的同步发展，城市化本身既有人口迁移城市化的含义，也有农村生活方式城市化的含义，农村人口的减少有利于农业现代化和农村经济条件改善，但同时，政府为农村提供均等化的公共服务是必不可少的内容。在新型城市化的进程中，城乡公共服务一体化是重要的实现环节。

基本公共服务，指建立在一定社会共识基础上，由政府主导提供的，与经济社会发展水平和阶段相适应，旨在保障全体公民生存和发展基本需求的公共服务①。狭义上的基本公共服务主要是指保障基本民生需求的就业、社会保障、教育、医疗、公共卫生、文化娱乐、体育、住房保障等公共服务；广义上的基本公共服务还包括与人民生活密切相关的交通、通信、公用设施、环境保护等硬件设施，以及行政管理、公共政策和公共安全等软件服务。公共服务具备非排他性、非竞争性、市场供应短缺等特点②。

对处于公共服务弱势地位的农村地区而言，均等化的公共服务要不断地提升农村公共服务的供给水平，重点包括农村生产生活性基础设施建设与环境整治，生产性技术与政策服务，教育、医疗卫生、文化体育和社会保障等。公共服务的供给是政府职能的核心和实质，农村公共服务应以县级政府为供给主体，以财政资金投入为主，农村基础设施建设以政府投入

---

① 《国务院关于印发国家基本公共服务体系“十二五”规划的通知》国发〔2012〕29号。

② 曾红颖：《我国基本公共服务均等化标准体系及转移支付效果评价》，《经济研究》2012年第6期，第20—33页。

为主，部分采用农民筹资筹劳以及社会资本投入的方式，生产性技术与生产信息以政府提供为主，义务教育以政府投入为主，医疗卫生事业、社会保障等公共服务以政府为主、个人为辅的方式运转。

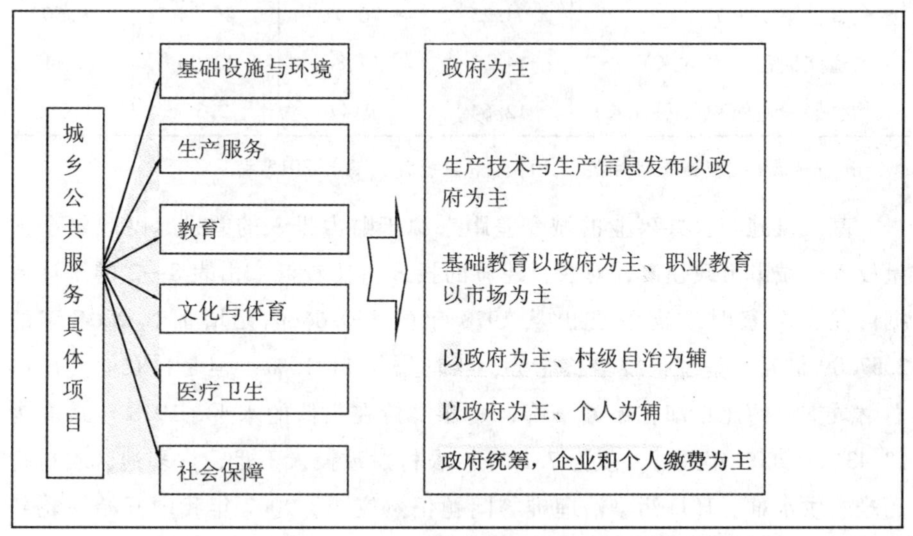

图 8—1　城乡公共服务具体项目及供给主体

一　城乡公共服务均等化的现状

（一）农村生产与生活性基础设施及公用事业落后

2013 年，全国城镇固定资产投资为 435748 亿元，农村固定资产投资为 10546 亿元，城镇是农村的 41 倍，造成城市日益繁华与庞大，农村则设施陈旧、发展缓慢。从反映城乡间公共服务的并不丰富的统计数据看，城乡间公共服务呈现出明显的由城市向乡村的减弱状态。自来水用水普及率城市已达到 97.56%，县城为 88.14%，建制镇为 81.73%，而农村只有 68.24%，有近 1/3 的农村人口没有用上自来水。燃气普及率城市为 94.25%，县城为 70.91%，建制镇为 46.44%，农村仅有 19.50%，大量的农村家庭仍然采用柴火灶炊事。人均硬化的道路面积从城市到乡村逐步减少，人均公园绿地面积也是城乡相差悬殊。

表 8—1　　2013 年城乡人均公用事业资源配置情况

项　目	城市	县城	建制镇	乡村
自来水普及率（%）	97.56	88.14	81.73	68.24
燃气普及率（%）	94.25	70.91	46.44	19.50
人均道路面积（平方米）	14.87	14.86	12.26	12.11
人均公园绿地面积（平方米）	12.64	9.47	2.37	1.08

资料来源：《中国统计年鉴 2014》，中国统计出版社 2015 年版。

基础设施与公共事业的城乡差距来源于财力投入的差别，财政资金大量投入于城市市政建设，对农村建设的投入占比较低。由表 8—2 的统计数据可见，国家财政支农支出从 1978 年的 150.66 亿元增加到 2004 年的 2357.89 亿元，呈现直线增长态势，年均增长 11.16%。但是，农业支出占总财政支出的比重却在不断下降，始终维持在很低的水平，1978 年最高为 13.43%；2003 年最低，仅为 7.12%。农村财政投入不足，许多地区农村行路难、供水难、环境污染治理难等问题仍然突出。2007 年我国开始一轮新农村建设，财政加大了对农业农村的投入力度，使农村的面貌有了较大的改观。由于从 2007 年开始，我国的财政预算科目进行了调整，使得 2007 年前后的支出统计口径不一致，难以连续比较。根据新的预算科目中农林水事务支出这项指标，2007 年该指标为 3404.7 亿元，截至 2012 年年底，增长到 11973.88 亿元，5 年增长 352%。相对于整体财政支出规模看，2007 年财政用于农林水事务的支出占整体财政支出的比重为 6.84%，截至 2012 年年底，这一比重提高到了 9.51%。近 5 年，财政支农有了很大改善，但是城乡之间基础设施失衡的状况并没有完全得到改变。

表 8—2　　国家财政用于农业的支出（1978—2013）　　单位：亿元

年份	支农支出	农业救济费用	农业科技三项费用	农业基本建设支出	农林水事务支出	农业支出占财政支出的比重（%）
1978	76.95	6.88	1.06	51.14		13.43
1980	82.12	7.26	1.31	48.59		12.20
1985	101.04	12.90	1.95	37.73		7.66
1989	197.12	15.70	2.48	50.64		9.42

续表

年份	支农支出	农业救济费用	农业科技三项费用	农业基本建设支出	农林水事务支出	农业支出占财政支出的比重（%）
1990	221.76	16.26	3.11	66.71		9.98
1991	243.55	25.60	2.93	75.49		10.26
1992	269.04	18.98	3.00	85.00		10.05
1993	323.42	19.03	3.00	95.00		9.49
1994	399.70	23.28	3.00	107.00		9.20
1995	430.22	31.71	3.00	110.00		8.43
1996	510.07	43.91	4.94	141.51		8.82
1997	560.77	40.36	5.48	159.78		8.30
1998	626.02	58.90	9.14	460.70		10.69
1999	677.46	42.17	9.13	357.00		8.23
2000	766.89	40.41	9.78	414.46		7.75
2001	917.96	47.68	10.28	480.81		7.71
2002	1102.70	44.38	9.88	423.80		7.17
2003	1134.86	79.80	12.43	527.36		7.12
2004	1693.79	85.87	15.61	542.36		9.67
2005	1792.40	125.38	19.90	512.63		7.22
2006	2161.35	182.04	21.42	504.28		7.85
2007					3404.7	6.84
2008					4544.01	7.26
2009					6720.41	8.81
2010					8129.58	9.05
2011					9937.55	9.10
2012					11973.88	9.51
2013					13349.55	9.52

资料来源：《中国统计年鉴》2005—2014年，中国统计出版社。

（二）城乡义务教育质量不平衡

近年来，一方面我国对农村义务教育的投入有了较大的改观；另一方面农村受教育的生源在减少，农村义务教育阶段的生均教育事业费、生均校舍面积、生均教师数量、生均运动场地、生均图书量等硬件指标均不输于城市。目前城乡义务教育的差距主要体现在教学的质量上，以及与教学质量密切相关的软硬件指标上，比如师资力量和教学仪器等方面，从教师的专业学历看，2013 年年底，农村小学教师拥有本科以上学历的比例是 25%，而城市小学这一比例是 58.1%，两者相差 1.32 倍；农村初中教师中拥有本科以上学历者占比 66.1%，城市初中教师拥有本科以上学历者占比 86.2%，两者相差 0.3 倍；而从拥有研究生学历的更高要求看，这一差距更加悬殊，城市小学拥有研究生学历的教师比例是 1.02%，农村小学拥有研究生学历的教师比例仅为 0.1%，两者相差 10 倍；城市初中拥有研究生学历的教师比例为 3.15%，农村初中拥有研究生学历的教师比例为 0.41%，两者相差 6.68 倍，可见，高学历人才很难进入并留在农村任教。从专业技术职务上看，城市小学教师拥有高级职称的比例是农村小学的 2.06 倍，城市初中教师拥有高级职称的比例是农村初中的 1.91 倍，因此，师资力量的薄弱是影响义务教育均等化发展的重要因素之一。从教学设施来看，城市小学生均普通教室拥有量为 0.021 间，即 50 名小学生一个班级；农村小学生均普通教室拥有量为 0.046 间，即 22 名小学生一个班级，城市是农村的 0.47 倍，城市小学的教室普遍更加拥挤，一位难求，远远达不到小班化教学的需求，教学质量也会受到规模过大的影响。但从更专业的教学设施来看，小学生均网络多媒体教室数，城市是农村的 2.29 倍，初中生均网络多媒体教室数，城市是农村的 1.43 倍；小学生均教学仪器资产值，城市是农村的 2.27 倍，初中生均教学仪器资产值，城市是农村的 1.43 倍。小学生均体育馆面积，城市是农村的 7.28 倍，初中生均体育馆面积，城市是农村的 5.14 倍，在真正专业化教学设施方面，城乡之间还存在较大的差距。由此可见，更高教学水平的教师队伍和更加专业化的教学设施是城乡义务教育非均等化的主要原因。

在非义务教育阶段，由于农村不直接设置普通高中，无法进行城乡比较，我们只能认为，相对于免费的义务教育，高中及大学的教育阶段，农民家庭的教育负担相对于收入水平更显沉重。加之大学生就业形势严峻，农村家庭子女受高等教育的积极性并不像从前那么高，学生入学率辍学率偏高，许多农家子弟中学毕业就外出务工。总体上看，农村学生受教育的年限明显低于城市学生，起点的不平等形成了代际的恶性循环。

表 8—3　　2013 年城乡义务教育资源配置情况

项目		城市	农村	均衡度（城市/农村）
生均专任教师数（人）	小学	0.053	0.068	0.78
	初中	0.073	0.089	0.82
专任教师本科以上学历比例（%）	小学	58.1	25.0	2.32
	初中	86.2	66.1	1.30
专任教师研究生学历比例（%）	小学	1.02	0.1	10
	初中	3.15	0.41	7.68
专任教师高级职称比例（%）	小学	2.76	1.34	2.06
	初中	21.8	11.4	1.91
生均图书馆藏书量（册）	小学	19.81	19.3	1.03
	初中	25.61	36.01	0.71
生均体育馆面积（平方米）	小学	0.1528	0.021	7.28
	初中	0.324	0.063	5.14
生均教学仪器资产值（元）	小学	1221	539	2.27
	初中	1720	1205	1.43
生均普通教室（间）	小学	0.021	0.046	0.47
	初中	0.023	0.037	0.62
生均网络多媒体教室（间）	小学	0.0126	0.0055	2.29
	初中	0.0149	0.0104	1.43

资料来源：《中国教育统计年鉴 2014》，人民教育出版社 2015 年版。

（三）城乡医疗卫生资源不平衡

卫生资源在城乡呈梯度分布是正常现象，大城市优于小城镇、小城镇优于农村，但卫生资源的差距要在合理的区间内，不能过于悬殊。目前，虽然近 90% 的行政村设立了卫生室，但卫生条件简陋，医生专业技术职务低，只能配些最简单的药品。有的卫生室缺少专业医护人员，形同虚设，农民看小病要跑乡镇卫生院。高学历的医护人员难以留在乡村基层工作，专业人才少、素质低。加上社会保障的缺失，农民看病难、看病贵的问题很突出。2013年，每万人医疗机构数（不包含村卫生室、门诊所和疾控中心等专业公共卫生机构）城市是0.8个，而农村是0.58个，城市是农村的1.38倍。这仅仅从数量上比较，还未考量医疗机构的规模与医疗水平，城市中有各类大中型医院和专业医院，而农村主要是乡镇卫生院和卫生所。规模等级不同的医疗机构也决定了床位数的差异，小医院、乡镇卫生所不具有治疗临床病人的能力，从每千人床位数看，城市是7.36张，而农村是3.35张，两者相差2.2倍，高于医疗机构数的差距。以人口统计的卫生技术人员数量，同样不考虑专业技术职务高低和学历高低，城市是每千人卫生技术人员9.18名，而农村只有3.64名，两者相差2.52倍。

表8—4　　2013年城乡卫生资源配置情况

项　目	城市	农村	均衡度（城市/农村）
每千人卫生技术人员数（名）	9.18	3.64	2.52
每万人医疗机构数（个）	0.8	0.58	1.38
每千人床位数（张）	7.36	3.35	2.20

资料来源：《中国统计年鉴2014》、《中国卫生统计年鉴2014》。

注：医疗机构不包含村卫生室、门诊所和疾控中心等专业公共卫生机构。

（四）城乡社会保障制度有别

城乡社会保障的差异首先是存在较大的制度性差异，城镇以五大社会保险为主体的制度体系日臻完善，而农村的社会保障制度仍然存在许多制度性缺陷。城镇职工养老在1997年建立起社会统筹和个人账户相结合的城镇企业职工养老保险制度，个人与单位共同缴费，社会统筹支付，不足部分由中央财政给予补助充实。而农村的养老制度截然不同，农村老龄化速度非常快，长期以来农民依靠土地保障和家庭养老的功能也在弱化。2009年国务院出台文件《关于开展新型农村社会养老保险试点的指导意见》，开始试点农民社会养老保险，并计划在2020年基本实现对农村适龄居民的全覆盖。截至2012年年底，城镇职工基本养老保险的覆盖率为

98%，而占户籍总人口近一半的农村人口基本养老保险参保率为82%，新型农村合作医疗参合率为98.1%，进城务工人员相当比例未享有城镇养老医疗等社会保障。

其次，尽管农村养老保险覆盖面在扩大，但保障水平却不尽如人意。当城乡社会保障在制度上不断趋同并逐步接轨时，城乡居民由于缴费水平和缴费年限的差别，导致保障水平存在巨大差距。我国农民养老保险采用的是“以个人缴费为主、集体缴费为辅、国家政策扶持”的政策，但实际运行中严重缺少集体缴费和财政补贴，参保农民在60岁后只能领取自己缴纳的保费和利息所得，多则每月几百元、少则几十元的养老金，基本不能发挥养老保障作用，使得农民参加养老保险的积极性很低。从国际经验看，世界162个国家和地区建立了社会养老保障制度，其中70个国家和地区的保障对象覆盖全部人口。资源分配不公形成了城乡居民相同生活的不同制度成本，阻碍了农村的发展，也进一步影响了健康的城市化进程。

表8—5　　　　2013年城乡社会保障基本情况

项　　目	城市	农村	均衡度
最低生活保障平均标准（元/年）	4479.6	2067.8	2.17
最低生活保障平均支出水平（元/年）	3170.4	1393.5	2.28
最低生活保障人数（万人）	2064.2	5388.3	2.61
医疗临时救助（万户次）	332.9	375.1	1.13

资料来源：《中国劳动与社会保障年鉴2014》，中国统计出版社2015年版。

此外，城乡最低生活保障制度也同样存在较大的城乡区别，农村最低生活保障救济标准低、救济款项不能按时发放等问题突出，2013年城市最低生活保障平均标准是每人每年4479.6元，而农村最低生活保障平均标准是每人每年2067.8元，两者相差1.17倍。从实际的收支水平看，最低生活保障平均支出水平城市是每人每年3170.4元，农村是每人每年1393.5元，两者相差1.28倍。从接受最低生活保障人数看，农村符合最低生活保障标准的人数是5388.3万人，是城市的2.61倍，农村中处于极度贫困的人群远高于城市。

二 当前城乡公共服务供给中存在的主要问题

（一）城乡公共服务均等化的突出矛盾

2007年党中央提出新农村建设的发展战略后，各级地方政府都加大了农村公共服务投建的力度，大力发展农村基础设施和公共服务事业，农村的道路、交通、饮用水供给、灌溉工程、农电配网、垃圾处理等基本设施，以及教育、卫生、文化生活等公共服务都有了明显的改善。但总体上看，公共服务无论数量还是质量，城乡差距仍然明显，而且这种差距与经济发达程度负相关，经济越不发达的地区，这种城乡差距就越显著。由于我国城乡二元体制阻碍仍在，城乡公共服务均等化的矛盾仍然突出，主要表现在以下几个方面

1. 城乡公共服务水平相距过大的矛盾

农村公共服务不仅增长慢，而且水平低。由于农村人口分散，产品性的公共设施和公共服务，如公共交通、文化、体育、医疗等设施供给水平偏低，有的甚至仅仅是形式上的供给而已，而制度性的公共产品与公共服务也维持在很低的水平，如前文所分析的教育、医疗、社会保障等制度，虽在不断改善和完善，但仍有较大城乡差距。歧视性的制度安排，固化了城乡公共服务的差别意识，长期以来城乡投入的差别对待导致城市与农村公共服务水平相差悬殊。

2. 城市公共服务增长速度高于农村的矛盾

财政对于公共服务的投资偏向于城市而忽视农村，人口的集聚效应降低了公共服务的成本，城市的集聚效应带动基础设施、公共教育、医疗等公益性资源向城市集中，金融信贷、民间资本也倾向于投资城市营利性公共服务领域，如民办教育机构、民营医疗机构、文化体育设施与服务等，造成城市公共事业发展迅速。而农村地区的一般公共服务主要依赖于有限的县乡财政投入和农民自身的筹资筹劳，自然而然地造成了城市公共服务增长快、农村增长慢的非均等化加剧。近年来，一些地区对农村建设的投入逐步加大，但城乡差距仍然较大。

3. 经济发达地区与欠发达地区间非均等化的矛盾

城乡公共服务均等化的关键在于增加农村的公共服务水平，而农村公

共服务的增长主要依靠地方财政能力，经济发达地区地方财政能力强，对于农村的投入相应有较大的增长。东部沿海地区的城乡整体发展较快，城乡差距相对较小；而西部贫困地区，城乡差距更加明显，中国东、西部地区经济实力相差悬殊，直接影响东部沿海发达地区与西部贫困地区之间城乡公共服务均等化程度的差距。

除此之外，城乡公共服务一体化供给还会面临其他的诸多矛盾，比如农村居民不断增长的公共服务需求与公共服务供给不足的供需矛盾，公共服务单一供给与多元供给的矛盾、政府提供公共服务与农村居民对公共服务的需求错位的矛盾、公共服务主体缺位等矛盾。

由于城乡公共服务一体化实践的长期性、复杂性，区域之间的千差万别，城乡公共服务一体化进程中的矛盾也各不相同、各有主次。由此带来在有限资金投入的情况下，如何有效推进农村公共服务供给的选择，重点要抓住主要矛盾①。

（二）实现城乡公共服务均等化的难点

基于上述的城乡公共服务均等化的主要矛盾，在实践中，城乡公共服务均等化也遇到了一系列的难点问题，当前必须要根据主要矛盾，迎难而上，加以重点攻克。

1. 消除城乡二元体制是促进城乡公共服务均等化的核心问题

城乡二元体制是造成城乡公共服务尤其是政策性公共服务分类供给的前置因素。人口被人为地划分成不同的群体，贴上身份的标签，以至在各类公共政策的供给上，如就业政策、义务教育政策、社会保障政策无不以此为据加以区分，造成城乡公共服务的明显区别。虽然近年来，城乡二元体制禁锢有所松动，但仍然影响着中国城市与农村的发展，阻碍我国城市化进程和市场经济活力的进一步释放。因此，进一步削弱城乡二元经济结构乃至彻底消除城乡二元体制，是推进城乡公共服务供给均等化的内核，如果我们对均等化的认识仅停留在财力向农村更多倾斜，多兴建一些基础设施上，那么城乡均等化就会舍本逐末，就会出现

① 吴业苗：《城乡公共服务一体化的若干思考》，《中共中央党校学报》2013 年第 3 期，第 92—96 页。

需求与供给脱节等矛盾。

2. 增加农村公共服务投资是城乡公共服务均等化的关键问题

公共服务的供给具有供给刚性，并不能因为城乡公共服务差距大而减少城市的公共服务，城乡公共服务均等化的重点是唯有不断增加农村公共服务的供给量，且增速要高于城市人均的公共服务增长速度，才能缩小城乡间的公共服务水平差距，从而走出农村公共服务供给不足的困境。当前，农村公共资金投入渠道单一，主要依赖于省、市、县、乡财政资金；农村信贷资金供给不足，农村金融体制机制不完善，金融对农村发展的支持力度有限；民间资金难以有效涉及农村公共基础设施与服务领域。从总量上看，各级政府虽然加大了对农村公共服务的投资力度，但仍与农村建设与发展的需求相差甚远，与此同时，基层财政配套能力不强，很多项目都要求有相应的配套资金，导致地方政府特别是欠发达地方政府财力往往不堪重负，进一步加重了政府隐形负债。

3. 完善农村公共服务供给制度是城乡公共均等化的难点问题

农村公共服务供给的制度普遍落后，相应的机制不健全不完善。其一，一些基本制度如农村基础养老保险制度等不健全，建设进展缓慢，保障力度过小，迟迟难以发挥有效的保障作用，农民觉得用处不大，参保积极性不高。其二，农村公共资金使用缺乏有效监督管理机制，公共资金管理混乱，滥用和挪用现象严重，如上级财政的专项资金到达基层后被用于平衡县乡财政预算等，致使供给效率低下。其三，农村公共服务供给缺少基本的制度安排，带有较强的随意性和长官意志，一些公共服务项目缺乏科学论证，建成后利用率非常低。其四，农村公共服务项目重建轻管，后续管理、运行、维护无保障。例如小型农业水利工程，有人用、无人管，泵站、灌溉设施丢失被盗现象时有发生，农村道路损坏无钱修补，“农家书屋”图书陈旧、少人借阅等，管理机制不建立、不落实，乡村两级普遍缺乏管护的积极性。

4. 缩小地区间城乡公共服务差距是城乡公共服务均等化的棘手问题

作为一个地域辽阔的大国，区域之间公共服务的不平衡是客观存在的现实，尤其在农村地区，当东部经济发达地区农民家用电器升级换代，汽车、洋楼进入百姓家时，西部贫困地区农村还在为用水、用电发愁。地区差异是客观存在的，不可能要求地区间的趋同，但是城乡公共服务均等化首先是个公平、公正的伦理问题，不仅要实现区域内城乡公共服务的均等化，也要逐步缓解地区间公共服务的差距问题。

5. 农村公共服务需求与供给错位是城乡公共服务均等化的普遍问题

一直以来，农村基础设施供给的决策往往不是源于农村社区内部的需求，而是来自基层政府自上而下的行政指令。基层政府作为提供公共服务的受托人，在缺少公共选择的条件下，会难以正确选择或者忽视农村居民的真实需求。例如，基层政府更倾向于见效快、出“政绩”的公共服务项目，更倾向于看得见、摸得着的基础设施建设项目，更倾向于上级考核的防洪防涝设施、农村电网改造等项目。而对基础教育、医疗卫生、环境保护等战略性公共服务供给缺少积极性，对农业技术推广、农村发展规划、农村污染治理等服务性公共服务缺少积极性。此外，与生产性公共服务相比，基层政府也更偏好于提供非生产性的公共服务，如大量的乡镇财政供养人员以及各类政策、各项达标活动等，耗费了相当一部分公共服务成本，有的甚至是以筹资为目的向农民提供虚假和无意义的公共服务。而农民真正需要的公共服务持续缺乏，农村推行的“一事一议”筹资筹劳方法仅限于少量由村民集资的项目，对于更主流的公共服务项目并无影响决策的作用，由于农民缺少表达自己需求的渠道，农民的弱势地位使农民群体对生产生活等公共物品与服务的要求无法传递给决策者，久而久之，农民甚至对于公共服务需求的表达机会也表现冷漠，如村民自治中的选举问题等。

三　加快城乡公共服务均等化建设

（一）构建农村公共服务投资多元化机制

城乡公共服务的均等化，重点是农村落后的公共服务供给如何增加，使之缩小与城市差距的问题，增加农村公共服务供给，钱从哪里来，是城乡公共服务一体化的核心问题。因此，要开源节流，构建农村公共服务筹资的多元化机制。健全农村公共服务筹资机制需要进一步统筹规划，完善引导机制、决策机制，突出财政主体地位，逐步形成公共财政投入有效增长、金融机构扩大信贷、社会资本广泛参与的多元化、多层次、可持续的农村公共服务投资长效机制。

1. 建立财政支农稳定增资机制

农村公共服务的属性和公共财政本身的特点表明，财政投入及相关政策的实施是城乡公共服务一体化建设中的主角。一是要明确各级财政在农村公共服务中的支出责任，要按照党的十八届三中全会提出的建立事权与支出责任相适应的财政体制入手，进一步明确农村公共服务项目中的各级财政支出责任。二是农村生产生活性公共服务项目投资必须强调以政府投资为主，落实中央“三个高于”的要求，逐步提高地方财政支农支出占地方财政总支出的比重，并要形成制度加以保障，使财政对农村建设的投资增长政策稳定化、制度化。三是进一步调整财政支农结构，在财政支农资金的预算分配上，重点向基础性、公益性、保护性支出倾斜，加大对农业基础设施的投入，尤其是要支持农田基本建设、农村电网、农田水利、排污治理、垃圾处理等基础设施建设。

2. 加大支农资金整合力度

农村公共服务投资涉及多个政府部门，资金分散使用，不能形成合力。近年来，已经有了一定程度的整合与归并，但力度还远远不够。当前要以重点建设项目、区域和产业为纽带统筹安排各种渠道的支农资金，集中使用，提高财政支农资金的使用效率。要减少划拨中间环节，让财政支农资金直接集中支付①。要坚持以县级为平台，中心乡镇为载体，推进支农资金整合工作，整合财政支农资金多级渠道，保证财政支农资金安全运行。

3. 发挥农村金融体系对公共服务的支持作用

一方面，要加快金融改革，发挥农村信用社与邮政储蓄银行的支农作用，在落实相应风险保障措施的前提下，鼓励农村信用社等金融机构积极介入乡镇的供水、供电、广播电视、通信等基础设施建设；另一方面，要拓宽政策性农业金融机构的业务范围，使其从单纯的粮棉油购销信贷业务向农村建设信贷等多业务并举拓展，在支持顺序上，可以优先支持一些发展基础较好、承贷主体明确、见效快的项目，如农村小水电建设等相关的农村基础设施建设。

① 傅爱民、胡振虎：《整合财政支农资金加大农村基础设施投入力度》，《华中农业大学学报（社会科学版）》2007年第2期，第75—78页。

4. 多渠道吸引社会资本投资农村公共服务

根据农村公共物品的产品属性来确定不同的投资方式，对于具有一定营利空间的公共服务项目应及时地放宽政府管制和市场准入限制，按照“明晰所有权、放开建设权、搞活经营权”的原则，积极鼓励社会资本和农民筹资建设管理，逐步形成多渠道、多元化的投资体系。创新各种投融资模式，目前广泛运用于城市市政投资与建设的投融资模式，如PPP、BOT、TOT等，同样也可以运用于农村饮用水供水、农村公共交通、沼气能源、垃圾处理、民办教育、农村文化生活等领域。

（二）实现城乡公共服务规划一体化

城乡公共服务规划一体化应重点加强在空间和时间上的统一战略布局，从全局角度出发，按照有利于公共服务体系城乡全覆盖、功能完善、分布合理、管理有效、水平适度的要求，对涉及城乡公共服务的法律、法规及政策进行统一的修订和完善，对城乡服务项目建设的空间分布进行科学的调整，实现城乡公共服务规划的统一和水平的均衡，使城乡居民平等享有基本公共服务。

对城乡公共服务发展目标进行整体性规划，重点实现城镇生活性服务设施向农村地区的延伸。供水、供电、交通、通信等服务设施要实现城乡统一规划，以城镇带农村发展。农村布局需要科学地加以调整，一方面通过乡镇的撤并，将部分乡镇并入周边强镇，实现强镇对周边农村地区的辐射带动效应；另一方面对行政村进行撤并，增加村集体的发展能力，对山区偏远自然村、无人村等进行移民下山工程，将村庄人口迁移到山下村庄，既提高了这些偏远山村村民的生活质量，也利于政府提供均等化的基础设施与公共服务。

（三）建立科学的转移支付制度，促进区域间财政能力均衡

公共服务的投资能力与经济发展水平成正比，对于经济不发达的地区而言，更多地要建立科学合理的转移支付制度来实现农村公共服务的供给。要科学划分财权事权，完善财政转移支付制度，强化基层财政能力，推进地区间公共服务均等化，从体制机制上缓解地区间农村公共服务投资能力的巨大差异。

相对于一国的省域差距，一省之内的公共服务城乡均等化更需要、也更应该尽快实现，省级政府有义务也具备财政能力来缩小省域内的地区差别。因此，需要省级财政统筹兼顾各地发展，重点加大对欠发达地区农村建设的专项转移支付力度，大中型服务设施建设要对基层降低配套比例要求，不断增加对中小型服务设施建设的补贴力度①，缓解基层地方政府财政压力，有效地帮助贫困地区农村生产生活条件的改善。

（四）发挥村民自治作用，维护农民利益

充分发挥村民自治在公共服务供给决策中的作用。实践证明加强村民自治是建立现代乡村自治的重要环节，在农村公共物品与公共服务的决策上，村民自治可以有效地表达村民对公共服务的需求，解决政府在公共服务提供中的需求错位问题。在集体资金和农民自筹资金的投入上，要健全“一事一议”制度，完善村民自治背景下的需求表达机制。对农村公共服务的需求顺序，农民自己最清楚，农村公共服务事业的发展理应尊重农民的意愿。在此基础上，我们既要保留政府农村公共服务投资部分的决策权，又要鼓励农民参与到农村公共服务投资决策中来②，通过建立良好的需求偏好反馈机制，使农村公共服务投资决策由“自上而下”的单向通道向“自上而下”统一规划与“自下而上”需求反馈相结合的双向通道转变，最终形成政府与农民共同决策的机制。

（五）发展农村集体经济组织，壮大农村经济实力

村集体一直以来是乡村公共服务供给的重要力量，在整治村庄环境、兴建基础设施、兴办公益事业等方面的投资中占到1/3的份额。因此，壮大村级集体经济仍将是促进村庄公共物品供给与公共服务事业发展有效手段。乡村集体经济的发展需要制度的长期性保证，从政策层面看要完善现有的支农政策，制定助推村集体经济发展的有效政策，推动经济薄弱村积极转变发展方式，更好地把握市场规律，实现持续增收。政府部门牵线搭

---

① 马晓河、刘振中：《“十二五”时期农业农村基础设施建设战略研究》，《农业经济问题》2011年第7期，第4—10页。

② 张秀莲、王凯：《我国农村基础设施投入的地区不平衡性研究》，《经济体制改革》2012年第6期，第97—100页。

桥开展乡村联合、村厂协作，帮助引进一些项目、资金和技术，逐步发展和壮大村级集体经济。

四　案例:海宁市公共服务均等化改革的实践

海宁市位于中国长江三角洲南翼杭嘉湖平原，浙江省北部，行政隶属于嘉兴市，全市面积668平方公里，其中平原占87.94%，山丘占1.81%，水域占10.25%。水系发达，阡陌交通，农业气候条件优越，物产丰富，素有"鱼米之乡"美称。改革开放以来，依托毗邻上海和杭州的区位优势，海宁市乡镇工业经济有了飞速发展，是全国的皮革、经编、家纺、太阳能、集成灶产业的基地之一。多年来列入全国百强县（市）、浙江省前十强县（市），是长三角地区最具发展潜力的县级市之一，同时也是钱塘江北岸实力最强的县级市，2014年海宁市农村居民人均纯收入达25786元，高出全省平均水平30%以上。强大的经济实力以及富饶的水乡地貌为海宁市推进城乡公共服务一体化建设创造了有利的条件，是浙江省最早实行城乡一体化改革试点的区域。

（一）海宁市推进城乡公共服务均等化的优势

1. 优越的自然资源与农业基础

海宁市地处长江中下游平原，温带气候四季分明，充沛的雨水、便利的灌溉、广阔的平原、优质的土壤造就了农业的持续繁荣，被誉为江南"鱼米之乡"。农耕时代一度成为全国最富饶的地区之一。良好的农业基础也造就了今日现代化的农业生产，"公司+农户"、"基地+农户"、"合作经济组织+农户"等形式促进了农业的组织化、产业化和现代化水平。浙江农业厅发布的《2013年浙江省农业现代化建设进程综合评价报告》显示，全市农业增加值指数、农产品质量安全指数、劳动生产率、农技推广服务指数、农业废弃物利用率、农民收入指数这6项指标相对2015年目标值实现程度超过100%，表明海宁市提早实现了2015年的农业现代化建设目标。全市农业龙头企业达48家，其中省级农业龙头企业6家、嘉兴市级农业龙头企业28家，2013年实现产值36.27亿元；全市家庭农场达381家，规范化农民专业合作社、各级示范性农民合作社培育并开展专门培训和指导，全市共培育农民专业合作社 155 家，带动农户 7.73 万户。实施“2515”现代农业提升战略，加强农业“两区”建设，全市共有现代农业园区 35 个，其中列入省级创建园区 24 个。全市已建成粮食生产功能区 122 个、面积 10.6 万亩。建立了责任农技制度和“三位一体”基层农业公共服务体系，大力推进植保、农机等社会化服务，增加农民收入。

2. 乡镇工业经济发达

改革开放后，海宁乡镇企业经历了一个快速发展的阶段，海宁乡镇企业起步于 1979 年，1984 年全市乡镇企业总产值 46418 万元，平均每年递增 45%。海宁市政府大力扶持乡镇企业发展，乡办、村办、户办、联户办“四个轮子”齐转，使乡镇经济有了飞跃的发展。1985 年乡镇企业总产值 8.9 亿元，占全市工农业总产值比重达到 50%，得益于乡镇工业的迅猛发展势头，海宁一跃成为全省上缴利税突破 1 亿元大关的四大富县之一。在产业选择上，海宁的乡镇经济选择皮革、轻纺、丝绸、经编等拥有自身特色和有一定生产、市场基础的行业作为发展重点，支柱产业的形成促进了海宁乡镇企业总量的稳步快速发展，在 1993 年乡村二级集体经济工业总量中，仅皮革、轻纺两大行业的比重就达到 53%①。1993 年被列为全国农村综合经济实力百强县（市）行列。大量乡镇企业从微不足道的小作坊到跻身名牌产品的行列，从厂房简陋的村办企业到民营上市公司，极大地壮大了海宁城乡经济综合实力。乡镇经济起步早，农村经济实力强，是推进海宁城乡公共服务一体化的有利条件。

3. 城乡收入差距相对较低

海宁可以说是在浙江乃至全国城乡收入差距最小的地区之一，全国的城乡收入差距水平进入 21 世纪以来不降反升，城乡居民收入比值一直维持在 3 倍以上，最高一年达到 3.33 倍，而海宁市的城乡收入差距在全国处于较低水平，基本上维持在 2 倍左右，最低值为 1.91 倍。由以上数据不难看出海宁市城乡差距不大，农村基础好，农民生活水平明显优于全国平均水平。海宁城乡差距的缩小主要得益于皮革、家纺、经编等多个乡镇企业、民营企业产业集群的快速发展，就地转移了大量的农村剩余劳动

---

① 钱满程：《乡镇企业使海宁再登高节》，《人民论坛》1996 年第 2 期，第 53 页。

力，从农民收入的增量看，来自第二、第三产业的收入增幅又大大超过了第一产业。正是由于城乡差距小的优势，海宁及周边县市也适合作为城乡公共服务一体化建设的试点县市，率先建成城乡公共服务一体化的典型，事实上，海宁所在的嘉兴市正是浙江省统筹城乡的试点地区。

表 8—6　海宁市城乡居民收入差距与全国的比较

年份	海宁市			全国		
	城镇居民可支配收入（元）	农村居民纯收入（元）	城乡收入比	城镇居民可支配收入（元）	农村居民纯收入（元）	城乡收入比
2005	16684	8089	2.06	10493	3254	3.22
2006	18236	8752	2.08	11759	3587	3.28
2007	20653	10200	2.02	13785	4140	3.33
2008	23080	11577	1.99	15780	4760	3.31
2009	25675	12781	2.01	17174	5153	3.33
2010	28972	14551	1.99	19109	5919	3.23
2011	33188	17397	1.91	21809	6977	3.13
2012	37634	19364	1.94	24565	7917	3.10
2013	41397	21359	1.94	26955	8896	3.03

资料来源：《中国统计年鉴》历年，《海宁市年度统计公报》历年。

（二）海宁市城乡公共服务均等化的做法与成效

1. 统筹城乡规划，推进城乡基础设施建设的一体化

海宁市从 2004 年起，开始新一轮城乡一体化的规划与建设，重点推进以交通、能源、供水、信息通信四大基础网络为代表的公共基础设施一体化建设。目前已形成布局合理、设施先进、功能齐全、适度超前的城乡基础设施系统框架，初步实现城乡基础设施现代化。

完成城乡内外衔接的多层次立体城乡交通系统。公路网密度达到 110 公里/百平方公里，乡级以上公路总里程约 800 公里，通村公路达到 800 公里，等级路面比重达到 100%。初步形成“三横九纵五连”的干线公路网，构建起市区 90 分钟交通圈。发挥水网航道优势，建成功能明确、运输便捷的航道网，

以四级航道为骨干，五级、六级航道为主线，一般航道相配套，形成2条骨干航道、5条主要航道。建成城乡公交一体化，于2010年率先全省实现村村通公交。实现城乡能源供应结构的优化，农村地区全面建立高效、洁净、可靠的电、气供应体系，城乡工、农业生产生活用电、配电网用户供电可靠率达99.98%。市区气源逐步以液化天然气为主要气源，以瓶装液化石油气为辅，气化率达90%，输配管网长80公里，中压管道逐步敷设到各镇，盐官镇、袁花镇、长安镇、尖山围垦区逐步由瓶装液化气过渡到管道液化天然气。城乡饮用水供水网络建成，以区域性供水为主，统一城乡规划，新增地面水厂日生产能力达到40万吨，一体化供水管网150多公里，实现乡镇自来水管网与地面水厂联网，地面自来水普及率达到100%。同时加大对水环境治理，保护水源，全面禁采深井地下水，控制水质恶化，保持在Ⅱ类水标准，供水水源和自来水厂出水水质均达到国家标准。城乡信息通信基础网络达到先进水平，广播电视和光缆通村入户工程建设步伐加快，已实现全市城乡个个小区、村村组组通光缆，广播电视节目传输与宽带数据传输两个网络平台全覆盖，城乡家庭电话普及率达100%，家庭宽带覆盖率达100%，农村宽带普及率达62%。

2. 统筹城乡基础教育事业发展

海宁全市所有镇（街道）都是省教育强镇（街道），得益于该市对统筹城乡教育事业发展的重视。一是实施教育经费市级财政统筹保障。完善“分级管理、以县为主的义务教育管理体制”，逐年加大对农村教育费附加的统筹比重，农村教师工资待遇发放责任逐步上收由市级财政负责，至2010年，农村教育费附加统筹达100%，农村教师工资、奖金、福利全部由市级财政统发；加大县（市）级财政的统筹力度，在全面实施“一费制”的基础上，逐步提高农村中小学生均公用经费的标准，提高县（市）级财政的补助额度。二是优化学校布局。完成农村中小学布局调整，在农村镇（街道）所在地分别建设1—2所24班规模以上的小学和初中，撤并农村小学、初中各1/3的学校布点，消除农村6班以下小学，使得农村小学、初中校均人数分别不低于800人和1500人；全面实施“标准化学校建设工程”，已完成硖石小学等24个城乡学校项目建设，农村学校办学设施、教学装备均达到国家标准，基本实现义务教育阶段学校办学条件现代化，成为全国首批义务教育发展基本均衡市。三是大力推进教育信息化进程。农村中小学音、体、美、劳及教学仪器实验装备达到国家和省规定Ⅰ类标准，农村完小以上全部建成计算机网络系统、闭路电视系统和校园广播系统，全面实施多媒体教育和信息技术教育。全市各级各类学校和幼儿园全部实现宽带联网，共享网上优质教育资源，提高教育质量。四是率先普及15年教育。在9年中小学义务教育的基础上，加快发展学前教育，形成以公办托幼园所为骨干和示范，社会力量举办托幼园所为主体，公办、民办、联办等多种形式相结合的发展格局，目前全市学前三年幼儿入园率达99%以上，2—3岁幼儿受教育率达到70%；全面普及高中段教育，扩大高中段教育办学规模，基本完成高中段学校向城区集聚的任务，全市初升高比例达到99%以上，其中农村学生初升高比例不低于95%；积极创建各类示范性学校，努力扩大高中段优质教育资源，使城乡学生享有平等的升学和优质教育的机会；积极探索职高办学模式的多元化，以教育中心建设为契机，积极整合职教资源，做大做强职业教育。五是全力推进“名优”工程。城镇和农村全面推行教师聘任制，建立和健全教师流动机制，城镇与农村、公办与民办学校教师实施无障碍交流；加强教师继续教育，高度重视农村中小学、幼儿园教师岗位培训，目前，全市城乡中小学教师学历合格率达到100%，高中教师研究生学历达到20%以上。

3. 加快农村群众文化体育事业发展

加快农村基层文化设施建设，全市镇（街道）、村（社区）的文化设施覆盖率、设施面积拥有量和设备档次达到同类先进城市水平。各镇（含马桥街道）全部建成达到省级“东海文化明珠工程”标准的文化中心，各行政村均实现农家书屋全配备，高标准阅览室面积达到80平方米以上、拥有图书报刊3000册以上，专职文化管理员负责日常管理；行政村“一村一法律顾问”、“星光老年之家”实现全覆盖，各镇建有“两场一室”，即篮球场、门球场或羽毛球场、体育健身室；行政村建有“一场一室一点”，即：篮球场、体育健身室、全民健身苑（点）。积极探索农村新社区长效管理体制，进一步健全服务网络，建成了“五室四站三栏一中心一场所”〔五室即：综治（调解）室、多功能活动（村民会议、社区学校、远程教育）室、图书阅览室、文化（老年）活动中心（室）、社会保障服务室；四站即：社区党员服务站、社区卫生计生服务站、社区事务站、农业综合服务站；三栏即：宣传栏、党务公开栏、村务公开栏；一中心即："一站式"服务中心；一场所即：室内外文体活动场所〕等一批公共服务设施，实现农村社区管理"横向到边、纵向到底"全覆盖；深入开展"双结对"、"种文化"和群众性生态文明创建活动。各项社会事业快速发展，形成农村15分钟生活服务圈，农村居民幸福指数稳步提高。

4. 逐步建立城乡一体的基本医疗保障管理体系

一是推进镇政府所在地卫生院向社区卫生服务中心转型。建成融预防、医疗、保健、康复、计划生育技术指导服务为一体的经济、便利、综合、连续的城乡社区卫生服务体系，实现社区卫生服务城乡居民覆盖率达到100%。二是率先启动了"镇院市管"优质医疗资源下沉计划。海宁市区最大的三级乙等医院海宁市人民医院等市属医院与镇社区卫生服务中心建立协作医院关系，开展名医坐诊、技术指导、医师传带等合作方式，提升基层卫生水平，让基层的老百姓在家门口就能享受到县级医院的部分医疗服务。三是积极稳妥推进基本医疗保险政策体系的优化。农村居民医疗报销额度逐年提升，镇（街道）社区卫生服务中心补偿比例85%；县级医院等补偿比例80%。目前海宁市低保人群基本医疗实现免费；医疗支出大于其上年度家庭收入的重大疾病患者，也可以获得60%的救助①；率先启动"健康海宁"建设，试行合作医疗大病保险制度，全面实施国家基本药物制度，截至2013年年底，全市参合率达到99.75%。

5. 大力发展农业与农村科技

以都市型农业为发展目标，推进城乡科技一体化，加大农业科技的投入力度，农业和农村科技投入占全部科技三项经费的30%以上，科技进步贡献率达到70%以上，农业先进适用技术覆盖率提高到90%左右，优质良种覆盖率为98%以上，农产品加工转化率提高到30%以上；农技人员素质得到较大提高，乡镇农技人员基本达到大专以上文化程度，农业专业大户普遍获得农民专业技术职称。农业科技总体水平走在嘉兴以及全省的前列。

6. 实现城乡居民基本社会保障一体化

实现城市化进程中被征地农民社会保障一体化，率先实现与职工基本养老保险制度的整合和并轨。通过适当提高被征地农民基本生活保障参保

① 余延青等：《统筹城乡，海宁一直在路上》，《嘉兴日报》2014年11月25日。

缴费标准，或通过一次性补缴基本养老保险费，将其直接纳入职工基本养老保险体系；加快城乡居民合作医疗、被征地农民医疗统筹和职工基本医疗保险制度的整合，实现经办、管理和信息系统三统一。按照先整合后优化的顺序，在三项医保制度整合的基础上，再进行制度的优化，建立城乡一体的基本医疗保障体系；实现失业保险城乡一体化；实现生育保险城乡一体化；实现企业退休人员社会化管理服务城乡一体化；实现不同社会保障制度间的无缝对接；实现城乡低保社会救助城乡一体化。

（三）海宁市城乡公共服务均等化建设的经验

1. 重视城乡一体化建设中的整体性规划

城乡一体化的内涵决定了必须统筹市域规划，搭建城乡协调发展的基本构架。城乡建设规划的基本责任单元是县级政府，城乡协调发展的基础在于县域范围内的一体化规划，并在此基础上形成城乡一体化发展的基本构架。因此，要用城乡一体化发展的战略思想与视角去统领全县域范围总体规划，实现规划的全覆盖。海宁市早在2003年，就专门成立海宁市城乡一体化工作领导小组，负责统筹协调城乡一体化试点工作。2014年12月，海宁市出台了一系列城乡一体化规划，包括《海宁市城乡空间布局一体化专题规划》、《海宁市产业协调发展专题规划》、《海宁市城乡基础设施一体化专题规划》、《海宁市城乡劳动就业与社会保障一体化专题规划》、《海宁市城乡社会发展一体化专题规划》、《海宁市城乡生态建设和保护一体化专题规划》等六项专题规划，为推进城乡一体化建设提供了制度保障。各项专业规划形成合力，注重城乡总体和各专项之间的衔接，加强对统筹实施城乡社会发展一体化社会资源的合理配置。

2. 坚持政府引导、市场运作的投融资方向，鼓励社会资本参与建设

资源的配置，坚持政府与市场实施相结合，按照投融资体制改革的方向，明确政府在基础设施和公共服务建设中制定发展规划、确定重大项目、统筹财政资金、协调配套政策等方面的导向作用；同时充分发挥市场机制的基础性作用，对有一定回报的建设项目与服务项目，政府要创造积极的条件鼓励企业或民间资本进入。对于竞争性的项目，政府则应把资金主要投向那些非竞争性、无偿还机制的项目，让市场机制在资源配置中充分发挥作用，把投入的重点放到农村，增加对农村的投入力度，均衡城乡

社会公共事业发展水平。

3. 稳步增加财政资金的必要投入力度，重点用于基础设施和公益性服务领域

地方政府财政资金是城乡一体化建设中的主要资金来源，在城市的建设中能运用市场手段将具备营利空间的基础设施项目和公共服务项目引入社会资本，而农村公共服务领域大多不具有盈利性，更多地要依靠财政资金对农村的支持。海宁市通过逐步提高财政预算资金用于农村基础设施建设的比重，加大对公益性公共服务项目的投入，重点投向水利、道路、供水、教育、社会保障等方面。建立相对集中、稳定增长的财政投入制度，采取资本金补助和贷款贴息等投入方式，吸引和拼盘非财政性资金，提高财政资金的使用效率。

4. 探索创新财税、金融和土地等各项配套改革，努力为城乡均等化发展创造宽松的环境

遵循公共服务事业发展的规律，进一步深化改革，加快机制和体制创新，继续完善和落实各项经济政策。在金融、土地、价格、税收等方面给予公共服务建设更多支持，金融企业要加大对公共服务事业的支持力度，在贷款利率、还款期限、担保要求等方面区别于一般的商业性贷款项目；政府也应采取财政资金贴息等方式，支持利用贷款兴建社会事业项目；对公益性社会事业项目要继续按上级有关精神，继续给予相关规费和税收减免优惠，在建设用地上予以倾斜安排；对列入各级重点的基础设施项目，其用地原则上采取行政划拨方式取得，在用地指标上给予倾斜安排，并优先予以办理相关手续。要进一步理顺价格补偿机制，对社会事业领域的价格收费，在按成本补偿的基础上，允许在政府规定的范围内，获取一定幅度的回报。

5. 探索农村股份经济合作社改革，发展集体经济，促进农民市民化进程

海宁市城乡公共服务均等化的优势在于农民较富，而农民收入来源中很大比重是乡镇工业经济和农村集体经济的发展。目前，农民集体经济的进一步改革是建立村级经济股份制，探索村股份经济合作社“公司化”运作，让农民的利益与农民身份脱离，在城市化进程中保护农民的切身利益。海洲街道新桥股份经济合作社是海宁市公司制改革的试点单位之一，

经过开展“经社分离”的改革探索，农民成为合作社的股东，享受到了集体资产的增值与分红，股东身份与农民身份脱离，可以使其顺利进城落户，成为城区的市民。海宁市农村股份制改革以来，当地农民已经获得股份分红超过 5000 万元。

第九章　城乡统筹视角下的新型城市化：户籍制度改革

新中国成立以来，作为一种资源控制的手段，二元户籍制度把全体公民划分为彼此分割的、不平等的两大社会集团，“农业户口”和“非农业户口”这两种不同的户籍享受不同的权利、承担不同的义务、获得不同的待遇。

改革开放后，随着市场经济体制改革深入与人口的自由流动，这种城乡分割的户籍制度直接从制度层面上阻碍了中国的城市化进程。中国的城市化进程表现出“半城市化”的特征，进城农民工长期在城市工作、生活，却得不到城镇户籍，无法享有平等的城市社会福利，因此并没有实现真正意义上的“市民化”。庞大的农民工数量在城市与乡村之间构成了一个新的群体，他们户口是农村户口，在城市中持有城镇居住证，仅享有少量的城市福利待遇，城乡户口之间等级性向城市内部拓展①，并在此基础上构成了城乡三元结构。

农民工无法融入城市，大量游离于城市边缘，游走于城市和乡村两地，候鸟式的迁徙带来一系列的经济成本与社会问题。农民工进城的历史将近30年，他们子女已到了成家立业的年龄，这些“农二代”生于城市长于城市，有着比父辈们更迫切的城市化要求。我国以户籍计算的城镇化率远低于以常住人口计算的城镇化率。党的十八大报告中明确提出：“加快改革户籍制度，有序推进农业转移人口市民化，努力实现城镇基本公共服务常住人口全覆盖”，指明了户籍制度改革的方向。

---

① 严士清：《新中国户籍制度演变历程与改革路径研究》，华东师范大学博士学位论文，2012年。

中国户籍制度改革的最终目标是建立全国统一的户籍制度，这一点学界几乎达成共识。但是，中国二元户籍制度改革采取渐进式还是激进式改革，目前有争论。陆益龙等学者认为我国户籍制度改革必须“剥离附加在户籍制度之上的福利待遇”，“现行的两种改革模式：准入制和居住证制度过于缓慢，无力于化解改革阻力”（赵德余，2009）。尽管如此，大多数学者都认可循序渐进式的户籍制度改革方式，具体的措施包括：一是加强户籍立法、以法制建设推动户籍制度改革（俞德鹏，2002）。二是推行居住证制度改革，通过三元户籍结构使二元户籍结构间接地过渡到一元户籍结构。如陈彤（1991）提出三元户籍制度构想，即设立“准非农业人口”户籍，杨芳勇（2008）提出的“农业人口—城市常住人口—非农业人口”的三元户籍制度模式。三是主张彻底废弃现行的户籍制度，以身份证管理制度代替户籍管理（何锦前，2009）。四是从对户籍制度功能入手，提出对流动人口实行居住登记制度、逐步建设合理的户口迁移制度等过渡式改革（张静，2009）。此外应该认真对待削弱或取消户籍制度可能带来的风险，户籍放开宜循序渐进，逐渐降低城镇户口所附着的福利，应按城市区别对待，走增量之路，不能搞“一刀切”（傅勇，2005）①。

显然，在中国进行户籍制度改革是一项复杂的系统工程，涉及方方面面的政策调整。渐进式户籍制度改革路径中，降低落户门槛、统一城乡户口登记或是居住证制度改革，都取得了一定的成绩但也存在不足，需要我们对各种户籍制度改革政策进行对比分析。户籍制度改革的研究要系统分析制度演变过程，遵循改革的客观规律，总结改革中的经验教训，提出切合实际、行之有效的户籍制度改革策略。

一　户籍制度改革的简要回顾

改革开放以来，随着农村人口的外出流动和城市化进程的逐步推进，户籍这一和城乡变迁息息相关的基本制度也处于不断的小步微调中，30多年来无数次的调整与改进，使得农村剩余劳动力得以适应繁复多变的各

① 傅勇：《户籍改革宜渐进有序——与主张全面取消者商榷》，《经济学家》2005年第4期，第61—65页。

种政策条件源源不断地挤入城市之地。尽管我们说户籍制度阻碍和制约了农村劳动力的城市化进度，但也不得不承认，户籍制度在一定程度上保证了农村人口城市化的质量与社会稳定。在此，对于改革开放以来户籍制度政策演变的回顾将更有利于我们梳理户籍制度改革的来龙去脉，更清楚地判断和分析户籍制度改革的方向，更科学地提出推进户籍制度改革的措施。

（一）小城镇户籍管理制度改革

家庭联产承包责任制使农村的劳动生产率大幅提升，在农民手中的土地没有增加，农业生产效率提高的同时，农村大量隐性失业现象迅速显露出来。对农民来说，与其在家守穷，不如外出挣钱，先辈们外出“闯关东、走西口”的历史又一次在年轻一代农民身上出现。20 世纪 80 年代，“农民工”成为中国社会的一个新生名词，以浙江为例，改革开放后，温州、台州、金华等“人多地少”特征显著的丘陵地带农民一批批走出家乡，闯荡全国。据统计，浙江省永嘉县外出打工者 1980 年就达到 1 万多人，1983 年达 3.6 万多人，1985 年突破 8 万人，而永嘉县总人口不过 70 万人①。

1983 年的中发一号文件《当前农村经济政策的若干问题》中提出：“农村有大量的能工巧匠、知识青年和复员退伍军人，要允许农村的任何经济组织招聘他们去工作”②。这个文件实际上废止了自 1958 年以来禁止农民外出务工等自由活动的老政策，开始了我国小城镇户籍制度的改革。小城镇户籍制度改革大致经历了三个时期：自理口粮户籍时期、城镇有效居民户籍时期和全面放开小城镇落户限制时期。

1. “自理口粮”户籍政策的实施

1984 年 1 月 1 日，中共中央《关于一九八四年农村工作的通知》决定“允许务工、经商、办服务业的农民自理口粮到集镇落户”③。同年 10 月，国务院 141 号文件《关于农民进入集镇落户问题的通知》规定：“凡

---

① 王俊祥等：《中国流民史》（现代卷），安徽人民出版社 2001 年版，第 65 页。

② 国家体改委办公厅编写：《十一届三中全会以来经济体制改革重要文件汇编》（上），改革出版社 1990 年版，第 132 页。

③ 同上书，第 139 页。

申请到县以下非城关镇的小城镇集镇务工、经商的农民及其家属，有固定住所的，应准予落常住户口，发给《自理口粮户口簿》，统计为非农业人口”。“自理口粮”政策使得一部分农民率先突破户籍制度的约束，成为“准城镇居民”。从户籍制度变迁来看，这个新政策开启了普通农村人口户籍“农转非”的第一扇大门，给农民向城镇迁移带来了希望。政策的一小步松绑带动了大量的农民迁移。据统计，从 1984 年至 1986 年年底的 3 年时间里，全国办理自理粮户口达 454 多万人①。农民进城镇入户的政策也带动了一批小城镇的迅速发展，特别是东南沿海地区的一些集镇，靠自理口粮户口的方式吸引农民，最具有典型性的莫过于温州市苍南县龙港镇，在短短一年内，靠着农民自理口粮落户，自带资金、技术搞生产建设，使龙港成为全国闻名的农民“精英城”、“农民第一城”②。最终由一个数百人的小渔村发展成为拥有数十万人的“小城市”。

2. 当地城镇有效户口政策的实施

1992 年，在小城镇的户籍管理上，出现了一种新现象，叫集资性“农转非”，也被老百姓称为“卖户口”。这一现象蔓延全国，“据公安部估计，仅 1992 年各地卖户口所得金额超过 100 亿元，有可能达到 200 亿元之巨”③。因此，公安部快速下发了《关于坚决制止出卖非农业户口的通知》，制止这一做法。但大量的户籍买卖也正反映了农民对于进城入户的迫切需求，反映“农转非”户籍制度变革的必要性。

1992 年 8 月，公安部出台《关于实行当地有效城镇居民户口制度的通知》，规定：“办理当地有效城镇居民户口的实施范围主要是小城镇，重点是县城以下的集镇”；“对办理了当地有效城镇居民户口的，应按照城镇常住人口进行管理”。因其户口簿上的印鉴用蓝色，故也称“蓝印户口”。浙江、广东、上海、山东、山西、河北等省市先后下发了相关文件。

应该说，当地有效城镇户口与“自理口粮”户口在发展顺序上是一种继承的关系，都是过渡性质的户口管理制度，在享受的户籍待遇上与完

---

① 赵文远：《新中国户籍迁移制度史研究》，郑州大学出版社 2012 年版，第 111 页。

② 殷志静、郁奇虹：《中国户籍制度改革》，中国政法大学出版社 1996 年版，第 14 页。

③ 同上书，第 30 页。

全的城镇户籍仍有差别。而且当地有效城镇户口的实施过程中依然出现了收费入户的现象，以城镇增容配套费的名义“合法”地卖户口；一些大中城市也效仿推进了投资入户、购房入户的“蓝印户口”政策，这使得当地有效城镇户籍管理制度从实施一开始就与“收费”捆绑在一起，产生了消极的社会影响，难以形成长期有效的“农转非”户籍政策，所以也不可能代表我国户籍制度改革的方向。

3. 开放小城镇落户改革试点

经历了“自理口粮”户籍与“蓝印户口”的发展阶段，到20世纪90年代中期，随着中国城市化进程的自然推进，重点发展小城镇成为当时推进中国城市化的主要渠道，对小城镇户籍制度的改革也提出了更高的要求，逐步放宽至完全放开农民进入小城镇落户成为改革的主要目标。

1997年，国务院《小城镇户口管理制度改革试点方案》提出：“在继续严格控制大中城市人口机械增长的同时，改革小城镇的户籍制度。”“凡在小城镇已有稳定的工作和生活来源，且居住满两年的进城务工者，在小城镇购买了商品房的农民可以办理城镇常住户口。在小城镇范围内被征用土地的农民，可以办理城镇常住户口。”截至2000年年底，23个省份（自治区、直辖市）、600余个小城镇开始改革试点，近50万农村户籍人口经审批在城镇落户①，为我国深化小城镇户籍制度改革积累了经验。2010年，中央一号文件要求加快推进城镇化发展的制度创新，进一步放宽中小城市、县城和中心镇的落户条件，鼓励城市将有稳定职业和居住场所的进城务工者逐步纳入城镇保障体系，与城市居民享有平等的权益。

总体上，小城镇户籍改革的指导思想是促进小城镇健康发展，引导农村人口有序转移，加快我国城镇化进程。现阶段，小城镇落户制度的实施取得了一定的效果，但也发现了许多新现象和新问题，政策的效应还有待观察，相关政策还需要进一步调整与完善，但小城镇户籍管理制度的改革方向是符合经济社会发展趋势的，也是符合历史发展潮流的。

（二）大中城市户籍管理制度改革

直到20世纪90年代中期，我国在大中城市户籍迁移制度上仍然没有

---

① 阿元：《迁移自由不再是遥远的梦》，《二十一世纪》1999年第1期，第11页。

什么大的动作出现，出于对大中城市就业和城市拥堵的担忧，中央对大中城市的发展战略指导思想仍然坚持“严格控制大城市、适当发展中等城市、积极发展小城镇”的总体方针。

1. 采用多种方式放宽城市入户限制

1998 年，公安部出台《关于解决当前户口管理工作中几个突出问题的意见》，放宽了大中城市几项入户条件，具体包括：“一、实行婴儿落户随父随母自愿；二、分居配偶可投靠入户；三、老人投靠子女入户；四、投资办企业、购买商品房可入户等。”上述政策的出台无疑起到了启动大中城市户籍管理制度改革的大门，大中城市包括北京、上海、广州等也纷纷出台相应细则，开始户籍迁移管理制度改革。

各省份出台的大中城市户籍具体迁移政策设定的条件虽各有不同，但总体上呈现了一些比较普遍迁移入户形式：

（1）亲属投靠。这一政策针对直系亲属间的投靠，突出以人为本的人本理念。如，放宽解决夫妻分居的户籍政策，不再使用“农转非”的说法，只要是夫妻关系的投靠入户，无论对方是农业户口还是非农户口平等对待；又如，放宽子女的投靠入户主要体现在子女户籍随父随母自愿的政策上，废除了 1958 年公安部发布的《关于执行户口登记条例的初步意见》中关于婴儿“户口随母”这一不合理的规定。

（2）投资落户。这一政策目标是吸引投资，促进城市发展。由于入户门槛高，符合条件的人群范围很窄，而符合条件的富有人群往往并不看重户籍的价值，只有北京、上海一线大城市才有可能有效推进，因此，这一政策并没有引起各城市大规模落户现象的发生。

（3）购房落户。购房落户模式最早出现在 20 世纪 90 年代后期，为了发展当地的房地产行业，拉动地方政府收入，大连、天津、厦门、南昌、温州等诸多城市都实施了购房落户政策[①]，随后几乎所有的城市、小城镇都实施了这一改革措施，使这种形式成为一种潮流。购房入户类似于投资入户，优点是购房入户的门槛更低，更有利于非本地户籍居民进城入户；缺点是没能解决长期暂住在城市的沉淀人口，农民工买不起房子，而

① 张丽珍：《政策终结中的团体利益与利益团体辨析——以购房落户政策为例》，《成都行政学院学报》2010 年第 6 期，第 4—7 页。

异地购房者又不住，大量房产空置，造成城市面积的扩张而城市化率并没有相应提高的现象。

（4）人才引进。对于地方政府而言，在逐步放宽的户籍制度面前，当然优先愿意吸纳具有较高学历、较高素质的人进来，这也反映市场经济规律在户籍改革中的作用力。这一方式的局限性体现在大量的人才往大城市流动，造成恶性竞争和人才浪费，而中小城市、偏远城市却出现人才萎缩的现象；从全国层面上看，整体的城市化水平并没有得到提升，原因是决定城市化率的主要是普通农村劳动者的城市化速度。

（5）务工落户。这一形式对于农村剩余劳动力的城市化有着积极的意义，特别是为在城市务工年数较长的劳动者降低入户门槛、解决城市户籍，真正融入城市生活开辟了一条新的通道，因此，这一形式也获得社会的普遍好评。务工落户方式总体上为城市外来务工人员落户降低了门槛，但城市不可能快速地吸纳所有的外地务工者，因此，各地政策有宽有严，目前只能让少数符合条件的农村务工人员顺利落户。但无论如何，这种方式针对的是从事一般性劳动的普通外来务工者，入户门槛较投资落户、人才落户要低得多，对外来人口、农村人口的城市化意义最大，相比过去的一系列措施，这一方式可以说代表着我国户籍制度改革的基本方向。

浙江省湖州市作为一个地级市，是全国最早出台“务工入户”政策的代表性城市。石家庄市是全国第一个开放“务工入户”限制的省会城市，由于省会城市户籍的吸引力超出了政策制定者的预期，短时间内申报城市户籍的外来务工者数量大增，使得这项政策被迫终止。可见，务工落户方式的尺度把控仍然需要根据各地经济社会发展和人口流动情况来进行决策。

我国各地方的城市大都进行了放宽户籍条件的改革探索，各地的门槛设定与选择基本上基于不同的经济社会发展水平和户籍人口流动压力，体现出明显的区域性差异。一般而言，东部沿海发达地区由于经济社会发展水平较高，吸引了大量异地劳动者和高层次人才的进入，落户门槛普遍较高，北京、上海、天津、广州等一线大城市尤甚，而中西部地区城市的落户门槛相对要低一些。这是直观感受能得出的基本判断，无须验证，曾有学者（吴开亚，2010）运用投影寻踪模型对我国 46 个大中城市的户籍政策进行指标化评价，结论也验证了这一判断①。

2. 身份证、暂住证与居住证制度改革

1985 年 9 月，《中华人民共和国身份证条例》在全国颁布施行。1986 年11 月，经国务院批准，公安部发布了《中华人民共和国身份证条例实施细则》。根据这两个法律文件，凡年满 16 周岁居住在中国境内登记了常住户口的公民，都应该申领身份证。

身份证制度的实施摒弃了过去由工作单位或由农村生产队开具介绍信来证明公民身份的做法，改用身份证这种具有法律效力的证件来证明公民的身份，为国内各阶层人口的自由流动提供了便利和法律保证。由此助推了新中国成立之后的一个新的民工潮，据 1987 年人口抽样调查，“1985 年至 1986 年之间省际人口迁移为 168 万，省内迁移为 622 万。1988 年，全国城乡间流动人口总量已达 700 万”②。“到 1996 年跨省流动的农村劳动力达 2000 万人，加上省内之间的流动，全国务工经商型流动人口已高达 1 亿”③。

面对庞大的城市流动人口的管理任务，1995 年公安部发布了《暂住证申领办法》，暂住证制度在一定程度上保护了暂住城镇人口的合法权益，肯定了暂住人员在从事务工、经商等工作上的市民地位，但它主要仍是一项加强暂住人口治安管理的措施，隐含着社会歧视和不平等，暂住证持有者几乎难以享有城镇居民的社会福利。与此相配套的是对无固定住所、无生活来源的流浪乞讨人口的收容遣返制度，该制度于 2003 年被废止。

21 世纪以来，城市越来越多的城市外来人口渴望享有平等的城市公共福利和社会权利，户籍改革的呼声渐高。如何让外来人口享有基本社会福利、社会救济权利以及儿童受教育权利也被提上各级政府的议事日程，居住证制度由此开始尝试。

上海是全国最早实行居住证制度的城市。2002 年，上海市出台了

① 吴开亚：《发展主义政府与城市落户门槛：关于户籍制度改革的反思》，《社会学研究》2010 年第 11 期，第 58—85 页。

② 阎蓓：《新时期中国人口迁移》，湖南教育出版社 1999 年版，第 143 页。

③ 刘祖云：《社会转型与社会分层：20 世纪末中国社会的阶层分化》，原载《华中师范大学学报（人文社会科学版）》1999 年第 4 期，第 1—9 页，《新华文摘》转载 1999 年第 11 期。

《上海市居住证暂行规定》、《引进人才实行〈上海市居住证〉制度暂行规定》等一系列文件，对人才引进等三类外地来沪人员实施居住证制度管理。

2009年4月30日，辽宁省首先进行外来人口居住证制度的改革，成为我国以省、自治区为区域范围实行居住证制度改革的开端。同年5月，湖南省公安厅印发《湖南省流动人口暂住登记与居住证发放办法（试行）》，在全省范围内实施外来人口居住证制度改革。同年6月，浙江省第十一届人大常委会通过《浙江省流动人口居住登记条例》，在全省范围内实行居住证制度。其后，广东省、新疆维吾尔自治区、吉林省、福建省等全国超过三分之二的省、自治区和直辖市都实施了居住证制度或居住证试点。

从实施情况看，居住证制度前期的目的主要是为了吸引人才，特别是北京、上海等特大城市，严格的户籍政策使一些高学历人才也无法顺利落户，被迫离开。为吸引人才，人才居住证给予了较高的福利待遇，可以享受与户籍人口接近的子女义务教育、医疗、社会保障等。随着居住证制度的深入实施，居住证适用范围已逐步普及到各类流动人口，一些社会福利也得以按人口居住地普及化。一些地区已出台规定，持有居住证满一定年限及符合条件即转为常住户口，这为居住证持有者转变户籍打开了一扇门。

应该说，居住证制度是我国户籍和人口管理改革的一大创新，为外来流动人口获得融入城市生活提供了一个通道。居住证制度凸显了对于非户籍人员的公平性，其持有者可在子女就学、社会保险、卫生防疫、证照办理以及民主选举和公共决策等方面享有“同城待遇”①。通过居住证制度，逐步缩小户籍和非户籍人口的权益差距，让居住证制度成为现有户籍制度的一种过渡期制度；并通过居住证制度的实施，使持有居住证的居民逐渐融入城市，最终转变为户籍居民。

3. 积分入户制度的改革探索

广东省在2010年实行外来人口居住证制度的同时，开展外来务工人

---

① 叶继红：《城市实行外来人口居住证制度的公共政策分析——以苏州市为例》，《人口与发展》2009年第2期，第27—33页。

员积分入户政策的探索，逐步演变为居住证制度同外来人口积分入户制度相衔接的改革策略。

2009 年广东省中山市开始进行外来人口积分入户制度改革的试点。2010 年 1 月，广东省委省政府发布粤发〔2010〕1 号文件，决定要探索推广“积分制”等办法，使在城镇居住就业且符合一定条件的外来人口通过积分排序的方式有序转变为城镇居民。2010 年 6 月，广东省政府办公厅印发《关于开展农民工积分制入户城镇工作的指导意见》（粤府办〔2010〕32 号），将积分入户制度改革向全省推广。具体规定：“本省户籍的农村劳动力，已办理城镇居住证、缴纳社会保险的，均可申请参与积分登记”；“积分指标由省统一制定的指标和各市补充制定的指标两部分组成，综合考量个人的素质水平、就业、参保、居住条件、社会贡献、投资纳税等情况”；“地方政府按照总量控制、稳妥有序的原则，每年根据人口增长计划和农民工积分排名情况确定分数线，通常大中城市农民工积满 60 分可以申请入户，中小城市和县城、中心镇分数更低，入户指标向基层倾斜。”到 2010 年 12 月中旬，广东省下属 21 个地级市全部推出了外来人口积分入户制度的实施细则或实施办法。

显然，外来人口积分入户制度同外来人口居住证制度的衔接，为普通农民工进入城市落户打开了一扇试验的窗口，也是我国户籍制度改革的新的尝试。

通常一项放宽落户政策的实施会带动一波农民工进城落户的高潮，使城市管理受到冲击，以至于政府在出台类似政策时慎之又慎，而积分入户制度最突出的优点在于可以实现农民工市民化的量化管理，实现外来务工人员进城落户的“无级变速”，每年根据各城市下达的落户指标，有序推进外来务工人员转变户籍，减少户籍人口变动对城市公共服务供给能力的影响。对地方政府而言，积分入户制度使得本地区的城市化速度更具可控性，也有利于城市留住与吸纳所需要的各类人力资源包括专业技术人员、管理人才，也包括技术工人与青年务工人员，有利于社会稳定和谐。

当然，从实施效果看，广东省积分入户的指标设置总体偏少，对外来务工人员的吸纳力度小，难以满足普通农民工入户要求。加快城市化进程需要从省级层面甚至国家层面统筹考虑，以量化指标的方式把握城市化速度。

2013 年 6 月 19 日，上海市政府对外公布了《上海市居住证积分管理试行办法》，基本的方法和广东类似，但面向的对象不限于上海本地农村户籍，而是包含全国所有户籍人员，上海的积分制综合考虑年龄、学历、专业技术职称和技能等级、工作年限、社会贡献和社会保险缴纳情况，由于积分指标的设置要求较高，对于一般的普通劳动者而言，要达到标准分值几乎不太可能。目前上海的居住证积分办法针对对象主要面向高学历人才。

（三）统一城乡户籍登记制度改革

户籍制度改革的目标是要取消农业户口与非农业户口的二元户籍管理制度，在一定区域范围内实行城乡户籍登记管理一体化，是户籍制度改革的必经之路。

小城镇户籍制度改革与大中城市户籍制度的放宽为出台统一城乡的户籍登记制度积累了充分的经验与准备。1993 年 6 月，国家出台了统一城乡户籍登记的相关规定，要求统一城乡户口登记。随后，统一城乡户籍登记制度作为一项地方性的改革试验在全国各省区得到了较普遍的认同和采纳，从 21 世纪初至今有一半以上的省份得以实施。

2001 年，浙江省宁波、湖州等城市按照“本地人口城市化、外地人口本地化”的目标相继进行统一城乡户籍制度改革。2003 年，重庆市在主城区和百强镇实行“统一城乡户籍”的改革。广东省政府于 2001 年 11 月22 日转发了《省公安厅关于我省进一步改革户籍管理制度的意见》，成为我国第一个在省级行政区范围内实行统一城乡户口改革的省份。此后，浙江、福建、江苏、重庆、四川等省（直辖市）纷纷出台统一城乡户籍登记的政策。省域范围内实行统一城乡户籍登记制度改革进入一个“活跃期”。

2007 年 3 月，全国治安管理工作会议召开，会议指出逐步取消农业、非农业二元户口性质，实现公民身份的平等具有重要意义。从 2008 年起，我国省级行政区统一城乡户籍登记制度的改革进入另一个“活跃期”，多个省份在整个省域范围内进行统一城乡户籍的改革。2008 年，云南省和江西省先后出台了统一城乡户籍的改革政策；2009 年，辽宁省出台统一城乡户籍改革的相关政策；2010 年，吉林省、海南省、青海省 3 个省进行统一城乡户籍制度的改革；2011 年，河南省、广西壮族自治区也出台了统一城乡户籍的政策。

从具体的改革措施看，省或省以下的部分市、县，取消了农业户口和非农业户口的概念，统一称为居民户口。但户口簿上仍保留居住地一栏，城镇地区居民和农村地区居民在社会福利保障方面依然保留和延续了原有的政策，如果从这个层面上看，统一户籍首先统一的是户口本上的名称，而户籍背后的福利待遇和身份差别，在短期内仍难以完全消除。

统一城乡户籍登记制度，不再从户口上强调农业或非农业，这是户籍制度改革的一大进步，至少，这也是渐进式户籍制度改革中迈出的必不可少的一步。但仅通过模糊城乡户口本的区别，来“实现”城乡人口的户籍统一是远远不够的，更重要的是进一步统一户口背后的福利差异，使省域范围内或至少县域范围内单一居民户口所享有的教育、就业、社会保障等权利一元化。

二　户籍制度改革呈现的特点

（一）渐进性与非系统性

我国的户籍制度改革呈现出渐进性、非系统性和非物质化的特点。随着户籍管理的松动，人口开始大规模流动，但都是在原有封闭性制度框架内的修修补补。“户籍制度以及由此决定的人口流动程度，只是在改良而不是在革命，只是在吃镇痛剂而不是在除病根，只是在延缓其发展速度而不是在改革事物的发展方向”①。

由于受观念束缚和利益分配的约束，政府一直难以对户籍制度进行系统的、全面的、彻底的改革。户籍制度的改革呈现出一贯的渐进式改革路径特征，由于其复杂性和牵扯的方方面面，这种渐进式的特征显得尤为明显。政策的出台慎之又慎又极不情愿，各种改革措施往往是户籍管理制度与现实社会需求之间的矛盾积累到一定程度后出台的用于缓解社会压力的举措。“头痛医头、脚痛医脚”，有很强的应急性，缺乏改革的全局意识。

---

① 俞宪忠：《流动性发展》，山东人民出版社 2006 年版，第 259 页。

因此，中国的户籍制度至今没有给予居民完全放开的户籍迁移自由，任何的户籍迁移都会面临各种条件设定，只有符合政府所设定的入户条件，才有可能进行户籍的迁移。直至今日，大中城市仍然保留了较高的准入门槛。相对来说，小城镇的户籍制度改革步伐较快，但实施效果较为一般，并没有达到以小城镇吸纳农村人口迁移的目的。

尽管学界对于户籍改革有诸多的探讨，但由于社会问题的复杂性和科学研究方法的局限，户籍制度改革研究仍缺乏统一的结论，如对潜在迁移人口的迁移意向、不同城市的承受压力和承受能力、制度改革的障碍因素和实质性改革效果等一系列问题难有答案，因此，对于如何修正户籍制度、建立适应社会主义市场经济体制的户籍制度，始终没有成熟而直接的方案（张雷，2010）。

（二）城市利益导向

户籍制度的演变与城市化战略密不可分，随着城市化战略指导思想的变化，户籍管理制度也相应地作出一系列的改革与调整，以适应城市化发展的需要。纵观改革开放以来的户籍制度演变，其不变的核心是户籍改革服务于城市的发展与管理，以城市利益为其基本导向。

20 世纪 80 年代的城市化战略指导思想是优先发展小城镇，严格控制大城市人口增长。所以当时的“自理口粮”入户政策也仅仅对农民开放了小城镇，可以看出，允许农民“自理口粮”进入城镇的最初目的并不是为了改革传统的户籍迁移制度，而是在于要解决农村大量剩余劳动力的就业出路，又要避免农村人口自发地涌入大中城市，它不仅与国家严格控制城市人口增长的政策之间不存在什么矛盾，而且是为后者配套的一个辅助性政策①。

由于不允许农民大量涌入大中城市，于是农村中“隐性”的大量过剩劳动力必须另觅出路，这条出路就是“把工业拉进农村，使农村剩余劳动力可以向乡镇自办的工业就地转移”②，“离土不离乡”的人口管理策略，一定程度上释放出乡镇企业的发展活力，而大量出现的乡镇企业又吸

① 赵文远：《新中国户籍迁移制度史研究》，郑州大学出版社 2012 年版，第 112 页。

② 费孝通：《中国城乡发展的道路和我的研究》，载《学术自述与反思：费孝通学术文集》，生活·读书·新知三联书店 1996 年版。

引了大量的农村剩余劳动力进镇务工，反过来促成了小城镇户籍管理制度的改变。而 8 年之后实施的当地有效城镇居民户口亦是如此，仍然延续了发展小城镇的战略思想。

21 世纪，城市化战略发生转变，党的十七大提出“大中小城市与小城镇协调发展”，在此指导思想下，大中城市的户籍管理制度有了放松，出台了人才落户、投资落户、购房落户等一系列政策。应该说，户籍管理制度的改革在户口迁移的自由度方面有了长足的进步，促进了劳动力的市场化流动，但整体上制度的设计是以城市利益、地方政府利益为中心的，以吸引资金、人才为取向，促进城市快速发展为目标。改革开放以来的户籍管理制度改革表现出以修正各种入户条件为基本内容的改革形式，以条件控制人口流入的顺序，优先以城镇户籍换取城市发展所需要的人才、土地、资本、劳动力等要素。并通过条件的放宽有计划地控制迁入城市的户籍人数。这种特征在大中型城市的户籍管理中表现得尤其直接，如北京、上海的户籍制度只是在吸引高层次人才方面给予有限的放松，除了学历还要满足一系列条件才能获得户口；广州、深圳、杭州等城市在学历、投资数额、购房面积等方面设立种种准入条件。这些政策立足于发展城市经济，“只要人力不要人口”，根本没有惠及广大为城市发展付出劳动的普通农民工，“是以新的不公平替代旧的不公平”[①]。因此，本质上在 20 世纪的最后 20 年，地方政府在设计户籍制度改革的基本目标时，主要是出于为城市的发展需要考虑，而不是要消化农村户籍人口数量。

（三）地方区域特色

改革开放前，中国的户籍制度是统一而严格的，居民基本上不存在自由迁徙的可能。改革开放后，随着农村劳动力进城务工的普遍化，我国的户籍制度相应作出了一系列的调整，由于各地区在人口迁徙流动中的角色不同，承受的压力不同，导致户籍制度作为地方政府的管理措施，具有较强的地方区域特色。

各项改革性的政策措施几乎都存在地区间的差异，既有准入条件的差别，也有制定时间上的差别。在农民工入户的一些基本条件上，如稳定工

---

① 王太元：《透视中国近期的户籍制度改革》，《中国教育报》2001 年 10 月 10 日。

作年数、缴纳社保年数、办理居住证年数、具有稳定住所等；人才落户的准入条件，如年龄、学历条件、专业方向等；购房入户和投资入户的条件，如投资额、购房标准等方面，每个城市都会有自己的一套标准，每个地区都会有所差别。这种差别的存在是国家将户籍制度改革的权限下放给地方政府的必然局面，也是各地因地制宜地制定适合本地区人口流动、户籍管理的必然结果。

三 人口流动与户籍需求的调查

户籍制度改革在缓慢的步伐中走过了30年，通过一系列的改革放宽了农村人口的城市化，推进了人力资源的合理配置，但以改革的目标来看，后续的任务还任重道远。

一方面，户籍制度的最终目的是实现公民居住与流动的自由，实现公民身份的平等化。人口的流动受到自身因素以及就业、收入等外部因素的影响，更受到土地制度、户籍制度等基本性制度的制约，人口流动在特定的制度环境下呈现出一定特征与规律，户籍改革必然要遵循人口流动的客观规律，探究近年来流动人口在城乡之间的变化与发展趋势，在此基础上，通过政策调整，合理引导人口流向，加快推进新一轮的户籍制度改革。

另一方面，户籍制度影响不仅是人口的流动问题，背后更深层次的是诸多利益关系的调整，关系到平等就业、社会保障、子女教育、住房分配、公共医疗资源分布、公共福利分配等众多领域的问题，其复杂性远超户籍制度本身。对于户籍改革，不同利益主体有不同的利益诉求，顺利推进户籍制度改革必先厘清当事人的真实诉求。

我们的调查选择从宏观和微观两个层面展开，宏观层面分析当前人口流动的大趋势，通过人口普查数据进行统计分析；微观层面是对进城务工人员进行小范围的问卷与访谈，了解他们对户籍的需求和意愿。

（一）我国人口流动的趋势

对于21世纪以来人口流动的趋势分析，我们借用2010年全国第六次人口普查数据（以下简称“六普”）与2000年第五次全国人口普查数据

（以下简称“五普”）进行比较。“六普”显示，截至2010年年末我国流动人口（即人户分离，居住地与户籍所在地不一致的人口）总数为26093万人，比“五普”时的14439万人增加了11654万人。10年增长近八成，远大于总人口的增速。“五普”时流动人口占全国总人口的比重为11.6%，到“六普”时，这一比重增加至19.6%。相当于全国每5人中就有1人为“流动人口”。从地域看，北京、天津、上海、浙江、江苏、重庆、陕西、宁夏、青海等9省（直辖市）流动人口增长超一倍。

1. 人口自西向东跨省流动趋势明显加强

2010年，全国跨省份流动人口8587.63万，比2000年的4241.85万增长了102%；2010年“六普”数据显示，跨省人口流入排名趋前的省份依然全部集中在东部沿海经济发达地区，无一例外。其中广东跨省流入人口最多，达2150万，遥遥领先；超越千万人的还有浙江省，跨省流入1182万人，其余依次是上海、江苏、北京、福建、天津、山东；而跨省人口流出排名趋前的省份以中西部人口大省为主，依次是安徽、四川、河南、湖南、湖北、江西、广西、贵州等。可见，人口流动维持了一贯由西向东的单向性（详见表9—1）。

表9—1　2010年人口流动的主要省份排名

排名	跨省人口流入省份				跨省人口流出省份	
	省份	流入人口（万人）	全省人口（万人）	流动人口占比（%）	省份	流出人口（万人）
1	广东	2150	10432	20.6	安徽	962
2	浙江	1182	5442	21.7	四川	891
3	上海	898	2302	39.0	河南	863
4	江苏	738	7866	9.4	湖南	723
5	北京	704	1961	35.9	湖北	589
6	福建	431	3689	11.7	江西	579
7	天津	299	1294	23.1	广西	418
8	山东	212	9579	2.21	贵州	404

资料来源：国务院人口普查办公室《中国2010年人口普查资料》，中国统计出版社2012年版。

尤其是和“五普”数据相比，这种由西向东单向流动的趋势又有了明显的强化。2010年，全国跨省流动人口占该全部流动人口的比重平均为32.9%，即3个流动人口中，有2人是本省流动、1人是跨省流动。相比2000年平均29.4%的比重，10年增速仅12%，总体上变化并不明显。但东部省份的跨省流入人口比例增速都大幅超过平均值，其中天津跨省流入人口占全省流动人口比重10年间增长了79%，江苏达45%、浙江为38%，北京和上海两大城市分别为26%和22%，仅有广东省增速为负（详见表9—2）。这表明，东部沿海省份跨省流动人口的比重在持续快速地增长，而中西部省份则以本省流动人口的增长为主。

表9—2　　2000—2010年跨省流动人口变动情况

居住地	2010年			2000年			跨省流入人口比例增速（%）
	流动人口（万人）	跨省流入人口（万人）	跨省流入的比重（%）	流动人口（万人）	跨省流入人口（万人）	跨省流入的比重（%）	
全国	26093	8587	32.9	14439	4242	29.4	12
上海	1268	897	70.8	538	313	58.2	22
北京	1049	704	67.1	463	246	53.1	26
西藏	26	16	63.1	21	11	50.8	24
天津	495	299	60.4	218	74	33.7	79
浙江	1990	1182	59.4	860	369	42.9	38
广东	3681	2149	58.4	2530	1506	59.5	-2
新疆	427	179	41.9	283	141	49.9	-16
江苏	1822	738	40.5	910	255	27.9	45
福建	1107	431	39.0	591	215	36.3	7

资料来源：国务院人口普查办公室《中国2000年人口普查资料》，中国统计出版社2002年版；《中国2010年人口普查资料》，中国统计出版社2012年版。

从具体省份看，跨省流入该省的人口占该省总流动人口比重超过平均数的省份有9个，依次是上海（70.8%）、北京（67.1%）、西藏（63.1%）、天津（60.4%）、浙江（59.4%）、广东（58.4%）、新疆（41.9%）、江苏（40.5%）、福建（39.0%）。其中上海、北京、西藏、天津、浙江5省（直辖市）这一比重超过50%，意味着该省份的流动人口中，跨省流入人口已超过本省内部的流动人口数。这也反映了东部经济发达省份化解流动人口户籍的压力有多大，上海近2300万常住人口中，39%是跨省流入人口，北京1960万常住人口中35%是跨省流入人口，天津23%、浙江21.7%、广东20.6%的人口不具有本省的城乡户籍。

2. 流动人口进一步向城市集中

2010年全国流动人口26094万，按“六普”统计的标准，流动人口的分布分城市、镇、村三级登记，其中居住地在城市的有17046万人、在乡镇5550万人、在村3497万人，占全部流动人口比重分别为66%、21%、13%，大部分流动人口集中在城市。与2000年相比，城市流动人口比重增加了6%，镇流动人口比重增加了2%，村流动人口比重下降了8%。表明流动人口进一步向城市集中（见图9—1）。

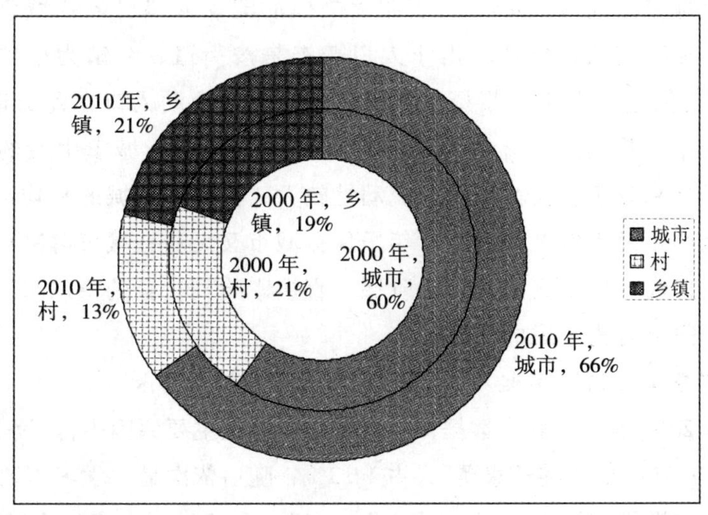

图9—1　流动人口分布情况对比

对于一般的小城镇而言，2010年流动人口的比重总体上与2000年持平，10年间小城镇对流动人口的吸引力并没有增强。结合具体省份来看，镇流动人口总量居前的省份第一位是浙江，超过500万人，这与省管县体制下浙江小城镇经济增长速度远超中型城市有关，其次是广东、四川、江苏、河南、山东、福建。这些省份普遍是人口数量大或是乡镇经济发展相对较快的。从10年变化看，不同省份间变化差别较大，小城镇流动人口占流动人口比重同比减少的省份有四个：广东（－13%）、天津（－9%）、江苏（－0.7%）、浙江（－0.5%）；而同比增长最快的省份有：江西（19%）、河南（15%）、青海（14%）、河北（13%）、湖南（12%）、山西（11%）、甘肃（11%）、陕西（10%）等。这表明，随着国家振兴中部的战略实施和产业的梯度转移，中部地区的小城镇经济有了较快的发展，吸引本地和外地劳动力的集聚作用明显增强，而东部沿海省份流动人口向城市集中度增加，也说明全球金融危机后，这些省份推动经济转型升级、产业结构转变后带来的劳动力人口结构与空间布局的变化。

3. *在居住地长期定居的流动人口规模庞大*

2010年，全国流动人口2.6亿，在居住地居住满3年以上的人口达1.13亿，占全部流动人口的43.46%；在居住地居住满5年的人口达7267万，占全部流动人口的28%，表明大规模的流动人口已经在城市长期工作生活并在固定城市定居。由于人口普查是按街道、乡镇为单位进行统计，"现居住地满3年"指标仅能代表普查时该流动人口在此街道（镇）生活满3年，并不代表流动人口特别是农村人口进入城镇生活的真实年份，由于外来务工者在城镇间的流动性较大，其离乡进城的平均年份要比普查显示的年份大得多。这些长年居住在城市又无法在城市解决户籍问题的流动人口成为城乡之间的夹心阶层，直接影响到社会的稳定与发展，是户籍改革需要首先考虑的人群。

4. *"务工经商"引起人口迁移的比重有了明显增长*

根据2010年"六普"数据，在列出的八项最主要原因中，"务工经商"占45.1%；其次是"随迁家属"，占14.2%；随后依次是"学习培训"、"拆迁搬家"、"婚姻嫁娶"、"投亲靠友"、"工作调动"与"寄挂户口"。对比"五普"的数据，八项主要原因中最主要的两项"务工经商"与"随迁家属"比重有了增长，其余六项有不同程度地减少。其中外出"务工经商"的比重增长最快，从2000年的30.7%增长到2010年的45.1%，10年增幅达50%；"家属随迁"从2000年的12.8%增长到2010年的14.2%。

外出务工或经商是我国改革开放以来人口从乡村到城市、从城市到城市迁移的最主要原因。21世纪近10年务工经商人口迁移的快速增长，进一步说明随着改革开放的深入和市场经济的完善，各类人才在城市之间、省份之间自由流动更趋频繁。“家属随迁”比重的提升也说明外出人员的家庭化流动是城市化进程中的重要发展趋势。此外，近10年户籍制度的逐步放松也使得“投亲靠友”、“寄挂户口”等迁移行为缩减明显。

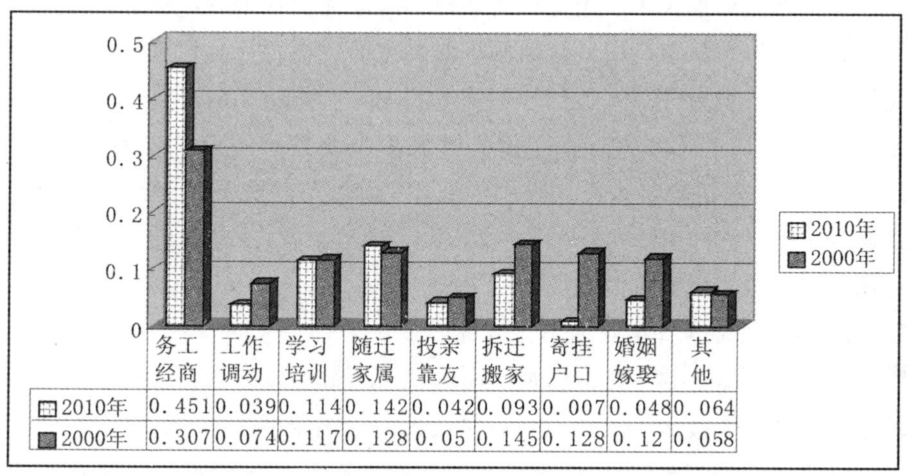

	务工经商	工作调动	学习培训	随迁家属	投亲靠友	拆迁搬家	寄挂户口	婚姻嫁娶	其他
2010年	0.451	0.039	0.114	0.142	0.042	0.093	0.007	0.048	0.064
2000年	0.307	0.074	0.117	0.128	0.05	0.145	0.128	0.12	0.058

图9—2　人口迁移原因“六普”与“五普”比较

（二）进城务工人员的户籍需求

目前的人口流动与地方户籍管理呈现出一些新的现象。笔者对浙江省杭州市、金华市、海宁市、诸暨市店口镇的120名户籍在农村的务工人员进行了小范围的问卷访谈。

杭州市是浙江省会城市，市辖区面积3068平方公里，常住人口540万（2012年），属于大城市，2013年全市人均生产总值94566元，是我国经济比较发达的城市之一。金华市位于浙江中部，是地级城市，市辖区面积2000平方公里，常住人口94万（2012年），2013年全市人均生产总值62688元，在地级市经济中排名居中，有一定代表性。海宁市是行政隶属于嘉兴的县级市，也是浙江较早撤县设市的城市（1986年）。海宁市面积668平方公里，常住人口66.03万（2010年）。2013年全年人均生产总值为86610元。店口镇是诸暨市下属一个非县城的中心镇，建成区面积12平方公里，常住人口13万，其中外来非户籍人口近7万。店口镇工业经济发达，2012年全镇已经有了6家上市公司，被称为“浙江资本市场第一镇”，省“百强镇”第4位、全国“千强镇”第18位，目前是浙江

27 个小城市培育试点镇之一。

四个地点分别代表了大城市（副省级城市）、中等城市（地级市）、小城市（县级市）、中心强镇（百强镇）四种主要的城镇形态。

本次调查对象仅限于企业务工人员，不能完全代表城市化的全部人员结构，但应该是城市化中转化面临困难的主要群体之一。调查结果可以一定程度上反映城市务工人员的户籍需求状况。调查对象的分布选择每个城镇 30 人，共调查 120 人，为了提高准确率，调查采用面谈式问卷填写。120 人全部为农村户籍人员，其中浙江本省 48 人，外省 72 人。120 个受访对象中，平均年龄 31 岁，最小 20 岁，最大 41 岁，应该说，这个年龄段的他们是未来城市化的主要目标对象。

1. 多数进城务工者有农转居意愿

在对于户籍迁移进城的看法，61% 的人明确表示愿意将农村户籍迁入城镇，25% 的人表示不想迁入，14% 的人表示无所谓。

如果进一步区分省内与省外来看待这一问题，省内务工人员中仅有 45.8% 的人愿意迁户入城；省外务工人员中，有 70.8% 的人表示愿意。可见在青年的务工人员中，想要市民化的人群占了多数，但总体上这个比重并不是十分的高。相比之下，外省在浙务工人员相比本省的务工者离开农村进城落户定居的意愿更强烈，是否可以说明经济发达地区农民城市化的意愿反而更低?

2. 大城市仍是热点地区，县城备受青睐

对于理想中的迁移地，是大城市、中等城市、小城市，还是中心镇?答案并非所有人都中意于目前务工所在城镇类型，但选择与自己工作所在城市类型相吻合的还是占多数，达到 61%，另有 39% 的人员选择了其他类型的城镇。总体上，选择县级小城市的占到 30%，大城市的占 29.1%，地级市的占 22.5%，中心镇的占 18.4%。大城市依然是城市化的热点地区，一些在中心镇务工的人员选择了大城市作为理想的落户地，很大程度上体现了青年一代务工者的一种理想；较多的人选择了县级小城市则体现了理想需求与实际能力相结合的理性选择，也反映县域中心城市应该是城市化过程中的重点培育对象；地级城市受欢迎程度为何不如县级城市，有一种可能的影响因素是，浙江长期实行的省管县体制使县级城市更具活力，导致县级市比地级市更吸引农村外出务工人员，这一现象在其他省份或许并不一定会出现；虽然我们选取了最发达的小城镇务工人员进行调查，但许多人理想中的落户地仍然是更大的城市。

对于迁移地的所在区域是原户籍所在省份的城镇、浙江的城镇还是北京、上海等更大的城市这一问题，25.8%的人选择回原籍省份；60%的人选择目前所在的浙江省的城市，14.2%的人选择更大的城市。由此也可以清楚地验证东部沿海经济发达地区将不可避免地成为城市化的主要目的地。

3. 义务教育质量是务工者最看重的户籍福利

是什么原因吸引农民的市民化，自然离不开就业、工资水平、社会福利、都市生活的魅力等等。在这一问题上，我们用排序方法并赋予分值加总，得出了有关选择项的先后次序。排在第一位的是“就业与收入”，第二位的是“各类公共服务”，最后是“向往城市生活”。可见，农民进城首要的问题是能就业、能取得在城市生活的充足收入。在各类公共服务上，排序的结果是“子女教育质量”、“医疗保险待遇更好”、“养老保险待遇更好”、“业余生活丰富”、“医疗条件更好”的顺序。可见，在吸引农民工进城的各类福利中，教育是第一位的，一方面反映城乡的义务教育质量差距较大；另一方面也体现了新一代农民工对后代教育的重视。其次，城乡社会保障的差距仍然是务工人员看重的内容。

4. 土地权益是阻碍城市化的重要因素

有近40%的受访者不愿意农转居，自然要了解是什么原因导致农民不愿意进城。“如果你不愿意将户籍迁入城镇，最主要的原因是什么”这个问题并不仅针对这一部分人群提出，而是针对所有120名受访者，因为所有的人都并非是无条件地选择进城的。在120名受访者中，有45%的人选择“不愿意放弃土地收益”，37.5%的人选择“没有经济能力”，5%的人选择“农村计生政策更宽”，9.2%的人选择“更喜欢乡村生活方式”，3.3%人表示“不清楚”。可见，让农民合法合理地兑现耕地、宅基地、集体用地等土地收益是城市化进程需要破解的关键性因素，农民自然不可能为了进城而完全放弃兑现土地收益；“没有经济能力”的选项在一定程度上也反映了农民在农村累积的财产权利无法兑现的现实困境。

四 户籍制度改革的主要难点

以务工经商为代表的大量人口跨省流动、向城市流动、举家迁移等是我国城市化进程中人口流动的主要特征，这种特征也一定程度上反映了我国户籍制度改革的难点所在。

（一）人口过度集中致使大城市户籍改革难度较大

从统计数据看，尽管长期以来对大城市实施了严格的迁户限制，但大城市人口仍然呈现快速的增长。从问卷调查看，外来务工者对大城市也表露出较高的偏好。

事实上，从改革开放以来，我国的人口流动一直呈现出由中西部地区向东部沿海省份流动，由农村、小城镇向大中城市流动的跨区域的单向流动特征。这种不断加强的流动趋势并非仅仅是城乡二元结构下农村人口向城市集聚的问题，也包括城镇与城镇之间的人口流向问题。从“六普”数据看，居住地与户籍登记地在同一省份的流动人口中，拥有城镇户籍的人口占46%；跨省流动的人口中，拥有城镇户籍的人口也占到18.4%，特别是本省流动人口中城镇户籍比例近半，说明人口流动的重点除了由农村向城镇流向外，也包括从小城镇向大中城市、从欠发达地区向发达地区的无关户籍性质的人口流向。在此背景下，人口流入压力较大的区域，如京津冀、长三角、珠三角三大城市群以及东部沿海省份的大城市，面对的不仅是外来农村务工者，还有大量外来城镇籍工作人员的双重落户压力。

就业机会、收入水平、教育质量、社会福利等诸多因素决定了大中城市具有不可比拟的吸引力，不仅吸引了农村外出的务工者，也集聚了大量的技术人员、经商人员、文艺工作者等。大量人户分离人口的存在一方面证明了中国户籍迁移制度的苛刻；另一方面也凸显大中城市户籍改革之难。大中城市尤其是大城市面对如此大规模的人口单向流入，“一抓就死、一放就乱”的尴尬处境同样会出现在户籍政策的制定之中，在放宽大城市户籍条件的改革中，“有序”似乎比“加快”更为重要。

（二）小城镇户籍的吸引力差异明显

相比于大中城市，小城镇的户籍吸引力则更具多样性。改革开放以来，我国小城镇数量从1978年的2173座增加到20113座。其中大量的小城镇缺乏明确的产业支撑，既不宜业亦不宜居。从结构上看，东部发达地区的小城镇仍具有较强的吸引力，中部省份的部分经济强镇随着县域经济的发展，自身的集聚能力有所提升，此外的大多数小城镇显然难以担当化解农村剩余劳动力的重任。

小城镇的户籍吸引力与其工业经济程度发展密切关系。以我们所调查的浙江省绍兴市诸暨市（县）店口镇为例，这个经济强镇多项经济社会发展指标居绍兴市之首，2012年农村人均纯收入超30000元，这样的镇能给予其户籍人口的福利待遇远超过许多发达地区的大中城市，如：户籍人口儿童可享受15年免费教育、贫困家庭幼儿入园保育费减免和大学生奖助学政策，医疗保险等福利也高于一般的城市。访谈中，许多外省务工人员都表达了希望在当地长期定居的愿望。在长三角、珠三角、京津冀等沿海发达地区，像诸暨市店口镇这样能为户籍人口提供较好福利的小城镇自然对外来人口有较强的吸引力，仅浙江省开展小城市试点的27个中心镇（非城关镇），如嘉善姚庄镇、萧山瓜沥镇、苍南龙港镇、乐清柳市镇、富阳新登镇等都面临同样的户籍改革压力。可见发达地区的小城镇就业机会多、工资待遇高、公共服务好，外来人口落户需求仍然强烈。

中等发达程度的小城镇对农民的吸引力却在下降。根据有关新闻媒体的报道，2009年江西省出台规定，凡受到国家和省级以上表彰的农民工可以选择在就业地落户，但全省符合条件的71名优秀农民工中只有10人选择在就业地落户①。广东省为了奖励优秀农民工为当地作出的贡献，2010年特意出台了《关于做好优秀农民工入户城镇工作的意见》，惠州市政府专门为优秀农民工准备了入户名额，然而结果让地方政府“大跌眼镜”，本省优秀农民工坚决不肯入户，外省籍农民工几经动员只有少数人

① 长子中：《农民工在城镇落户的问题研究》，《广东经济》2010年第4期，第9—12页。

同意入户，都是出于小孩读书的考虑①。

大多数发展落后的小城镇已失去了对农民的吸引力。在访谈中，对于是否考虑原籍地的小城镇时，大多受访者表示不考虑，具体原因集中于“就业难”、“收入低”、“公共设施落后”、“与农村相比没有优势”等。究其原因，一是小城镇的就业、生活条件等对外来人口缺乏足够的吸引力，难以产生一辈子安家落户的需求。二是小城镇的户口福利承载量在减少，本地人口与外来人口可享有的社会福利差别并不明显，小城镇中二元社会结构也接近消失。三是小城镇的户籍福利同农村户籍福利承载量的差别越来越小，加上对农村土地收益的留恋，导致农村人口不愿在小城镇落户。

（三）农民就地城镇化的热情不高

对于同一区域的基层政府来说，比如一个镇或一个县，在城镇化的大背景下，地方政府的户籍政策是鼓励本辖区内符合条件的农村户籍人口转变为城镇户籍进入城市，由此可以提高本地区的城市化水平，减少本区划的农业人口，提升土地利用率。很多省份先后取消了户籍的城乡区别，农村人口进入本行政区划内的城镇入户门槛越来越低。随着户籍制度改革的逐步发展，城乡户籍所捆绑的福利差别也正在缩小，城市户籍原享有的城市商品粮计划供应、福利分房都已取消，城市社会保障体系等公共服务的含金量也在缩水，农民工在落户城市后可享受到的利益逐步减少。同时也出现了另一个问题：一个基本的行政区划内，农村人口进城入户的意愿并不高。这种现象无论是经济发达的沿海省份还是经济欠发达的中西部省份都同样出现，农村人口的流动与迁移是每个独立个体经过反复思考与权衡利弊作出的理性经济人行为决策。

沿海发达地区的一些农村由于经济条件较好、村级集体经济发达，村民户口能享受分红、村集体提供的福利等，几乎都不愿意放弃农村户籍，加之沿海省份土地资源的增值迅速，农民轻易不放弃土地。经课题组的调查，各个城市中都有很多本地年轻人在城镇工作居住，有房有车，生活方

① 刘茜：《农民工不愿意落户广东城镇，难舍土地担忧无保障》，《南方日报》2010年1月28日。

式已完全城市化，但户籍仍留在农村里。被调查者中有11名诸暨籍的农村户籍青年，仅2人表示愿意将户籍迁入城镇，其余表示不愿意或根本无所谓。这些农村人口本应是城市化最需要也最容易解决的对象，但现在却成了不愿意转变户籍的人群。

中西部地区的农村经济条件较差，大量农村人口外出务工，他们中的很大一部分人群希望能够迁移进城，但他们理想的目的地显然并不是本地的小城镇。我们的调查显示，74.2%的被调查者向往的居住地是东部地区，仅25.8%的受访者会回中西部地区的中小城市落户。

五　户籍制度改革的对策

一直以来，户籍改革讨论的重点是取消户籍的身份定位功能，给城乡居民同样的国民待遇，还原户籍本应有的空间定位功能。这当然是理想的户籍改革目标，但现阶段的户籍改革显然不可能一蹴而就、一步到位。户籍制度改革要遵循“因地制宜、循序渐进、综合配套、适度加快”的原则，一要分步推进，采取渐进式的改革方式，实现平稳过渡；二要分类改革，尊重各个地方不同的实际情况，采取不同的政策分类进行；三要推进各项制度和体制机制的综合配套改革，为户籍制度改革扫除障碍；四要适度加快改革步伐，户籍改革已不能再拖延了。

（一）修订《户籍法》，依法推进户籍制度改革

中国户籍制度改革由20世纪80年代的“中央主导、地方执行”，到90年代的“地方探索、中央默认”，再到21世纪初以来的“中央指导、地方因地制宜推行”[①]。地方政府在户籍改革中起着越来越重要的作用。地方政府自主性的增加虽然有利于各地因地制宜地开展户籍制度改革的探索，但弊端是地方政府推进户籍制度改革的步伐始终缓慢，不利于加快城市化进程和经济社会协调发展。

1958年颁布的《户口登记条例》这一陈规旧制显然不适应当前的户籍制度改革需要，地方政府在没有修订法律的基础上进行改革，自然难有

① 张玮：《城市户籍制度改革的地方实践》，华东师范大学博士学位论文，2009年。

实质性进展，户籍制度的进一步改革需要全国层面的统筹考虑与制度的顶层设计。

户籍制度的顶层设计体现在修订制定新的《户籍法》。通过立法对户籍改革的基本原则、地方权力、农民合法权益保护、利益受损救济途径等作出严格规范，对户籍制度改革的进展提出明确的目标与要求。

（二）分步推进户籍制度改革

1. 取消户籍的城乡区别，实施统一户籍登记制度

取消城乡区别，以县为基本实施单位，让辖区内的农民和城镇居民享有平等的权利，人口自由流动不受限制，并由市场力量来决定人口的流动和城乡比例。让具备进入城镇工作和生活能力的农村人口自由进入城镇，并保留其在农村的土地流转收益权，鼓励农民进城。从目前的实践来看，进入城镇务工的农村人口较多，但很多农民并不愿意完全放弃农村身份进入城镇，尤其是城乡户籍待遇缩小后，大量农民涌入县城的可能性几乎不存在。

随着附着在户籍上的福利的减少，目前与20世纪90年代农民花万元买“蓝印户口”的时期已完全不同，改革城乡户籍差别，允许农民在县域范围内自由流动，无论在内陆地区还是在沿海发达地区都不会有太大的影响与社会波动。

2. 统筹城乡社会公共福利，使户籍与福利逐渐脱钩

社会公共福利受地方经济发展水平的影响，不可能全国统一标准，从性质上讲，它属于地方性公共产品，因此，越小的行政区划内，统筹公共福利供给的难度越小。统筹城乡户籍的社会公共福利必然要从基础的行政区划入手，从实践层面考虑，县级拥有一级政府所能有的几乎所有公共福利的决策权和支配权，把县级行政区域作为统筹城乡社会福利的基本单元是必然的。

与户籍挂钩的权利和福利多达20多项，包括民主权利、社会保障、子女教育、就业机会、计划生育、购房购车、退役就业安置、交通事故人身损害赔偿和各种补贴等。首先，本着先易后难的原则，先行剥离具有较好市场基础、不需要过多增加财政负担的社会福利，比如就业机会、交通事故人身损害赔偿、民主权利、租用保障房等；那些需要大量增加财政支

出的社会福利，如养老、医疗等社会保障差别，短期内难以快速到位，在一个时期要将财政增量资金主要用于提高农村居民的社会保障待遇，随着国民经济的发展和财政体制改革的加快相应逐步剥离。

其次，禁止各地新出台的各项有关政策与户籍性质挂钩。历史遗留的由户籍制度造成的福利差距还没减少，新的差距又在扩大，一些政策总是有意无意地和户籍挂钩，如房产限购政策，有户籍的可购买两套房，没户籍的不能购买①；因此，我们应明确规定新出台的涉及居民权益的政策，如教育、医疗、就业等，都不能与户籍性质挂钩，应研究制定非歧视性的标准。

最后，户籍与福利的关系要做增量调整，在减少或者不增加城市户籍福利的同时，重点是增加农村户籍人口的公共福利，按城乡一体化的目标统筹公共服务建设，使城乡居民之间户籍享有的居民权益不断缩小，最终使各种社会福利与户籍身份脱离。

3. 完善居住证制度，使外来人口享有基本的城镇公共服务

以居住证制度代替暂住证制度是社会的进步，体现地方政府对外来人口以管理为主向以服务为主理念的转变。

暂住证制度几乎不包括任何城镇居民的福利待遇，而居住证制度给予持证人一定的权利保障，持证人在工作、生活等方面可享受当地居民的待遇。虽然这些待遇与户籍市民相比还有差距，但这种差距在缩小。居住证有利于保障流动人口合法权益，稳步推进就业权利、义务教育、养老保险、医疗保障、住房保障等城镇公共服务的全覆盖，为城乡一体化和户籍制度的进一步改革创造条件。

要完善和推广居住证制度，将所有流动人口纳入居住证管理，明确居住证持有人享有当地户籍人口在就业、教育、医疗、养老、救济等方面的最低基本社会保障内容，如，享受就业服务培训、子女就学、申请公共租赁住房和保障房、办理车辆入户和机动车执照等户籍待遇，使外来人口明确地享有基本的公共服务。

居住证制度是户籍改革过程中的一部分，是从城乡分治到城乡一体化之间的过渡阶段，但从我国人口流动的实际情况看，居住证制度仍然是大

① 蒋菡：《户籍制度改革是一个渐进的过程》，《工人日报》2011年4月13日第7版。

城市特别是特大城市流动人口管理的一种无奈选择。

4. 分级取消落户限制，降低地区间人口流动的户籍门槛

地区间人口流动的流向几乎是单一的，流入地主要集中于京津地区、长三角地区和珠三角地区，流出区域集中于中西部省份，对于这些热门的人口集中流入地区，完全放开户籍并不现实，但长期限制改革进展缓慢也不合理，如何确定一个合适的人口增长速度并相应降低准入门槛是关键所在。

适当的城市人口增长速度可以使用户籍数量指标的方式来进行衡量与考核。尽管各大中城市面临不同的人口流入压力，但流入地政府都要有明确的每年吸纳外来人口的数量目标，并报上级政府审批，作为地方政府业绩考核的一项指标。在此基础上，地方政府按照核定的数量目标，放宽相应入户条件，吸纳外来人口落户。通过数量指标考核的方式可以增强中央政府的户籍改革调控能力，自上而下地督促地方政府加快推进户籍改革力度，加快城市化进程。

户籍制度的分步改革路径，第一步放开了本地农村青壮年劳动力进城落户、享有城市生活方式的限制，农民可以自由选择是否在本地的小城镇落户。第二步缓解本地农村居民，特别是老年人和儿童单纯为追求福利的城市化需求，农村居民不必为了享有某项城镇福利，为进城而进城，有效缓解城镇吸纳人口的压力。第三步有序推进人口异地城市化，通过可控数量指标既避免“一刀切”的政策使一些城镇面临巨大的人口增长负担，又可避免大中城市的消极应对与户籍改革缓慢的现状，使各城市的外来人口落户处于积极运转、有序推进的状态。

（三）分类实施户籍制度改革

户籍制度改革的目标是要解放人的迁徙自由，但这种自由受到不同地区资源环境的约束，一个地区能承载的人口数量是有限的，不同规模的城市面临不同的人口注入压力，因此户籍政策不可能所有地区、所有城市搞“一刀切”，必须采取分类的措施，赋予地方一定的自主权。按不同地区人口流动的压力依次放宽户籍门槛，科学有序地推进中国的城市化进程。对于大城市，要积极采用多种创新方式，有序放开户口迁移。鼓励发展以大城市为区域中心的都市圈，带动周边城市、枢纽镇的城镇体系发展；对

于中等城市，要大胆“放宽”户籍制度，扩大城市规模；小城市和中心镇要“放开”户籍管制，特别是发挥县级市作为区域集聚中心的作用，让更多的农民就地、就近城镇化，统筹城乡协调发展。

区分大中小城市与小城镇的户籍改革压力，有针对性地制定不同的户籍改革政策是必要的，也是可行的。

1. 创新大城市的户籍改革，完善积分入户制度，既积极主动又循序渐进地放宽户籍管制

大城市的发展必须要循序渐进，有规划地逐步放松户籍管制。如果在短时间内让大量流动人口迅速流向大城市，就会出现印度、巴西等大城市“贫民窟”。因此，要允许大城市、特大城市适当提高局部地方的准入门槛，大城市应建立人口增长的规划与评价指标体系，设立有利于人口城市化的明确目标和人口数量指标，有序地吸纳外来人口户籍迁入。增加外地人口入户的指标数量，做到目标明确、总体可控，效果明显。

北京、上海、广州等大城市相继出台了一系列放宽入户的政策，通常根据外来人口的社会贡献、居住时间、社保缴纳年限等指标进行有秩序的放宽入户，但总体上门槛较高，外地人口本地化的进度很慢。原因在于一项放松入户限制的政策出台，很有可能引发一轮快速的人口迁移，给城市财政带来较大的压力，因此，创新多种方式，科学地把控人口增长数量，显得尤为重要。笔者比较认可广州的积分入户政策，这一政策优点在于可以较方便地进行总量控制，使城市化速度处于可控区域。同时，也方便中央从全国整体层面上对各大城市的人口城市化速度进行指标调控，通过下达户籍迁移指标来加快城市化进程。

2. 有序放开中等城市的户籍限制，以更宽松的户籍政策加快自身发展壮大

中等城市的户籍制度改革方向是有序放开中等城市落户限制。中等城市要根据不同城市的户籍压力制定不同的政策，按照城市区域规划与人口规划，适度加快落户条件的放宽，吸引更多人口市民化。

长期实行省管县财政体制的地区，如浙江省所属的地级市，在城市发展速度上尚不如县级城市快，以至于部分发展较慢的地级市对外来人口缺乏应有的吸引力，浙江省湖州市在 2002 年出台政策允许外来务工者在湖

州市区入户，但实施后人口并未快速增长，外来务工人员入户的意愿不强。浙江省丽水市也有类似情况。

实行省管市体制的地区，由于地级市具有更优越的发展机遇，往往能成为一个区域的中心城市，对本区域的农村人口有较强的吸引力，对于这一层级的中等城市，都应以较为宽松的户籍政策为主，具体根据各自的发展趋势，制定相应的户籍管理政策，可以比县级城市紧一些，也可以更宽松，重点要解决长期在城市工作生活、为城市发展作出贡献的农民工的全家落户问题。通过较为宽松的户籍政策，让中等城市进一步壮大发展，成为我国城市化进程中的重要节点。

3. 全面放开小城市和小城镇户籍，让县级城市和中心镇成为农村人口就地城市化的理想之地

20 世纪 90 年代，我国的城市化发展指导方针是大力发展小城镇，把小城镇作为吸纳农村剩余劳动力的主要渠道。配合着乡镇工业发展出现了大量规模小、集聚功能差的小城镇，江浙一带曾被戏称为“村村像城镇、镇镇像农村”。事实证明，过度发展小城镇并不能有效地加快我国的城市化进程，随着乡镇小作坊工业的没落，大多数小城镇不具备充分的产业支撑和就业岗位，对农民来说，缺乏最基本的吸引力。

目前，有一部分小城镇发展良好，大多集中在“长三角”、“珠三角”、“环渤海”一带，少数在中西部地区，这些小城镇产业基础良好、就业岗位充分、生活设施齐全，并能为当地户籍人口提供优越的福利待遇，如教育、社保等。吸引了大量外来人口务工，并产生强烈落户需求，这部分小城镇面临着较大的人口压力。

如果把县政府所在地的城关镇也作为小城镇一并考虑的话，那么，这些县城往往具有集聚农村人口的先天优势，县城拥有县级行政区划内最好的生产生活条件和配套设施，对农民来说，也有最熟悉的人际关系和生活习惯，鼓励农村剩余劳动力向县城集聚，有利于农民工的合理流动和就地市民化，县城是吸纳农村剩余劳动力的理想之地。

因此，对于县级城市和小城镇来说，放开户籍是改革的主要方向，一些条件较好的县级城市和小城镇面对一定的人口迁入压力，不应设定较高的限制条件，相反要放开户籍管制，让县级市和小城镇成为吸纳农村人口的主要渠道。这部分城镇具有发展成为中小城市的潜力，要加快

行政体制改革与政策扶持力度，特别是要改革城市行政级别式的管理束缚，允许城市发展突破行政级别局限，“强镇扩权”、“强县扩权”，扶持产业发展，县级城市要允许发展成中等城市，中心镇要允许发展成小城市甚至中等城市。

第十章　城乡统筹视角下的新型城市化：农村土地制度改革

一　我国农村土地制度的相关研究

农村土地主要是指农村建设用地和农业用地，农村建设用地又包括宅基地、农村公益性及公共设施用地和农村经营性建设用地。由于我国城市化增量用地的形成主要来自于对农村土地的征收，即农村集体土地转化为国有建设用地，因此，与城市化密切相关的土地制度主要是指与农业用地、农村建设用地使用以及农村土地征收相关的一系列农村土地制度。

土地制度的变迁和改革一直是学术界关注的焦点问题，大量的学者从经济、政治、法律和社会多角度对这个问题进行了探讨，也由此形成了数量庞大的研究成果，以下对主要观点做一综述。

关于土地制度改革的意义。土地问题是一个不断发展的问题，一方面与农村、农民的生产生活方式变化有关，更重要的是受到整个中国经济和城市化发展的影响。随着土地需求的增长和土地资源价值的提高，国务院发展研究中心课题组的研究报告指出，“城市化进一步加快的同时，工业与农业争地、政府与农民争利也会不断加剧。农地转用与粮食生产、生态安全之间的矛盾和土地利益分配中的矛盾日益突显，农村土地制度的改革关系着这些矛盾的解决”[①]。周其仁在 2004 年就指出：中国的快速城市化是在农地转让权含糊不清的背景下推进的，土地利益的冲突是个两难问

---

① 刘守英、周飞舟、邵挺：《土地制度改革与转变发展方式》，中国发展出版社 2012 年版。

题，土地利益冲突与城市化加速该如何取舍[①]？曲福田等（2011）认为，城乡土地要素流动游离于市场之外，土地要素流动的唯一途径是征地，由于农村产权不清、城乡土地产权不对等，造成大量农村权益流失，“农民被上楼”等怪象屡有发生，我国进入城乡统筹发展新时期，土地产权制度急需改革创新[②]。刘松山（2012）认为当前我国城镇化进程中，征收农民房屋和土地的做法动摇并侵犯了农民的法定土地权益[③]。

当前土地制度存在的主要问题。张曙光（2007）认为我国的农村土地非农化过程是政府高度垄断和管制的计划经济政策，土地制度的实质是国家对集体土地和农业用地的政府管制和计划控制[④]。有些学者认为我国的规划管制不完善，沈开举（2010）认为，不管何种产权的土地，必须要服从土地利用的规划，这是我们国家今后土地制度在管理方面最重要的发展趋势[⑤]；陈小君（2012）认为当前我国土地管理法存在以下缺陷：土地管理制度成效不显著，土地管理的相关法律体系极不完备[⑥]。

关于土地产权制度改革的设想。就如何建立有效的农村土地产权制度方面，有少数学者主张要实现土地私有化。杨小凯、秦晖等（2002）学者认为：建立土地私有制是实现土地资源利用效率最大化的根本途径，私有化的主要特征是无限期可继承的土地所有权[⑦]。温铁军等（2008）学者明确反对私有化，因为他们认为当前中国的土地所有制是社会稳定的重要保障机制，土地全面私有化后必然形成土地兼并与集中，失地农民形成赤

---

① 周其仁：《农地产权与征地制度——中国城市化面临的重大选择》，《经济学（季刊）》2004 年第 4 期，第 193—210 页。

② 曲福田、田光明：《城乡统筹与农村集体土地产权制度改革》，《管理世界》2011 年第 6 期，第 34—46 页。

③ 刘松山：《征收农民房屋和土地的宪法法律问题》，《政治与法律》2012 年第 1 期，第 80—89 页。

④ 张曙光：《城市化背景下土地产权的实施和保护》，《管理世界》2007 年第 12 期，第 31—47 页。

⑤ 沈开举：《经济学家和法学家就中国土地制度的对话与争鸣》，《甘肃行政学院学报》2010 年第 2 期，第 98—116 页。

⑥ 陈小君：《农村集体土地征收的法理反思与制度重构》，《中国法学》2012 年第 1 期，第 33—44 页。

⑦ 杨小凯、秦晖等：《中国改革面临的深层问题：关于土地制度改革》，《战略与管理》2002 年第 5 期，第 1—5 页。

贫阶层，易引发暴力冲突和社会不稳定[①]。杨成林等（2011）也认为现有土地制度安排是缓解经济危机失业压力的重要机制[②]。还有部分学者则主张在土地所有权集体所有制度的前提下，强化以用益物权为中心的改革。李凤章（2010）认为目前的集体土地所有权制度是资源摄取的权力管道，他建议集体土地实现国有化，同时强化农民土地使用权益的保护[③]。周天勇（2011）提出给予农民99年的使用期，这是成本低、动荡小、易操作的农村土地制度改革模式[④]。目前，大多数的学者都是主张在坚持现有的土地集体所有制的基础上进行土地制度改革。贺雪峰（2013）在研究不发达地区农民基本生存和生产的基础上提出改变农村集体所有权并不一定能提高农民利益和土地资源利用效率[⑤]。陶然（2010）也认为我们改的不是集体所有制，更需要改的是征地范围和政府单方决定补偿标准的问题[⑥]。张曙光（2011）认为与其强调所有权的性质，不如强调产权的细分与实施，因此，他主张沿着《物权法》的方向强化农民土地承包权这一用益物权的保护与实施[⑦]。

关于农村土地征收问题。由于我国土管法规定，集体土地要进行建设开发必须先转化为国有土地性质的建设用地，即由政府垄断一级土地市场。由此，在征地过程中也产生了大量的社会矛盾，尤其是随着城市化的推进，土地资源价值日益突显，建设用地市场价格一路走高，随之而来的是土地增值收益的分配矛盾与冲突也日渐激烈。刘守英（2011）提出现有征地制度主要问题是农民在土地增值收益分配中处于不利地位，因此必

① 温铁军：《靠“土地私有化”解决农村问题是南辕北辙》，《学习月刊》2008年第11期，第10—11页。

② 杨成林、何自力：《土地职能和土地产权制度选择——中国土地产权私有化有效性质疑?》，《经济理论与经济管理》2011年第10期，第22—30页。

③ 李凤章：《通过“空权利”来“反权利”——集体土地所有权的本质及其变革》，《法制与社会发展》2010年第5期，第16—28页。

④ 周天勇、张弥：《城乡二元结构下中国城市化发展道路的选择》，《财经问题研究》2011年第3期，第3—8页。

⑤ 贺雪峰：《地权的逻辑Ⅱ：地权变革的真相与谬误（后记）》，东方出版社2013年版。

⑥ 罗梁波、杨俊锋编录：《经济学家和法学家就中国土地制度的对话与争鸣》，《甘肃行政学院学报》2010年第2期，第98—116页。

⑦ 张曙光：《博弈：地权的细分、实施和保护》，社会科学文献出版社2011年版。

须对征地制度和土地增值收益分配做大的调整[①]。严金明（2009）认为在征收补偿标准方面，由于规定按照农业用途补偿，剥夺了农地所有者分享土地转用的增值收益[②]。蔡锦云（2005）认为农村土地集体所有权界定不清晰导致了其产权主体“缺位”，进而导致征地补偿过低和收益分配不公[③]。另一方面，学者们对现有征地制度中政府主导可能带来的风险也十分关注。蒋省三（2010）认为，土地财政导致激进的征地，这不利于我国继续平稳较快地发展，由于这一模式形成的大量土地贷款背后潜藏着巨大的金融风险和危机。同时，这一模式也为大量的寻租行为提供了温床，是腐败的高发区[④]。曲福田（2011）认为，集体土地征收基本是脱离价格信号交易的。现在的征收制度还导致了政府对土地财政的依赖性[⑤]。

关于集体土地流转问题。郑振源（2012）认为推进土地资源配置方式和土地利用方式根本转变需要建立开放、竞争、城乡统一而有序的土地市场[⑥]。张曙光（2007）和北京天则经济研究所则认为在当下农村集体建设用地使用权出让、转让、出租和抵押等形式的自发流转大量发生，亟待规范，因此，正视现实的做法是变地下交易为公开交易，即允许其直接入市交易[⑦]。钱忠好（2002）提出，产权的不稳定会严重影响农民农地流转的意愿，因此，明晰农村土地产权可以促进农村土地流转[⑧]。杨继瑞（2010）指出，建立良好的法制环境和完善的社会保障制度，有助于促进

---

① 刘守英：《土地资本化与农村城市化道路——北京三模式调查》，《开放导报》2011 年第 2 期，第 17—22 页。

② 严金明：《我国征地制度的演变与改革目标和改革路径的选择》，《经济理论与经济管理》2009 年第 1 期，第 39—43 页。

③ 蔡锦云：《土地非农化过程中集体土地所有权的界定》，《上海经济研究》2005 年第 6 期，第 71—77 页。

④ 蒋省三：《中国土地政策改革》，上海三联书店 2010 年版。

⑤ 曲福田、田光明：《城乡统筹与农村集体土地产权制度改革》，《管理世界》2011 年第 6 期，第 34—46 页。

⑥ 郑振源：《建立开放、竞争、城乡统一而有序的土地市场》，《中国土地科学》2012 年第 2 期，第 10—13 页。

⑦ 张曙光：《城市化背景下土地产权的实施和保护》，《管理世界》2007 年第 12 期，第 31—47 页。

⑧ 钱忠好：《农村土地承包经营权产权残缺与市场流转困境：理论与政策分析》，《管理世界》2002 年第 6 期，第 35—45 页。

农民在土地转让中的理性行为[①]。张曙光（2007）认为，打破国家对农地转让的垄断，放松土地用途管制，发展农村集体建设用地流转市场，是走出困境的唯一出路。

关于农民宅基地问题。针对目前的一户一宅、禁止交易的农村宅基地使用制度，一方面，由于禁止流转导致部分地区农房空置低效问题突出；另一方面，在部分经济发达地区和城乡接合部，村民超面积甚至违章占地建房进行出租出售的现象也大量存在。梦祥仲等（2006）认为农村宅基地空置的根源是宅基地产权问题，要将所有权与使用权、收益权分离，允许在一定范围内流转[②]；蒲方合（2009）认为宅基地置换有利于解决农房空置和低效利用问题[③]；刘亭等（2009）认为农村宅基地置换能产生外部利润，地方政府、村集体、村民三方都能获得自身的收益[④]；韩清怀（2010）提出要构建有条件地放开宅基地使用权自由交易的制度[⑤]。大量的学者认为应当完善农村宅基地的管理、流转等制度建设，促进农村宅基地的有效、有序利用。

农村土地制度是农村经济制度体系和农村发展的基础，同时又是中国土地制度的重要部分。在我国城市化迅速发展的过程中，如何满足城市化建设用地需求并实现农业生产经营的规模化、现代化，都需要对现有的土地制度进行改革。城乡统筹背景下中国农村土地制度改革的目标是构建一套有利于推进城市化进程、有利于农民分享城市化成果，又能加快农业用地的流转与集中，适应农业规模化经营的要求，从而实现农业经营方式转变、推动现代农业发展的土地制度。

---

① 杨继瑞：《土地承包经营权市场化流转现状与对策》，《经济社会体制比较》2010 年第 3 期，第 67—76 页。

② 梦祥仲、辛宝海：《明晰使用产权：解决农村宅基地荒废问题的途径选择》，《农村经济》2006 年第 13 期，第 13—15 页。

③ 蒲方合：《宅基地使用权置换中的利益平衡机制研究》，《经济体制改革》2009 年 4 月，第 92—96 页。

④ 刘亭、庞亚君、赖华东、陈林等：《农村宅基地置换问题探讨》，《浙江社会科学》2009 年第 10 期，第 119—122 页。

⑤ 韩清怀：《城市化背景下农村宅基地制度改革思路探析——以人口的流动性与宅基地的区位固定性之矛盾为视点》，《城市发展研究》2010 年第 8 期，第 1—4 页。

二　当前我国农村土地制度的历史形成

（一）改革开放前农村土地制度的演变

当前我国的农村土地制度是在特定的历史条件下形成的。1950 年6 月正式颁布的《中华人民共和国土地改革法》提出要实现农民的土地所有制。由此，新中国成立后的土地改革通过没收或征收地主、富农、宗教机构等的土地分配给无地、少地农民和农村劳动者，实现了农民的土地所有。这一时期，农民拥有完整的土地权利，除需要交纳一定的税费外，土地所有权及其附属的所有权利都属于农民并可以自由流转。这一制度极大地促进了农村经济的恢复和发展。随后，社会主义改造在对城市产业从私有化向国有化改造的同时，在农村通过合作化运动也最终改变了土地所有制。1951 年发布的《中共中央关于农业生产互助合作的决议（草案）》，使农业互助组迅速发展起来。1953 年 12 月中共中央公布了《关于发展农业生产合作的决议》，强调初级农业生产合作社正日益变成领导互助合作运动继续前进的重要环节。1956 年 6 月颁布的《高级农业生产合作社示范章程》推动农村合作化运动向公有化程度更高、规模更大的农业生产高级合作社发展，高级合作社把农村土地农民所有转变为社会主义劳动群众集体所有。其后，人民公社制度虽经若干调整，但调整对象局限于农村各级集体组织的权利分配、自留地能否保留和保留比例，总体上农民完全失去了对土地的独立使用权、处置权和收益支配权。

（二）农村土地承包经营制度的形成

1978 年召开的十一届三中全会拉开了我国改革的序幕。为了解决农业生产积极性的问题，承包制在民间兴起并逐渐被正式接受和认可。1980 年9 月，中央文件《关于进一步加强和完善农业生产责任制的几个问题》对生产责任制予以肯定，明确“已经包产到户的，如果群众不要求改变，就应该继续允许实行”。1982 年 1 月，中央以“一号文件”形式发布《全国农村工作会议纪要》，明确了“包产到户”的社会主义性质，这是连续 5 个中央“一号文件”的第一个。1983 年的中央“一号文件”《当前农村经济政策的若干问题》就充分地肯定了家庭联产承包责任制是符合中国实际的社会主义道路，是马克思主义理论在中国的新创造，家庭联产承包责任制的全面实行，在不改变农村土地的所有权性质情况下，将农村土地的使用权和收益权赋予农民家庭，这样就实现了土地使用权和所有权的分离，农民获得了农地承包经营权。到1984年年底，全国569万个生产队中的99.96%全部包产、包干到户。1993年《宪法》修正案将“家庭承包经营”明确为一项基本国家经济制度。2007年的《物权法》把农地承包经营权进一步确定为物权性质的财产权利。

在稳定农村基本的承包经营制度的同时，农地作为生产资源的流转问题也受到关注。为规范农地资源的流转，2001年国务院《关于做好农户承包地使用权流转工作的通知》中明确土地流转的前提是家庭联产承包责任制不能变，在此基础上“依法、自愿、有偿”流转。2002年《农村土地承包法》提出要稳定和完善以家庭承包为基础的统分结合的双层经营体制，并对土地承包经营权的转让、转包、出租、入股等作了规范，完善了农地流转市场。2008年党的十七届三中全会《决定》指出要保障农民的土地经营权，建立健全土地流转市场，允许农民转包、出租、转让土地承包经营权，促进农地适度规模经营。

（三）农村集体建设用地管理制度的形成

随着土地资产和价值属性的不断凸显，在一些市县经济发达的城郊接合部，集体非农建设用流转现象大量存在。1998年修订的《中华人民共和国土地管理法》确立了农用地市场与建设用地市场分割运行的二元土地市场体系，建立“垄断一级土地市场，放开二级土地市场”建设用地市场结构。2004年中央“一号文件”《关于促进农民增加收入若干政策的意见》提出要积极探索集体非农建设用地进入市场的途径和办法。同年国务院发布《关于深化改革严格土地管理的决定》规定：一是要加强村镇建设用地的管理，编制乡镇土地利用总体规划；二是要城乡建设用地增减挂钩，城镇增加的建设用地要有农村建设用地减少为前提，且数量相等；三是禁止农村集体经济组织将集体用地用于非农业用途；四是完善宅基地审批制度，严禁城镇居民在农村购置宅基地。

农村宅基地一直是农地改革中被忽视的部分，直到城市住房市场商品化后，农村宅基地问题重新进入公众视野。农村宅基地和耕地一样，经历过从私有到公有再到集体所有的历史阶段，1986 年出台的《土地管理法》中规定了农村宅基地“分级限额审批管理”的使用管理政策。随着城市化发展和中央财政制度的变化，原有土地管理体制下的土地管理制度难以适应新形势的需要，中央在 1997 年《关于进一步加强土地管理切实保护耕地的通知》中，就明确提出要加强农村集体土地的管理，规定农村居民一户一宅，且不能超过标准，多出的宅基地要收归集体所有。1999 年国务院办公厅发文《关于加强土地转让管理严禁炒卖土地的通知》中规定，城市户籍居民不得到农村收购农民住宅，也不得占用农村集体用地建设住宅。由此，农村宅基地向城镇居民流转被严格禁止，地上有房产的宅基地的流转也被要求限定在一个很有限的范围内，这一管理制度至今沿用。2015 年中央“一号文件”《关于加大改革创新力度加快农业现代化建设的若干意见》中提出分类实施农村土地征收、集体经营性建设用地入市和宅基地制度改革试点，并在文件中明确积极推进农村土地等资源的确权工作。

三　农村土地制度改革面临的难题

随着市场化、城市化的不断推进，农村土地制度与发展环境的对立诸因素也不断产生与发展，对土地制度变革提出了要求，也为农村土地制度变革提供了条件。一方面，农民利益主体意识的增强逐渐改变了政府原有政策的基础，体现为农民市场经济观念加深及个体利益意识的强化与国家的土地资源不等价交换制度日趋严重的矛盾；另一方面，国民经济增长新阶段的要求不断反映农村发展的新困境，市场化发展对农业产业规模化的要求和以农户个体承包经营为特征的小农经济模式形成巨大的反差，城市化的发展对土地资源的价值形成及流通的要求与集体产权固化的矛盾，这都意味着对于我国目前的农村土地制度运行格局需要进行重新评判。当前城市化进程中土地资源的瓶颈约束表现十分突出，影响了我国城市化进程的和谐发展。

基于新形势出现的新矛盾，统筹城乡与城市化发展中土地制度改革重点需要破解三大难题：一是有效地保护并利用好耕地；二是保护并兑现农民在土地上的合法收益；三是节约高效地利用建设用地，调节城乡利益关系。

（一）耕地保护与集约化利用中的问题

1. 家庭承包经营的效率损失日益明显

由于中国经济是从封闭的经济模式走向开放经济模式，人口资源流动日益频繁，导致家庭承包经营效率损失不断提高。家庭承包经营的突出特点是土地的均分，其固有的缺陷一是农户生产能力与土地分配的不对称；二是由于人口的变动会带来土地分配的频繁调整。另外，由于我国人多地少的状况，土地经营规模过小导致了农户兼业化、副业化，甚至是农业的边缘化。数据显示，2013 年全国近 45% 的农村劳动力外出兼业谋生，数量近 2.7 亿人，其中长期在非农岗位工作的农民工达到 1.8 亿人，占农村劳动力总数的三分之一①。

2. 农村土地资源集约化利用发展缓慢

第二、第三产业的极速增长，城市化的迅速发展导致农业人口尤其是青壮年劳动力大量外出务工，然而，与人走不同步的是地未走，大量进城务工人员在农村的土地未能退出和流转，农业用地的规模化经营发展滞后。1986 年，农户平均拥有耕地 9.2 亩，分散为 8.4 块；2008 年，户均耕地下降为 7.4 亩，分散为 5.7 块，这一情况至今未有大的改变。同时，农业劳动力的主体演化为当前的以老龄人口和妇女为主的特征，与之相伴的是耕地弃耕和撂荒。国土资源部统计资料显示，我国每年弃耕的耕地近 3000 万亩②。尽管近年来中央在政策层面上积极鼓励土地承包经营权的流转，为农地流转和农户退出土地承包经营权提供了相应的制度基础，但从实际情况看，政策实际效果仍不理想。1999 年有 2.53% 的耕地发生流转，2006 年为 4.57%，2008 年为 8%，2010 年为 12%，2012 年达到了 21.5%。虽然这一比重也呈上升趋势，但是这一数字与农村劳动力非农就业比重和城市化率相比，差距较大。

3. 增减挂钩的农地补偿制度造成大量良田被占用

2004 年 10 月，国务院在《关于深化改革严格土地管理的决定》中提

---

① 振华：《银行支持土地流转需防强垒大户》，《金融经济》2015 年第 1 期，第 19—20 页。

② 翁航、史瑞：《转活“沉睡”的土地》，《四川党的建设（农村版）》2015 年第 4 期，第 33—34 页。

出“鼓励农村建设用地整理，城镇建设用地增加要与农村建设用地减少相挂钩”，也就是常说的建设用地“增减挂钩”。此后，不断加入试点行列的地方政府开展了以“宅基地复耕”为主要方式的城乡建设用地“增减挂钩”工作，带来的负面影响一方面是农民的“被上楼”现象；另一方面是大量优质耕地被城市建设征用。2005 年被征收的耕地为 16 万公顷，2009 年突破 20 万公顷，达到 21.68 万公顷；2011 年上升到 26 万公顷，耕地占用量逐年持续增加；而占补回来的农村宅基地难以复耕至良田，更严重的后果是直接抛荒。这一政策对城市化的进程有积极的意义，但没有实现城市发展集约用地的目标，仅仅实现了耕地账面上的平衡，长远看直接影响了我国的粮食安全。

表 10—1　　土地征收与新增建设用地情况　　单位：公顷

年份	征收面积			新增建设用地		
		农用地			农用地转用	
			耕地			耕地
2005	296931.29	233369.62	161315.41	350712.38	252958.39	170068.28
2006	341643.60	253781.04	169706.21	405998.05	288052.26	188763.93
2007	301937.28	223116.05	148241.15	412790.01	274365.52	176879.79
2008	304010.74	223206.05	149112.21	398771.88	270185.75	173358.89
2009	451025.72	351173.64	216762.98	501767.04	413793.10	244356.00
2010	459246.1	345188.10	228662.20	441312.00	374935.0	233719.40
2011	568740.50	395843.60	261756.50	498862.10	410538.55	253021.01

资料来源：《中国国土资源年鉴》2006—2012 年，中国统计出版社。

（二）城乡建设用地有效利用与征地问题

1. 以城乡二元为特征的建设用地制度是征地问题的根源

城乡建设用地市场不能打通，导致城市建设用地供给来源单一，而另一方面大量农村建设用地使用粗放，效率低下。由于城市土地和农村集体土地“同地不同权”，在现有的法律规定中，国家垄断了建设用地供给市场，城市化发展所需要的城市建设增量土地，要通过对农村土地的征用来实现，对城市周边土地的征用，一方面容易触及 18 亿亩耕地红线；另一方面由于对农民的补偿问题容易引发暴力冲突，城市化对土地的需求要有新的突破口。

2. 征用地制度直接造成城市建设土地使用浪费

从统计资料看，近年来每年的城镇新增建设用地接近 50 万公顷，2005 年新增建设用地 35 万公顷，2009 年达到 50 万公顷，2011 年为 49.8 万公顷，城市面积不断扩张。而城市用地快速扩张的背后，用地浪费现象颇为突出，地方政府间的盲目 GDP 竞争与土地财政的收益使地方政府大量依赖于征用农业用地获取利益，扭曲的征地机制为地方政府在土地资源配置过程中规避市场机制创造条件，造成土地利用过程极大浪费。由此带来的问题是城市规划缺少科学性和集约发展意识，不少城市规划的新区面积达几百平方公里之巨，远远超过原有城市总体规划面积几倍，大拆大建成了某些地方政府实施赶超、展示政绩的重要手段，至于是否可行，资源环境能否承载却无人问津①。各级城市千篇一律地建大广场、大马路、地标建筑等形象工程、政绩工程，造成“摊大饼”式的城市建设模式，大量建设用地被低效使用。除了城市新区的扩展、城市商住用地、公建用地外，各地还过度规划了大量工业开发区，超出实际的需求，产生闲置与浪费现象。资料显示，21 世纪初，我国开发区数量一度达到 6015 个，其名目也是五花八门，有叫经济技术开发区、高新技术产业开发区的，也有叫软件园、创业园、旅游度假区的，甚至还有的叫生态园、休闲园的，后经国务院整顿清理，缩减至 1000 多个。无序的城市新区建设导致大量农田和土地被占用，不仅严重地影响了城乡关系，加剧了城乡用地矛盾，违背了城乡统筹的科学发展观，而且影响了城市化质量，使得虚高的土地城市化不可避免。

3. 农村建设用地不减反增

理论上随着一个国家城市化的推进，人口向城市不断集中，城市的高楼大厦显然更有利于集约利用土地资源，总体上，城乡建设用地总量不断减少、土地利用集约节约程度不断提高。但是，按照中科院的调研和统计发现，1995—2011 年，我国农村人口年减少 1100 万，但农村建设用地总规模反而增加了 400 余万亩，即农村的建设用地“不减反增”。农村中原

① 方创琳编著：《2010 中国城市群发展报告》，科学出版社 2011 年版。

有的建设用地不能够有效地退出，而新增的建设用地又在不断地增加，因此造成了农村“人减地反增”的现象。

（三）农民土地利益的保护与兑现问题

在城市化的进程中，农民的土地利益，除了保障对农村承包地的经营权外，更多地还涉及农村集体建设用地和宅基地的使用与利益问题。

1. 农村经营性建设用地与城市国有土地“同地不同权”

农村建设用地难以正规进入用地交易市场，农民也难以通过正规渠道凭借手中的建设用地使用权获得相应的财产性收入，农民无法分享地价上涨的收益。2008 年，我国农村居民点用地 1653 万平方公里，占全国建设用地总量的 51%①，但这些农村集体建设的用地是不能入市交易的，农村集体只占有使用权，而没有处置权，不能交易、转让、赠予。另外，土地管理法规定了农村集体经营性建设用地不能市场化交易，但隐形交易却大量产生，如遍地开花的城中村“小产权房”、城郊接合部的标准厂房出租等。透过这些现象，我们可以看到城市郊区、城乡边缘地区等土地价值较高的区域，土地用途管制不严、土地市场秩序混乱、土地权益关系复杂、土地投机猖獗等一系列问题。

2. 农村宅基地大量闲置，缺少有效的宅基地退出机制

在加速推进新型城市化背景下，一方面是城市建设土地严重短缺；另一方面却是大量的农村宅基地低效利用与闲置，进城农民也无法从宅基地中很有效地退出。在城市化浪潮中，农村人口外流得越多，宅基地闲置的比例越高、面积越大。对于向城镇迁移的农民，由于其在农村的房产（包括宅基地）不能向非集体成员转让，显然影响到他们筹集一笔进入城市安身立业的最初资本金，从而降低了农民向市民转化的可能性和市民化意愿，阻碍人口的城市化进程，也不利于农村人口人均土地资源占有水平的提高。同时，作为建设用地的农村宅基地却长期空置，得不到有效利用，对于建设用地的集约使用是很大的损失。如果充分释放这批资源，将会增加更多的包括耕地在内的农业用地，也可以缓解城

---

① 张晓玲、詹运洲、蔡玉梅、左玉强：《土地制度与政策：城市发展的重要助推器——对中国城市化发展实践的观察与思考》，《城市规划学刊》2011 年第 1 期，第 25—29 页。

镇用地、工业用地的短缺问题。

四 各地农村土地制度改革实践的一些探索

近年来，在中央的政策指导下，全国各地纷纷进行了农村土地流转的实践，并取得了一定的成果和经验。

（一）重庆市“地票交易”模式

2007 年重庆被批准成为统筹城乡综合配套改革试验区。同年 11 月，重庆市发布了《重庆农村土地交易所管理暂行办法》，并于 12 月 1 日正式实施，同期建立了中国第一个农村土地流转平台——中国农村土地流转网。2014 年，重庆交易地票 2.05 万亩，交易额 39.17 亿元①。

重庆市的土地流转交易以“地票”形式进行。所谓地票，是农村建设用地指标的代称。地票交易有四个步骤，第一步是农村建设用地的整理环节，主要是通过将闲置的农村宅基地及其他农村公共用地等集体性质土地进行专业复垦，这样就增加了耕地，节约了一定数量的农村建设用地，形成了农村建设用地指标。第二步是验收环节，由土地行政机关对复垦耕地进行验收，在保证质量的前提下确认增加了多少耕地，腾出了多少农村建设用地，据此发放地票。第三步是地票的交易环节，所有法人和具有独立民事能力的自然人均可与土地使用权人在农村土地交易所内进行指标交易，即所谓的购买“地票”。第四步是地票的使用，城市周围需要占用耕地从事非农建设的各类单位，通过购买地票，增加等量城镇建设用地。政府对地票交易总量实施调控，同时规定地票在使用时，新增建设用地必须符合土地利用总体规划及城乡总体规划②。

地票交易的主要作用在于：一是提高了农村建设用地的效率，地票制度形成了农村闲置建设用地的退出机制，一定程度上解决了城市建设用地紧张的矛盾。二是保护了耕地，由于将新增城市建设用地与耕地的保护相

① 陈柯谕：《重庆累计“地票”交易逾 15 万亩》，中国新闻网，2015 年 2 月 13 日，http：//finance. chinanews. com/house/2015/02—13/7063767. shtml。

② 周艺霖、宋易倩：《我国农村土地流转创新模式研究》，《广东土地科学》2014 年第 4 期，第 30—35 页。

关联，使得在耕地总量不减少的情况下，城市建设用地还能够按比例有节奏地增加。三是有利于农村居民分享城市化成果，提高农民的土地收益。通过农村集体建设用地的整理、形成建设用地指标并以地票形式上市，能够将农村集体建设用地与城市建设用地远距离、大范围的转换，有效地提升了农村建设用地价值，形成了级差地租的分享机制，提升了农民在土地收益分配中的地位和份额，增加了农民收入。四是有利于建设城乡一体化的建设用地市场。

地票交易无疑是农村建设用地入市的一种有益探索。这种探索是在我国农村建设用地缺乏有效交易手段情况下做出的，为我国农村建设用地流转提供了宝贵的经验。地票交易所反映出的局限性主要有以下几个方面：一是由于这种交易一般要由村集体统一决策才能完成，导致农民个体的权利难以充分实现；二是交易的内容是建设用地指标，并非具体的土地，在价格方面并非完全反映土地权益价值；三是操作过程相对复杂，成本较高，周期也很长。

（二）深圳市农村集体建设用地入市

2012 年 5 月，《深圳市土地管理制度改革总体方案》获得国土资源部批复，深圳市启动了土地管理制度改革综合试点。2013 年 1 月深圳市以“一号文件”形式发布《政府优化资源配置促进产业转型升级》的“1 + 6 文件”，首次确定原农村集体经济组织拥有的工业用地可以挂牌方式公开出让，成为深圳在产业用地管理制度方面的一大创新。2013 年 12 月，深圳首块原农村集体用地成功上市。深圳市方格精密器件有限公司以底价 1.16 亿元竞得一块农村集体用地，该地块位于宝安区福永街道凤凰社区，占地面积为 1.45 万平方米，规划用途为工业用地，土地使用期 30 年。这次拍卖所得由村集体与国土基金分成，村集体凤凰社区股份有限公司获得其中的三成收益。按以往的规则，农村集体土地必须经征地变更为国有性质后才可以招拍挂出让，深圳首宗农村集体用地直接拍卖转让的探索无疑具有标志性的改革意义。但令人遗憾的是，自第一例农地成功拍卖后，深圳再无“农地”成功入市的案例，在法律未做修改前，任何行政上的改革总会面对突破法律框框的难题，首例农地拍卖仍要面对各种许可证件未获批的尴尬。

深圳农村集体建设用地的主要特点有以下几方面。

第一，创新了农村集体土地的出让形式。深圳的农村集体建设用地出让不经过政府转手，直接以村、社区的名义，通过招拍挂的方式面对土地需求者。地价款是直接付给村集体，让农民分享到较高比例的土地增值收益，农民权益有了保障。农村土地改革体现了更多惠及农民利益的改革方向。

第二，深圳农村集体土地改革有其特殊性。深圳的城中村集体土地，名义上已全部国有化，但没有完成土地性质变更的补偿返还手续，未完善征（转）地补偿手续的用地，名义上虽为国有，实际上却被原村（社区）集体占有，随着地价的攀升，补偿越来越难以达成一致，导致政府和集体都无法合法地利用，造成土地闲置和浪费。因此，深圳的“农地”直接入市有其特殊的背景和特定指向，是“政府拿不走、社区用不好、市场难作为”的历史遗留用地，并非完全意义上的农村集体用地改革。

第三，深圳农村集体土地出让范围受限。目前主要是针对产业升级需要的工业用地，2014 年扩展至公共设施用地，不可能用作住宅和商业开发，无疑限制了农村集体土地入市的空间和收益。

第四，农村集体建设用地入市利益分配机制并未形成。无论是五五分成，还是七三分成加留用物业的形式，其确定的标准和程序及合理性都值得深究。深圳“农地”入市遇冷，尽管政府出台分配方式时充分考虑了保护农村利益，但对于农村居民方而言，可能目前深圳市政府提供的利益分配方案对于他们来说“吸引力”还不够。如何形成一个合理的利益分配机制，是制度能否有效运行的关键。

（三）嘉兴市“两分两换”改革

2008 年 4 月，嘉兴市被浙江省政府确定为省统筹城乡综合配套改革的试点地区，农村土地“两分两换”改革是其重要的一项创新性举措。

所谓“两分”，就是将宅基地与承包地分开，搬迁与土地流转分开；“两换”则是以承包地换股、换租、换保障，推进集约经营，转换生产方式；以宅基地换钱、换房、换地方，推进集中居住，转换生活方式①。

① 戚永晔：《“两分两换”开创城乡新局面》，《观察与思考》2008 年第 21 期，第 25—28 页。

以七星镇为例，对应的具体置换方案为：村民可用宅基地和旧房换取城镇内的安置住房，面积人均40平方米，每户再加60平方米，即5口之家可以换260平方米面积的住房，村民按安置房价格1600元购买，户型最大115平方米，最小65平方米，相当于三代同堂的村民至少可以换三套城镇住房，自住无忧，且有余房可用于出租。另外，满16周岁参加置换的村民，每人给予置换房产补贴5.1万元，很大程度上缓解了村民购买城镇住房的压力，推动了村民置换的积极性。村民的承包地可以换股换租，由村民与镇政府签订协议，按每年约定的价格流转承包地，由镇政府成立的嘉湘集团进行集中规模化耕作，但土地的承包权依然在村民手中①。实施5年来整个七星镇共有3612户农民实现了“两分两换”，累计完成土地复垦约3600亩，其中土地综合整治项目约1100亩，累计完成流转土地1.6万亩，占流转土地总数1.8万亩的88%，下征土地2.99万亩，占下征土地总数3.15万亩的95%，建设标准农田1.7万亩。

承包地流转经营并非新鲜事物，但嘉兴的创新之处在于“两分”，将承包地和宅基地分开处理，这样的好处是弹性大，农民可以进行“1+1”的自由组合式选择，选择余地广，相对易操作。“两分两换”的探索有积极的意义，特别对于经济发达的沿海地区，农民非农化就业程度很高，“两分两换”加快了城乡一体化的步伐，推动了户籍、社会保障的一体化改革进程。但一些综合实力不强的地区，在推进类似的土地改革时，出现了“赶农民上楼”、“赶农民进城”的现象与偏差，导致这一改革受到质疑。

“两分两换”其实质内容是土地使用制度的改革，由农民将分散而低效利用的宅基地换成城镇住宅，政府获得新增建设用地指标来进行城市建设和发展第二、第三产业。“两分两换”最直接的作用就是打通了农民进城的渠道。

但是，嘉兴的“两分两换”模式在其实施过程中并非没有遇到挑战。首先的一个问题就是其土地整理与复垦的效果会由于少数农户不参与而大打折扣。七星镇在实施“两分两换”5年后，仍然有350多户农户未选择搬迁置换，他们当中不少人是因为原修建的房子建设过程中投入很高，与

① 孔令泉：《嘉兴土改遭遇“农地入市”瓶颈》，《法制与社会》2010年第2期，第19页。

政府的补贴标准相差较大。

融资和土地周转指标也是摆在相关部门眼前的难题。承包地流转之后如何引进高收益的企业，对于地方政府来说也是不小的挑战。各个试点乡镇所需要投入的前期资金都非常巨大，导致融资成为第一个大难题。建新的市镇和村庄，都需要土地周转指标，由于现在地方土地指标非常紧张，农村建设土地指标的划拨也就十分困难。更为严重的问题则是，按照目前的协议，承包地流转协议签约到2028年，2029年以后就面临政策变动等风险。

五　关于深化农村土地制度改革的建议

中国的城市化进程仍在进一步深化，农业人口向第二、第三产业、向城市转移的大趋势并未改变。为城市和第二、第三产业发展提供发展空间，提高农村土地使用效率，推进农业规模化经营，提高农业生产效率与效益，保护农民土地权益是当前统筹城乡发展背景下农村土地制度改革的一系列目标。土地制度改革关系到我国城市化、农业现代化进程的顺利推进，也涉及农地集体经济制度等一系列重要制度的改革，因此，这项改革既要加快推进基层的试点，也必须要从顶层设计考虑加以有序地推进。

（一）修订完善土地制度相关法律法规

完善法律是我国土地制度全面深化改革的前提，通过修法解决现行法律法规关于土地制度相关规定的矛盾冲突问题，加强农民土地权益保障与实现。当前农村土地制度改革在农村集体建设用地、农村土地承包经营权、农村宅基地三个方面需要相关的法律保障。

1. 需要修订完善包括宪法和土地管理法在内的与土地制度相关的法律法规条文，规范农地入市，为形成城乡统一的建设用地市场提供制度基础

主要的要求是对于符合土地利用总体规划和城镇建设总体规划的农村集体建设用地，要实现其在土地市场平等交易的权利，与城市建设用地同价同权。这需要在法律上明确农村集体建设用地的所有者“农民集体”的民事主体地位，也需要明确界定农村的存量或新增建设用地的法

定权属，并对如出让、抵押等农村集体建设用地的流转形式制定相应的规范。

2. 需要修订完善《农村集体土地承包法》等相关法规，进一步落实对农民土地承包经营权作为用益物权的保障

根据《物权法》精神，修订《土地管理法》、《农村集体土地承包法》、《抵押法》等法律法规，明确规定土地承包经营权的物权属性，规范流转种类，增加土地流转依法登记的法律规定。在法律层面明确农村集体土地承包经营权转包、抵押、入股等流转方式的具体内涵和属性，弥补土地流转活动的法律依据缺失。对全国各地出现的多种探索性土地承包经营权流转方式，如出让、发包、反包倒租、拍卖、联合经营和托管等也要加以及时地补充和完善。

3. 适时出台农村宅基地管理的相关细则或条例，保障农民宅基地物权、提高农村宅基地的使用效率

修订和完善与农村宅基地占有和使用相关的法律法规，保障农民居住权力的同时明确农村宅基地的建设用地产权属性，建立农村宅基地的流转制度，提高农村宅基地的使用效率。大胆探索农村宅基地的市场化流转形式与范围，促进农民工有效进城落户，加快城市化进程。

（二）制定农村集体经营性建设用地入市制度

1. 探索建立城乡统一的建设用地交易市场

首先必须打破土地一级市场的政府垄断，放宽准入条件，让符合条件的农村集体建设用地顺利进入市场交易，只要符合城镇规划、符合土地用途要求的，都允许入市，实现农村集体建设用地与国有土地市场并轨。

缩小土地征收范围，征地仅限于公共利益用地，要制定公共设施和公益设施项目用地目录，不在目录的一律不予启动征地程序。规范征地程序，建立征收土地全程公告制度，征收听证制度，确保征地程序透明公正，健全矛盾纠纷调处机制；征地补偿标准要由经营性建设用地市场价格来确定，向“因市定补”转变。农地入市交易的收益，要重点用于保障补充耕地、保障农民权益、发展壮大集体经济。

2. 完善农村集体经营性建设用地产权制度

目前，宅基地占了农村集体建设用地的绝大多数，经营性建设用地所

占比重较小。城市化的加快和农业人口的减少，为宅基地腾退创造了条件，近年来开展的旧村改造很大程度上节省了大量的宅基地面积，这部分建设用地调整为经营业建设用地后，可以满足工业化和城市化对土地的需求。为此，要进一步明晰产权，明确农村经营性建设用地的范围，逐步赋予其完整的权能，建立健全市场交易规则。

建立城乡统一建设用地市场有利于形成主体供给上的竞争，通过统一、公开的土地市场、促进不同土地主体之间的公平交易，利用市场机制作用提高土地资源配置效率。同时有利于消除隐性土地交易的风险与危害。

（三）强化土地资源用途管制

在未来城乡建设用地统一市场建立的情况下，土地资源用途管制就成为土地监管的最重要手段。因此，要进一步强化土地资源用途管制。

1. 需要加快土地资源用途管制的顶层设计，出台《土地利用总体规划法》，严控建设用地挤占农用地

强化国土资源规划、城乡建设规划及土地利用规划的系统性、科学性和现实指导性，提高土地利用的效率。以县为主体出台地方土地利用总体规划，规划编制要公开透明，要尊重农民的意愿，要接受群众监督，实现规划的民主化与法治化。针对当前土地利用总体规划实施过程中存在的地方自由裁量权过大的情况，为避免地方政府对农地入市的阻挠，应当在《土地利用总体规划法》及相关法律、法规和政策文件中，明确地方政府在编制和修改土地规划中的权限、原则、内容、程序以及问责机制等，以确保土地规划的科学性，促进土地要素市场的培育。

2. 在加强土地资源用途管制的基础上，完善建设用地增减挂钩政策

近年来，全国普遍试行了城乡建设用地增减挂钩的办法来为城市扩张解决用地难题，如重庆的地票制度等，基本做法是在保持耕地总量不变的前提下，地方政府将农村中的宅基地复耕后腾出建设用地指标用来征用城市周边的耕地为城市建设用地，这一方法既缓解了城市用地的紧张，也使农民在一定程度上分享了城市化的成果。按照城乡建设用地市场一体化的构想，可以进一步改进增减挂钩的方式，直接允许农村建设用地的指标入市交易，在农村集体之间流转。例如，偏远地区的农村将其多余的农村经营性建设用地复垦为耕地，取得“地票”后通过专门的市

场转让给城镇近郊的农村，近郊农村可以将等量的耕地转变为农村集体经营性建设用地①。

3. 完善耕地占补平衡制度

目前实行的刚性耕地占补平衡制度是导致土地违法严重的原因之一，而且现有的耕地占补平衡政策作为一种行政手段，对于耕地质量关注不足，复垦的农地质量很大程度上无法和被征用的土地相提并论。因此，完善耕地占补平衡制度，要在保护优质耕地的前提下重点加强对补充耕地质量的监控，严格审核新增耕地的土质、评估复耕情况，对耕地数量变动、耕地质量变化进行重点跟踪监测与统计。

（四）改革征地制度，合理分配土地增值收益

改革现有征地制度，一是要缩小征地范围并形成更为合理的征地补偿标准，在完善的城乡建设用地市场条件下，可以按照土地的市场交易价格进行征地补偿，提高农民分享收益比重。推广征地制度改革方面的有益做法，如留用地制度，按比例给被征地的农村集体留下一定面积的经济发展用地，由村集体经济组织按照规划建设厂房、商铺等，租金收益用于村民的社会保障、发展集体经济及在村民中进行分配。

二是建立合理的分配机制，兼顾国家、集体、个人利益，在政府、农村集体经济组织、农民个体之间建立土地农转用增值收益共享机制。通过税收杠杆建立起合理的土地增值收益调节机制。当农村集体建设用地在一个以法律为底线、市场为标准、税收为杠杆的规范交易下，土地权利各方都会实现"帕累托"最优②。

（五）改革调整农村宅基地使用制度

1. 改变现有的农村宅基地无偿使用的制度，逐渐建立宅基地有偿使用的制度

宅基地有偿使用是推进集体建设用地流转的突破口，可依据各地经济

① 蔡继明：《关于当前土地制度改革的争论》，《河北经贸大学学报》2015年第2期，第1—5页。

② 朱明芬、黄鹏进：《关于全面推进农村土地改革的几点思考》，《中共浙江省委党校学报》2015年第1期，第103—110页。

社会发展水平和农民承受能力，针对一户多宅以及超标准占用宅基地等问题，制定宅基地有偿使用的标准，征收相应数额的土地资源占用费，倒逼农户停止违占宅基地、随意分户建房的行为，对长期闲置的宅基地可采用征税的方式提高持有成本，促使农户提高农村宅基地的使用效率。相应地，也需要配套建立城乡一体的住房保障制度，通过补贴、建设保障房等方式切实保障农村困难家庭的居住权。

2. 建立相应农民宅基地有偿退出机制

宅基地的有偿退出可以解决农村宅基地长期闲置和私下交易等一系列问题，也可以为农村人口进城提供购房的资本，加快人口的城市化。因此，要赋予其农村宅基地完整产权，鼓励进城落户的农民用宅基地的价值直接兑现现金收益或换取城镇住房，同时要尊重农民的自主选择权，不能利用有偿退出机制强迫进城农民放弃原宅基地使用权。

3. 通过宅基地再整理，充分利用集体建设用地

在充分尊重民意的基础上，在具备条件的地区，通过新农村建设、村庄住宅重新规划与建造、旧村改造等方式整理宅基地，将调整后多余出来的建设用地，由村集体经济组织开发利用，或在建设用地市场中转让，也可复垦后通过建设用地交易市场拍卖建设用地指标。

（六）积极完善土地承包经营权流转市场

发展农村土地流转服务平台，加强农村土地流转服务体系建设。土地具有稀缺性、专用性和不可移动性等特征，而农民个体又存在数量多而分散的特点，土地流转过程中农民个体与土地需求方存在信息不对称、主体地位不平衡等问题，几乎无法直接交易，需由地方政府牵头建立专业的可依赖的土地流转中介组织，为土地流转提供专业服务。当前，需要制定相关规章制度，保障中介组织参与土地流转的合法地位，让农用地流转中介机构提供土地流转信息传导与预测、咨询、谈判、流转价格评估等服务，以及围绕农地融资、信托、保险、招商等进行相关活动。此外，要加强政府服务与监管，规范土地流转。政府部门要加强对土地流转的服务、管理和监督工作，营造良好的政策环境，确保流转过程公平、公正、公开，体现农民的真实意愿，保障农民土地权益。

六 案例：浙江省德清县农村“三权”制度改革

德清县位于湖州市南端，毗邻浙江省会杭州市，区位优势明显，2012年德清县实现国内生产总值308亿元，入围中国中小城市综合实力百强县。德清县素有“名山之胜、鱼米之乡、丝绸之府、竹茶之地”的美誉，农业基础好，城乡经济发达协调，城乡经济社会一体化发展的基础较扎实。近年来，德清县被列为浙江省城乡体制改革的试点县，在全省率先开展了多项城乡体制改革试点，其中一项重点改革就是农村的产权制度改革，主要内容包括对农村土地承包所有权、承包权与经营权进行分离；对农村宅基地进行确权办证，允许其在县域范围内交易，对村级集体资产进行股份化改革，允许其继承、交易、转让。通过改革促使农民权益要素化，促进土地要素市场的形成和土地要素在城乡间的合理流动。德清县农村产权制度改革试点为进一步统筹城乡与加快城市化进程奠定了良好的基础。

（一）德清县农村“三权”制度改革试点的内容

2013年，德清县《城乡体制改革试点方案》经省政府正式批复同意，率先开始探索构建现代农村产权制度，为全省推进城乡体制改革积累经验、提供示范。

德清县对农村土地（山林）承包经营权、宅基地用益物权、住房财产权等各项权益的确立，对于进一步理顺农村产权关系、切实保障农民财产权益、激活和提高农民财产性收益具有十分重要的意义。根据试点方案，德清县将重点改革农民土地承包权的保障、农户宅基地用益物权以及农民对集体资产股份的受益权。同时，保障农民可自由选择到城镇落户。

1. 切实保障农民土地（林地）承包经营权

根据《中共中央办公厅、国务院办公厅关于进一步稳定和完善农村土地承包关系的通知》要求，德清县早在1998年就已经完成了农村二轮土地的延包和登记发证工作，2004年该县对农村土地延包工作进行了完善，并重新变更、换发土地承包合同、权证，真正做到了承包面积、四至、合同、权证“四到户”，并与实际承包状况的“四相符”，全面依法保障农民承包期30年不变的长期稳定政策。根据浙江省政府《关于切实做好延长山林承包期工作的通知》要求，德清县于2007年4月底全面完成了林业生产责任制延包确权工作和林权证发放工作，经过清册抄录签字、电脑录入、清册公示、责任合同签订等步骤，明确山林经营主体。

在农村土地承包经营权确权的基础上，政府鼓励引导进城镇落户农民依法自愿有偿流转。截至2013年年底，德清县共确权登记农村土地28.9万亩，涉及农户79958户，发放农村土地承包经营权证79793本；农村山林确权登记41.3万亩，涉及农户31292户，发放农村山林承包经营权证31737本。该县农村承包地流转平均价格达到每亩每年850元；同时，以林权确权为基础，德清县进一步深化完善生态环境补偿机制，提高生态补偿标准，将浙江省确定的生态公益林补偿标准每亩每年25元提高至30元，每年增资2000余万元用于对山区农民的直接补助，带动农民转移性收入不断增长。

2. *着力提高宅基地用益物权受益*

坚持“一户一宅、建新拆旧”和“尊重历史、分类处置”的原则，认真处理农村宅基地和农房确权登记颁证工作。2013年对全县151个行政村开展全面农村宅基地情况调查和备案登记，全县99647宗宅基地，已确权发证85187宗，其余已完成调查备案工作。切实保障进城镇落户农民合法拥有宅基地使用权和房屋所有权。在颁证确权的基础上，支持引导农户出租农村住房，并进行分类指导，确保农房保护、利用和开发产生最大化资金收益。由于因势利导地发展了农家乐、乡村旅游等，西部山区农房出租价格从2009年每年每户3000元，提高到目前每年每户3万元左右，带动了农民收入大幅增长。

3. *积极释放集体股权收益*

按照“依法、民主、公正、合理、稳定”的原则推进村农村经济合作社股份制改革，将集体营业性资产折股量化到户（人），集体净资产折股量化办法与股权设置比例因村制宜、合理确定，但须经原村经济合作社社员（代表）大会三分之二以上人数同意方能通过。股权确定后，统一发放集体资产记名股权证书，原则上不随人口的增减而变动股份数量，实行静态管理。持股成员的收益权可依法继承、内部转让，但不得退股提现，由此保障进城镇落户农民在村经济合作社中的集体资产收益分配权。

至2013年5月，德清全县160个村经济合作社已全部完成了股份合作制改革。160个村经济合作社共核实村集体总资产18.32亿元、净资产7.2亿元，其中经营性净资产2.47亿元，量化村级集体经营性资产1.98亿元，确定股东并发放股权证30万人。2013年，全县有7个村集体经济股权实现分红，总金额达181万元，最高的村达44.1万元。折股量化资产最高的武康镇宋石村共量化经营性净资产1176万元，平均1.6万元每股①。

（二）德清县农村“三权”制度改革试点取得的经验

德清县以农村产权制度改革为突破口，理顺农村产权制度体系，破解农村土地制度的禁锢，全面激活农村改革活力，加快推进农村人口的城市化。为农村土地制度的全面深化改革积累了经验。

1. 全面推进农村土地承包经营权、宅基地用益物权和农村集体经济股权为内容的“三项确权”，实现“三权到人，权跟人走”，激活农村资产

德清县较早建立了城乡统一的户籍制度，但由于农村产权制度的不明晰，农民进城的积极性不高，因此，此次农村“三项确权”产权改革一方面打破了城乡土地的二元体制，有利于城乡土地要素市场的建立，虽然离农村集体用地同等入市同权同价的目标有较远的距离，但至少在现有的体制框架下迈出了有益于改革探索的一步。农村宅基地在确权颁证基础上，探索在一定范围内的流转，虽然城镇居民不允许购买宅基地，但试点探索在农村中宅基地跨村跨镇的置换，让宅基地的资本价值进一步体现出来。同时促使农村的宅基地流动起来，让农户有效地兑现宅基地的利益，加快人口的城市化进程。

2. 构建县、镇、村三级交易平台、政务服务平台和监管平台等“三大平台”，打通农村产权流转渠道

“三项确权”是农村产权改革基础，在确权的基础上，要推进农村产权的顺畅流转、规范交易，才能有效地实现产权的价值。搭建政务服务平台，建立德清县农村土地流转指导中心，乡镇农村土地流转服务中心以及

① 颜伟杰、潘宗敏：《德清启动城乡体制改革试点》，《浙江日报》2014年5月8日。

村土地流转服务站，三级联动为农户提供土地流转的指导和服务。加强农村综合产权流转交易服务平台建设，形成全省首个覆盖县、镇、村、户四级的交易平台，实行“六统一”的管理模式，即统一的交易规则、统一的鉴证程序、统一的服务标准、统一的交易监管、统一的信息平台和统一的诚信建设。建立监管平台，依托农村“三资”管理服务中心，构建“四议两公开一监督”管理模式，即村级资产的购置与处理必须经过村党支部提议、“两委”班子商议、党员大会审议、村民大会或代表大会决议，在表决通过的基础上实行决议公开、实际结果公开，整个重大活动过程必须由村务监督小组全程参与监督。

3. 创新农村金融服务，推进农村产权抵押融资，配套财政金融等保障措施

德清县开展农村林权、农房抵押双试点工作，撬动沉睡农村资产，通过农村产权抵押融资，实现对农村居民的赋权增利。目前，金融机构已推出针对农村集体经济股权等三权的质押贷款等十几个新型支农特色金融产品，其中农村土地（林地）承包经营权抵押贷款开展最为广泛，银行接纳度较高。截至2014年年底，土地承包经营权抵押贷款办理223户，共计1.20亿元，农房抵押贷款发放555户，金额6117万元，农村集体经济股权抵押贷款数量较少，共发放14户，共计121万元。促进农村普惠金融业务创新，鼓励和引导各金融机构加大对农村的有效信贷发放。同时对农村金融服务对象开展农村“三信”体系评定，累计评定县级信用镇9个、信用村108个、信用户7.4万户。

4. 构建统筹城乡配套的服务机制，促进农民工市民化

农村“三项确权”目的是加快城市化，鼓励农民的市民化，让进城的农民尽快地融入城镇生活，享有与城镇居民同等的公共服务。在养老保险制度上，在企业务工的进城农民与城镇职工一样参加城镇职工养老。基本医疗保险制度上，在企业务工的进城农民与城镇职工一样参加职工医疗保险；在家待业进城农民以及在校学生，和城镇居民一样参加居民医疗保险。当前，城乡居民医疗保险制度已经建立，原有的城镇居民医疗保险与农村新型合作医疗在制度上基本打通，报销额度、报销标准基本统一。在义务教育方面，进城农民的子女享受当地同等居民条件，在城里的小学、初中安排就近入学。

（三）农村“三权”制度改革对新型城市化的价值

农村“三权”制度改革在制度上以法律形式确保“同地同权”，并以农民为主体，在保护农民基本土地权益的前提下，着眼于农业产业化和市场化经营，做好“土地流转”，对于推动农业现代化和新型城市化具有巨大的价值。

1. 农村“三权”制度改革为农民市民化提供了制度创新与支持

农民工长期在城市工作，熟悉城市的生活方式，但他们就业质量和收入水平不高，要在城市中稳定地居住和生活，着力点始终停留在靠政府花费大量财政资金改善农民工在城镇的生活待遇是远远不够的，也是不堪重负、见效甚微的。例如政府需要建造多少公租房才能满足农民工对城镇住房的需求？因此，让2亿农民工市民化更需要改革农村产权制度，要允许农民工将在农村拥有的承包地使用权、宅基地使用权、集体资产占有权进行兑现和流转，获得其在城市安家落户所需的部分启动资金。因此，农村“三权”制度改革为农民合理兑现自身的利益，向市民顺利转化提供了制度上的创新与支撑。

2. 农村“三权”制度改革盘活大量农村存量土地，提高了资源要素配置和利用效率

农村“三权”制度改革的目标要实现要素市场化改革，提高土地资源的利用效率，通过“三权”分离式的改革，在保持土地集体所有权不变的基础上，首先，稳定了土地承包农户的权益，又放活土地经营权，通过土地流转发展适度规模经营，解决土地撂荒问题；其次，要建立城乡建设用地统一市场，让农村集体建设用地不需要经过征地过程直接同权、同价地进入市场交易，农村直接分享土地交易收益，通过市场机制提升建设用地使用效率，保障农村利益；最后，推进宅基地跨村跨镇的流动，促进农村人口的集聚，也有利于宅基地的再次利用。

3. 农村“三权”制度改革有利于加快农业现代化进程

我国由于长期农村人口多、农地分散，实行的是包产到户的分散经营模式，耕地的规模化生产难以实现。提高农业的生产效率首先要提升土地的集约化经营程度，“家家都种田，户户小而全”是不可能实现农业现代化的。人口的城市化是农业集约化经营的前提，发展集约化、现代化农业

需要建立鼓励土地流转集中的制度，首先是土地承包经营可流转，其实允许以土地经营权和宅基地使用权进行抵押，发展农村金融，才能集聚现代农业的生产要素发展规模农业，实现农业的现代化。

第十一章　城乡统筹视角下的新型城市化：教育与社会保障制度改革

教育、就业与社会保障等城乡公共服务是影响城市化进程的重要制度因素。尤其是下一代中小学的教育质量，很大程度上影响了人口的迁移与户籍的迁移，并带来了一系列的社会问题。因此，教育与社会保障等公共服务供给制度改革是推进新型城市化制度改革的重要组成内容。

一　改革与完善城乡义务教育制度

（一）义务教育制度对新型城市化的影响

无论是统筹城乡发展的需要，还是加快推进城市化进程的需要，义务教育中存在的地区间、城乡间的不平衡，在很大程度上影响着城市化的发展方向。

1. 地区间义务教育不均衡引起城市化人口的非合理流动

人口的流动是无数个体的理性选择，在地区间、城乡间吸引着人口流动的各种利益和影响因素中，子女的教育是至关重要的一环。中国几千年农耕文化中“耕读传家”的传统影响着每一代的农村人，“学而优则仕”与光宗耀祖的思想体现在几乎所有中国人的意识行为之中。与 20 世纪 80 年代农民外出务工不同，现在的农村外出务工人员不仅仅考虑是否能够就业，更多地开始考虑子女的义务教育问题。特别在 2003 年国务院出台《国务院办公厅转发教育部等部门关于进一步做好进城务工就业农民子女义务教育工作意见的通知》（国办发〔2003〕78 号），要求外来务工人员就业地统筹解决其子女接受义务教育后，越来越多的外来务工人员倾向于进入义务教育质量更高的大中城市，为子女将来发展创造一个好的开端。

由此，在大中小城市之间，在东、中、西部城市之间，除了就业与安居的考量外，教育成了另一个重要的导向因素，越来越多的外来务工人员会放弃最适合他们工作和居住的城镇而选择工作更累、生活成本更高的大中城市，导致城市化人口在城市间的不合理流动。

同时，不仅仅是农村的外出务工人员，大中专毕业生同样会考虑不同地区、不同城市的义务教育质量差别，更会考虑地区间高考录取政策的差异，这些差异直接影响了不同城市户籍的价值，进而扭曲了所有人的择业、择居的决策，影响了新型城市化的质量。

2. 城乡间义务教育不均衡拉大城乡发展差距

城乡统筹发展除了需要公共设施与公共服务建设的财力投入外，人口的素质提升与劳动技能提高是农村发展的内在动力。由于城乡义务教育质量的差别，农村学生在进入非义务教育阶段的高中后，成绩普遍低于城市学生，在高考录取中，来自农村家庭的学生比例逐年下降也说明了基础教育的城乡质量差距是很重要的影响因素。大量的农村儿童接受了比城里儿童质量更低的教育，未实现九年制义务教育普及的人口基本分布在偏远农村地区，农村人口文化素质提升缓慢，某种程度上也影响到城乡统筹的进程。

统筹城乡的新型城市化要求大中小城市和小城镇协调发展，城镇与乡村一体化发展要引导人口合理分布，向宜业宜居的中小城市和小城镇集聚，必然要解决义务教育的均等化问题，通过教育制度的改革与创新，使各类城市之间、城市与乡镇之间的教育质量和教育水平逐步均衡化。

（二）义务教育非均衡发展的制度成因

在城市化的背景下，看待义务教育供给制度存在的问题当然是多方面的，直观的原因是政府财政投入的不足以及财政制度造成的投入非均衡性，由此导致了地区间及城乡间义务教育发展的差别和教育的不公平，更深刻地反映了地区间及城乡间不同利益群体之间的权力矛盾。

1. 城乡二元体制的历史影响

新中国成立后，受苏联发展模式的影响，我国选择一条以农补工的工业化道路，国家以工农产品价格“剪刀差”的方式从农业中提取经济剩余价值，形成工业化和城市发展的资本积累。据不完全统计，从 1953 年至1978年，我国通过工农业产品的价格“剪刀差”从农业中获取了6000亿元至8000亿元的积累资金用于城市发展①。这种严重扶持工业的倾向固化了城乡既有的发展差距。与此发展战略相适应的一系列制度同步生成，以城乡二元户籍制度为核心，覆盖就业制度、社会保障制度、教育制度、税收制度等等，这些制度共同体从政治、经济、文化等各方面把统一的中国社会人为地分割为城市和农村两个对立面，形成森严的城乡壁垒。

在义务教育领域，城市义务教育由城市所在地政府本级财政拨款主办；而与城市不同，农村义务教育实行的是“县、乡、村三级办学，县、乡两级管理”的体制，在经费投入上，实行以财政拨款为主，辅之以征收农业税用于教育补助。城市教育由政府主办、农村教育由农村自筹资金为主的双重供给制度由此形成。

2. 义务教育投资主体低重心体制的影响

改革开放以来，我国农村义务教育投资主体伴随着财政体制改革一直处在制度变迁之中。20世纪80年代变化的方向与财政体制改革基本一致，是从集权向分权的演变，教育的管理权力和投资责任由中央逐级下放到地方政府。21世纪初，我国确定了“以县为主”的义务教育投资体制，虽然在一定程度上缓解了乡镇财力的困境，有利于在县级层面统筹教育经费的使用，但这种体制下，由于县级财政的有限，特别是欠发达地区的县，从“以乡镇为主”到“以县为主”的政策调整，仍然只是教育资金在农村内部的重新调整和再分配，并不能从根本上改善农村教育资金的短缺。更重要的是，对于更高层面的教育均等化问题，如一个地级市、一个省区内部以及全国范围内教育非均等化问题的缓解却难以奏效。

2006年以后，中央虽然要求省以下各级政府要分担义务教育的经费投入，但财政体制中固有的事权与支出责任划分不清的弊病，造成教育事权与经费支出任务不断下放，“以县为主”的局面难以改变。我国教育投入的严重问题体现在两个层面：一是城乡之间的差距大；二是区域之间的差距大，比如上海的生均教育财政经费是贵州省的7倍。县级财政能力只能在一定程度上缓解县教育投资的均衡，县域间义务教育投入失衡局面难以得到扭转，甚至一省范围之内，县域间的差距仍然很大，县级统筹对于

① 温铁军：《中国农村基本经济制度研究》，中国经济出版社2000年版，第177页。

跨县的城乡之间的教育差异无能为力[①]。

3. 财力与事权的非对称性造成优质教育资源向大中城市集中

在我国的分税制财政体制下，财力上移、事权下移的现状不仅造成了投资主体重心下移的上述问题，也进一步形成了优质教育资源向大中城市过度集中的现状。财权与事权的不对称，一是财力上移，省级财政能力好于市级、市级财政能力好于县级，大城市财政能力好于中等城市、中等城市财政能力好于小城市、小城市好于中心镇。二是事权下移，义务教育“以县为主”的投资体制决定地方财政能力等同于义务教育投资能力。由此，城市间的教育质量差距就直观地表现为大城市优于中等城市、中等城市优于小城市、小城市优于建制镇。大量优质教育资源向上集中，很大程度影响了人口的流动过程。

4. 收益的外溢性导致地方政府内在投资激励不足

合理界定公共服务的属性是进行政府间事权划分的逻辑起点。当一项公共物品或服务的成本与收益都由某个辖区内的居民承担和分享时，这项公共服务的供给由该辖区负责提供效率最高，它不存在成本和收益的外部性问题。相反，如果该项公共服务的收益外溢到其他区域，就会影响该辖区居民提供它的积极性，也影响到供给效率，导致公共服务供给不足。对于教育而言，高等教育被认为它的受益范围是全国性的，应由中央政府来提供，而义务教育的受益范围被认为是区域性的，应由地方政府来提供。

这一观点在20世纪80年代以前是说得通的，由于地区间、城乡间人口流动的受限，义务教育的投资效益基本能内化在本辖区范围内，很少发生大规模空间外溢现象。但随着改革开放和人口流动的频繁，大量的人才、青壮年劳动力发生了地区间的迁移，普遍由贫困地区向发达地区流动，目前全国有2亿人至3亿人居住地与户籍地不一致。人口向发达地区和大中城市集中，意味着欠发达地区大量的义务教育投入出现了明显的外溢性，这些地区本身财力薄弱，加之教育投资收益外溢，更加影响了地方政府投资基础教育的动力。此外，义务教育和人力资本投资的收益具有长远性，这与地方政府追求经济效益的短期自身利益不是很吻合。在当下的

① 吴雪：《我国县级财政教育投资体制的分析及改革设想》，《财政研究》2005年第4期，第6—8页。

政府绩效考核机制下，官员更看重经济建设支出而缺乏义务教育的投资积极性，很多贫困地区，即便是按照规定用于义务教育的资金也经常被截留、挪用。

5. 城乡师资水平差距较大、教育质量难以均衡

2009年《中国教育绿皮书：中国教育政策年度分析报告》指出：教师是教育和学校发展的核心要素，教师的质量和数量决定着教育的质量和学校的活力①。而农村义务教育面临的一大问题就是师资水平普遍较低，从教师的学历看，农村教师的学历程度大大低于城镇教师的学历程度。2011年在农村普通初中，拥有研究生学历的教师仅有2584万人，只占农村普通初中专任教师总数的0.3%；在城市普通初中，拥有研究生学历的教师有21237万人，占专任教师总数的2.14%，两者相差8倍。

表11—1　2011年城乡普通初中教师学历对比　单位：万人

学历	研究生	本科	大专
农村普通初中	2584	500478	339265
城市普通初中	21237	792241	174231

资料来源：《中国教育统计年鉴2012》，人民教育出版社2013年版。

在学历上，农村与城市教师学历合格率有较大差距，越是经济欠发达的地区、条件艰苦的乡镇，师资力量也越薄弱。教育的均等化要求师资力量的均等化，无论是城市的学校还是乡镇的学校，都要拥有水平相当的教师队伍，但这样的愿望显然难以实现。欠发达地区生活条件差、工资水平低，对于优秀教师而言，完全没有任何的内在激励促使其坚守工作岗位。毕业大学生都不愿意去贫困地区和农村地区学校任教，已经任教的教师想方设法调离。按照“人往高处走”的市场经济规律，优秀的师资大量流失，不断从落后的地区和乡镇往发达地区和城市迁移，尽管教育系统采取了最严格的人事调控手段，仍然阻止不了这一自然发展趋势。因此，从制度上、条件上吸引优质的教师到基层单位任教是义务教育发展的重要保证。

① 国家教育发展研究中心编：《2009年中国教育绿皮书：中国教育政策年度分析报告》，教育科学出版社2009年版。

（三）促进城乡义务教育均衡发展的改革要点

1. 明确各级政府在义务教育事项中的支出责任

中国义务教育发展的核心问题是经费不足引起的显著城乡差距与地区差距。教育体制改革需要解决这两个差距，就要建立起科学的义务教育经费保障机制，特别是加大对农村地区、贫困地区的教育投入。从国际经验来看，义务教育的管理一般由基层地方政府负责，而义务教育的投入则由较高一层地方政府负责。因此，我国应进一步强化中央和省级财政支持义务教育的力度，明确各级政府相应的支出责任，在原有的“以县为主”的管理模式下，适当划分各级财政的承担责任，明确各级财政义务教育经费支出的结构与比例，进一步建立与完善财政分担的教育投资体制①。

中央政府应加大对中西部省份义务教育专项转移支付力度，用于弥补欠发达地区教育人员经费和公用经费开支。教师工资是义务教育经费开支中比重最大的一项，通常人员经费占到事业性经费的80%，占农村义务教育总投入近77.5%。由于欠发达地区基层财政往往比较困难，教师工资待遇低，又不能按时发放，教师流失现象普遍，在甘肃、云南等西部省份，教师缺编严重。因此，中央财政应加大对中西部地区教师等人员经费等的转移支付力度。

省级政府应负责统筹义务教育中的各类经费支出。一省之内，各县教育经费支出上仍呈现出较大的差异，贫困地区的农村中小学教学设施落后、师资不足，当县级财力吃紧时，教育经费最容易被削减。因此，省级政府应进行全面统筹，确保各地能够达到基本的教学硬件标准和师资力量配备，原则上地方政府应确保农村小学的经费开支高于上一年度并逐年增长。

县级政府应负责统筹安排各类义务教育财政资金的使用，不得截留改变用途。县级政府要根据人口、地理、交通条件，撤并、迁建、新建一些学校，农村散落式分布的小型学校可以撤并，集中教育资源提高教学质量，合理安排基础教育资源的城乡间布局。实施城乡统一的中小学标准化

---

① 俞云峰：《农村义务教育财政体制的演变与重构设想》，《经济问题》2007年第11期，第78—80页。

建设，并根据各校的不同情况统筹安排。

2. 完善教育财政转移支付制度

由于义务教育具有较强的收益外溢性，上一层级政府需要对义务教育进行转移支付以弥补地方投资的不足。一方面要加大中央对地方的转移支付力度，明确义务教育支出责任后，建立规范的义务教育转移支付制度。转移支付要直接落实到县一级，减少中间层级和环节，使基层财政能够直接支配转移支付资金。通过转移支付，缩小地区间义务教育发展的差距，也调动不同地区地方政府投资义务教育的积极性。另一方面要按照事权与支出责任相匹配的原则，省、市、县（区）三级政府应明确各自对义务教育投资的责任，建立健全省以下的义务教育转移支付制度。通过建立不同层级的转移支付制度体系，逐步缩小区域范围内学校的软硬件差距，不断提高学校办学条件水平。

除了对欠发达地区的横向转移支付外，也要考虑对生源净流入地区适度地转移支付补助。如果大量的外来务工人员子女在流入地接受义务教育，而中央的教育专项转移支付又投向流出地，这会形成新的不公平，也会打击流入地政府为外来人员提供义务教育的积极性。尽管人口流入地的经济一般较为发达，但提供义务教育也是较大的一笔支出，特别是在流入地政府负责解决外来人口子女义务教育任务时，出现了一些以接受义务教育为目标的人口流动，这对教育投资较大的流入地政府形成了新的压力。在投资成本难以补偿的情况下，流入地政府对外来人口子女教育进行财力投入的积极性显然并不高，以至于义务教育的供需矛盾几乎在每个城市中都异常紧张，农民工子弟学校依然长期存在。美国经济学家弗里德曼曾提议的“教育券”制度，对于我国解决人口流动与教育收益外溢性很有借鉴价值，由中央财政按生源户籍所在地发放，在全国范围内统一使用，由流入地学校收取并向中央财政兑付，这种制度对于目前暂住人口与户籍人口分离国情下，解决义务教育转移支付制度不失为一种可行的方法。

3. 缩小义务教育的城乡投资差距

新型城市化要实现城乡的同步发展，城乡义务教育的均衡发展是首要目标。无论采用什么样的财政分权模式，城乡统筹的具体责任都要落实到县级政府上，县级政府要把教育均等化定为首要目标，改变重城市、轻农村的倾向，要增加对农村义务教育的投入，均衡师资配备与交流，缩小城乡间教育质量的差距。

首先，财政教育经费要向农村义务教育倾斜，城乡中小学生生均预算内教育经费要等同或接近，缩小生均教育经费的城乡差距，保证教育财政资源城乡分配的均衡化，高标准高质量地完成义务教育要求。其次，要因地制宜、灵活多样地提升农村义务教育质量，应根据人口规模、地区经济发展实际采取有效措施，不能“一刀切”。对于学龄人口稀少的农村地区，要适当地撤并中小学，将学生集中到中心镇上的中小学就读，通过学校资源的整合，形成一批质量较高的中心镇寄宿制中小学，提升农村义务教育质量。同时，随着农村义务教育质量的提升，也能够吸引更多的进城农民工子女在户籍所在地就读，减少进城农民工子女无序流动，缓解城市学校日益增大的就学压力。

4. 调动教师扎根基层的工作积极性

一是要提高中小学教师的工资待遇。据 2008 年《国家教育督导报告》显示，我国农村中、小学教师人均年工资仅相当于城市教师工资的 69.2% 和 68.8%，这一局面长期没有改变，农村学校工资低于城镇学校，无疑加速了优质师资的逃离。要实现教育质量的均等化，首先要保障农村中小学教师的工资和津补贴发放，不得拖欠农村中小学教师工资；其次要逐步提高其工资、津贴和福利待遇，工资标准要与城镇相同并严格执行，津贴与补贴要略高于当地城镇教师的水平，突出向农村中小学适当倾斜的导向，突出偏远地区农村学校的津补贴水平，越是位置偏远、条件艰苦的学校，教师的待遇越要提高，鼓励和吸引教师扎根基层；最后要整体提高中小学教师的待遇，名义上《教师法》规定教师工资不低于公务员工资水平，但算上公务员的各种隐性福利和年终考核类津补贴后，教师的实际收入水平还是远远低于公务员的收入水平的。要加大对教育的投入，确保教师工资正常均衡增长，不低于同等条件下公务员的整体收入水平。二是要建立教师岗位交流制度。城乡之间师资的轮岗与交流能有助于农村教师队伍结构的优化，提高农村中小学教育质量，还能把城市优秀的教育理念与教学方法带到农村，更新农村教师的观念，提升农村教学水平。当前，我国有中小学教师交流政策，但成效并不明显。对于城镇教师来说，去农村支教是迫不得已，主观积极性没有很好调动起来；有些交流制度形同虚设，无法落实下去，交流服务期较短，也影响教学计划。要从制度上激励教师去乡镇学校进行一定期限的交流、支教，要给予相应的农村工作补贴和生活待遇，并作为职务职称晋升实实在在的优先条件。三是通过各种激励措施鼓励大学毕业生去中西部地区或农村支教，比如签订支教期限，给予城镇同等待遇甚至更高的待遇等，逐步稳定教师队伍、提高师资水平，使城乡教育质量逐步均衡。四是要加强农村教师的在职教育，从学历上缩小城乡教师差距，安排专项经费提供继续教育，帮助农村中小学教师提升学历。

5. 保障进城农民工子女公平接受义务教育的权利

外来流动人口在为城市发展作出贡献之时，其随行子女应该享有接受城市义务教育的权利，地方政府要为流动人口子女教育提供制度上的保障。尽管中央出台保障农民工子女接受城镇义务教育的相关文件，但城市地方政府在此方面推进缓慢，城市优质教育资源梯度供给，轮到农民工子女的几乎是城市中最次的教育资源。

加大流入地政府对义务教育的投资。按照中央关于流入地政府统筹安排外来人口子女入学的要求，地方政府要根据学龄儿童增长趋势，加大建设力度，优化城乡学校布局结构，增加公办中小学的数量，并按照行政划拨的办法提供足够的建设用地，加大校舍扩建、维修改造、寄宿宿舍建设等方面的力度，解决农民工子女大量进城入学和城区教育容量不足的问题。统筹安排招生计划，原则上所有公办学校都应该接收进城农民工子女就读，在名额有空缺的学校就近安排其子女入学，最大限度地满足农民工子女入学需求。

保障农民工子女同等接受义务教育的权利。一是在能满足生源需求的前提下，逐步取消专门针对农民工子女的子弟学校，增加公办学校的投入，实现农民工子女全部由全日制公办中小学录取，有效保证农民工子女教育的教学质量。二是简化入学办理程序，进城农民工子女只需持家庭户籍证明、流动人口居住证、房屋租住合同和单位用工协议，就可就近到学校报名申请入学，由教育主管部门统筹就近安排。三是在教育过程中，对农民工子女一视同仁，在困难资助、评优奖励、入队入团等方面与本地学生一视同仁，既不倾斜也不歧视，平等享用学校教育资源。在升学考试等方面也享有同等待遇，取得流入地学校的学籍，在流入地参加升学考试。

二 改革与完善城乡社会保障制度

社会保障是保障人民生活、调节社会分配的一项基本制度，是城市化进程中的关键性制度构成。目前，我国的社会保障制度还处在改革过程中，农村人口享有社会保障水平低，进城务工人员社会保障制度不规范、不完善。这种现状既不利于城市化，也不利于城乡一体化的推进。在讨论社会保障问题时，应立足长远，把公平作为首要原则，把社保城乡一体化作为基本目标来构建现代社会保障制度。

（一）社会保障制度改革的基本目标

党的十八大提出："要坚持全覆盖、保基本、多层次、可持续方针，以增强公平性、适应流动性、保证可持续性为重点，全面建成覆盖城乡居民的社会保障体系。"这就明确提出了今后一段时期我国社会保障制度改革定下了基本的目标，可以概括为"全覆盖、多层次、可持续"三点。

1. 全覆盖的社会保障制度

全覆盖指我国的社会保障制度应实现覆盖所有城乡居民，实现"应保尽保"。全覆盖的社会保障制度是确保我国经济发展成果惠及全体人民、保障城乡居民基本生活的基本制度。以中国目前的经济总量，要迅速建立一个高水平、高福利的社会保障体系或许还不现实，但是，建立一个低水平的、惠及全体国民的社会保障体系应当是完全能够做到的。当前，我国已然具备了社会保障制度全覆盖的经济条件，一方面，我国实行以经济建设为中心的发展战略已有30多年，国力增强，经济总量位居全球第二，财政收入全年突破20万亿元，为建立全覆盖的社会保障制度奠定了坚实的物质保障，我们完全应该也有能力实现全体国民的社会保障。另一方面，随着社会保障改革的深入，社会保障的覆盖面有了很大的提升，实现社会保障全覆盖的目标为时不远。

2. 多层次的社会保障体系

由于我国经济发展水平的不平衡，城乡间、地区间、行业间收入水平有明显差别，人们对社会保障的需求也存在层次性。因此，要根据城乡居民对各种社会保障项目的需求，建立多层次的社会保障体系。其内容可分为三个层次：第一个层次是强制性基本保险，该层次是保障城乡居民在生命周期中最基本的生活需要，必须建立平等、全面的基本保障。第二个层次是补充保险，包括补充养老保险、补充医疗保险、商业保险等，根据个人的经济能力和现实需要用以提高保障水平。第三个层次是城乡统一的社会救助体系，是社会保障的最后一道防线。社会救助保障的对象是城乡社会困难群体和特殊群体，其目标是保障公民的生存权，针对城乡困难群体要提供以低保制度为核心，教育、医疗、住房、就业等专项救助相结合的覆盖城乡的新型救助体系。

3. 可衔接的社会保障系统

社会保障系统的可衔接一方面是指社会保障各项目之间的相互配套与衔接，如社会保险、社会救助与社会福利等制度设计之间的衔接，相辅相成、浑然一体；另一方面是指社会保障项目在地域之前、城乡之间的衔接整合。目前，社会保障统筹层面较低，涉及不同区域的地方利益，跨区域的转移存在严重脱节的现象。可衔接的社会保障有利于保障城乡居民尤其是流动人口的根本利益，调动参保积极性。下一步要在全国层面实现社会保障的统筹，以政府的财力做后盾，支持稳步推进全国统筹的社会保障制度改革。

（二）当前社会保障制度的突出问题

经过改革开放以来 30 多年的努力，我国从无到有推进社会保障制度不断改革与发展，取得了一定的成绩。20 世纪 90 年代，随着国有企业的改革，首先建立了市场经济体制相适应的城镇职工社会保障制度，包括基本养老制度、基本医疗制度、失业、工伤、生育等社会保障制度，实现了由单位保障向社会保障的根本性转变。2000 年以后，旨在通过改革为农民建立基本的社会保障制度，社会保障改革的重点转向农村，先后建立了农村新型农村合作医疗、农村最低生活保障、新型农村社会养老保险等制度。实现了社会保障从城镇到农村的重大发展。目前，我国已初步形成以基本养老、基本医疗、最低生活保障制度为核心，以商业保险为补充的社会保障体系基本框架。到 2013 年年底，全国参加基本养老的人数共计 8 亿人，覆盖率超过 80%；参加基本医疗保险的超过 13 亿人，覆盖率为 95%；工伤失业生育保险等主要针对职业人群建立的社会保险制度，参保人数也分别达到 1.6 亿人[①]。

当然，我们在肯定社会保障制度改革取得的成绩时，也要清醒地看到其存在的不足。与我国的经济发展水平相比，城乡社会保障制度的建设仍然严重滞后，还存在着诸多缺陷，但最核心的问题在于城乡分割的制度安排。

城乡分割及地区分割的制度设计与实施方式，破坏了社会保障制度的统一性。我国的社会保障制度构成复杂，对不同的人群采取不同的社会保障政策，城镇企业职工实行基本养老保险制度，农村居民建立了新型农村社会养老保险制度[②]，多重制度设计是对既得利益的妥协。长期以来，社会保障领域的不公平现象的改变进展极其缓慢。这种多重制度设计带来一系列的现实障碍，例如，职工基本养老保险处于地区分割统筹状态，缺乏全国层面的基金统筹，在转移、续接方面还存在着一些障碍，影响农民工参保的积极性；国家对城镇居民与农村居民养老保险采取同样的财务模式，而政策依据却完全不同[③]。在医疗保险中，城镇职工基本医疗保险、机关事业单位职工医疗保险、城镇居民基本医疗保险和新型农村合作医疗保险四种模式并存。在社会救助中，以最低生活保障制度为例，城镇居民有《城镇居民最低生活保障条例》作为法律依据享有相应保障，而农村的制度安排则与城镇不同。

除了制度设计的不同，保障水平的差距也很大。以养老保险为例，按照当前新型农村养老保险的政策安排，农民参保后每月能领取到的养老金最多几百元、少的只有几十元，这与城镇职工养老保险的养老金相比，差距过于悬殊；城乡基本医疗保险待遇也有很大差距，姑且不论机关事业单位的医疗待遇水平，仅城镇职工医疗保险与农村新型合作医疗保险的报销比例上，差距也是巨大的。城乡最低生活保障制度的标准也有较大差距，城市最低生活保障的标准往往是农村最低生活保障水平的 2 倍多。

① 尹蔚民：《加快推进社会保障体系建设助推实现中国梦》，《党建研究》2014 年第 2 期，第 29—31 页。

② 郑功成：《中国社会保障改革与发展战略（总论卷）》，人民出版社 2011 年版。

③ 郑功成：《从城乡分割走向城乡一体化（上）——中国社会保障制度变革挑战》，《人民论坛》2014 年第 1 期，第 66—69 页。

（三）建立城乡一体的社会保障制度

随着经济社会的发展，必须加快社会保障制度的改革，逐步建立城乡统一的社会保障体系，为城乡居民提供可衔接的一体化的社会保障制度。

1. 实现社会保障制度的全覆盖

要实现将全体公民全部纳入社会保障范围的目标，一是要尽快实现城乡居民基本养老保险制度全覆盖，做到“应保尽保”，目前城乡居民养老保险覆盖面达到80%以上，争取用一到两年时间，将剩下的约2亿人口纳入基本养老保险范围。二是重点提高城镇职工基本养老保险覆盖面，对进城务工的农民工，尽可能引导其参加待遇水平较高的城镇社保，尤其要将在城镇签订合法劳动关系的农民工统一纳入城镇职工社会保障范围，并完善相关制度设计，切实兑现他们的社会保障权益。三是针对灵活就业人员、自由职业者、网络创业人员等新就业形态从业者的特点，抓紧出台适合他们的社会保障政策。

2. 推进基本社会保险的城乡统一

实现城乡统一的社会保障制度关键在于城乡社会保障制度的整合，要将城乡居民分设的社会保障纳入“一个制度”中。“一个制度”，就是把不同制度进行归并，统一政策、统一管理、统一缴费方式、统一计发办法、统一机构设置，简而言之，就是要将农村居民和城镇居民分设的养老保险制度整合统一为城乡居民基本养老保险制度，实现社会保障的城乡一体化。

党的十八届三中全会《决定》提出要整合城乡居民基本养老保险和城乡居民基本医疗保险制度。统一城乡居民基本养老保险这个目标并不遥远，也是目前看来条件较成熟、较容易实现的一项改革。事实上，许多地方已逐步实现了两者的整合，农民和城镇居民都可以在统一的缴费档次中选择并享受与之相应的同等待遇[①]。医疗保障制度是最具条件、最易实现“整合”的制度，新型农村合作医疗制度完全可以和城镇居民基本医疗保险制度合并，建立统一的居民医疗保险制度。两者在制度层面的设计已具

---

① 青连斌：《建立更公平可持续社会保障制度必须解决的问题》，《湖南财政经济学院学报》2014年第4期，第14—19页。

备了相互整合的接口，难点在于两种保障制度的资金来源上，筹资标准和待遇水平差距较大，城镇居民医保基金有企业缴纳的统筹基金，而农村医保没有相应的筹资来源，缴费能力较低。这一局面的改变需要国家财政安排相应的专项补助，使城乡居民的医疗保险筹资水平大致相当，就完全可能建立统一的医疗保障体系。

2014 年 2 月 7 日，国务院常务会议决定合并城镇居民社会养老保险和新型农村养老保险，建立全国统一的城乡居民基本养老保险制度。计划在“十二五”末，在全国实现农村养老保险与城镇居民养老保险的整合；2020 年前，全面建成统一的城乡居民养老保险制度①，同时对统一城乡基本医疗保险制度也提出了明确的时间表和路线图。

3. 完善社会保障跨地区转移接续政策

社会保障的跨地区转移问题，目前看其相关的主体主要是流动性较大的农村外出务工人员，但这一问题并不仅涉及农民工群体，也涉及越来越多的城镇户籍劳动人群、各类高级人才的工作流动。如果不解决参保人员社保关系跨地区转移接续问题，不仅会带来制度上的不公平，也会制约劳动者合理流动。因此，社会保障的跨地区转移续接是社会保障制度改革需要迫切解决的现实问题。

为解决社会保障转移接续问题，2009 年，人力资源和社会保障部在《城镇企业职工基本养老保险关系转移接续暂行办法的通知》中规定，参保人员离开原工作地跨省转移就业的，其基本养老保险关系由原参保所在地随同转移到新参保地，并提出具体实施办法②。这一规定从政策层面为社会保障跨地区衔接打下了基础。当然，操作上还存在一些问题需要进一步完善政策，例如，受到分权管理体制的影响，人口流入地和流出地在社会保障基金的管理上存在利益冲突，需要中央政府实事求是加以调节；现行的社会保险保障制度中还有一些细节不利于转移接续，如流动就业者在转移中只能带走个人账户部分，无法带走社会统筹部分的权益，进一步影响了地区间的利益分配；又如，社会保障的转移接续又在一定程度上和户籍相关，增加了转移的非现实性。这些问题的解决需要进一步加快政策的

① 《国务院关于建立统一的城乡居民基本养老保险制度的意见》（国发〔2014〕8 号）。

② 《城镇企业职工基本养老保险关系转移接续暂行办法的通知》（国办发〔2009〕66 号）。

完善，提高社会统筹的层次，最终实现社会保障全国统筹，从保障对象、保障内容、保障待遇、缴费基数、费率标准等方面实现全国“一盘棋”。提高医保统筹层次，实现省内联网结算，允许参保人员在省内自主选择就医；以异地安置的退休人员为重点，加快搭建跨省异地就医结算平台，最终实现医疗保险的全国统筹。

4. 继续完善工伤，失业、社会救济等社会保障制度

在全国层面建立和完善城乡统一的失业保险制度，重点是实现在城镇用人单位就业的农村劳动者能享有城乡统一的失业保险。通过逐步统一城乡劳动者的失业登记、失业保险金缴费比例、待遇享受标准、发放期限等政策，一些省份和城市已经在政策上实现了统一的失业保险制度。以保障农民工的工伤为重点，逐步建立覆盖所有劳动者的工伤、生育保险制度。另外，要逐步把农村失地农民和农村居民都纳入城乡社会救助等社会保障制度中来，让农村低保对象、优抚对象享有与城镇相同的救助待遇，实现城乡社会救助体系全覆盖。

第十二章　城乡统筹视角下的新型城市化：行政与财政体制改革

一　建立有利于新型城市化的行政层级管理体制

（一）行政层级管理体制对城市化的主要束缚

1. 市管县体制对城乡统筹及城市化的影响

新中国成立后，我国的地方行政层级是省、县、乡（镇）三级，为了减少省的管辖宽度，又在省与县之间增设了地区行政公署的层级。改革开放后，中央要求行政公署与较大的城市合并，成为地级市一级管理层次。大部分地区行政公署与市合并，成为直接管辖部分县与县级市的一级行政实体，形成了地级市管县的体制。市管县体制一方面可以减轻省级的管理压力；另一方面可以通过地级市的辐射能力带动下属县的发展，最终实现市、县共同发展。但是随着市场化改革的深入，市管县的弊端不断地暴露出来，市通过行政权力截留甚至夺取县的资源，阻碍了县域自身的发展，现实中市管县体制被戏称为“市刮县”①。1994 年分税制改革时，中央再次强调了维持市管县的行政体制，但恰恰是市管县体制与财政体制的不匹配，加剧了市与县的矛盾，也直接制约了县以下城镇化的顺利推进。市管县的行政体制，一定程度上加快了地级中心城市的发展，有利于人口的集聚，但从整体上考量，城市化的发展更需要多层级的城市群体的发展，县级市、中心镇数量多，在体量上更能成为农村人口转移的集聚地，也更有利于城乡间的统筹发展。

---

① 王一胜：《浙江省新型城市化与地方行政体制改革》，《浙江学刊》2013 年第 2 期，第 70—76 页。

行政管理层级的增加、地市级管理层级的增加，相应地增加了一级政府管理部门，各个政府职能部门、事业单位以及各类辅助机构设置、公职人员和财政供养人员也必然增加，总体上增加了社会负担，也加大了县以下政府接受地市层级管理的相应成本。当然这些问题尚在其次，更主要的市管县体制不利于县域经济的发展。

市管县的体制下，使得不少县级政府的自主权受到限制，影响和干扰了县级政府的发展决策。地级市在发展过程中总会自觉或不自觉地为市本级的发展考虑，而忽视县以下经济社会的发展，并在一定程度上将资源的分配倾向于城市的发展。在财政关系上，市与县名义上是相互独立的，但事实是地级市往往能从县财政中分得一部分利益，而使县域经济利益受损，两者在经济发展中的竞争关系也往往以县处于下风而告终，不利于县城范围内的城市化和城乡统筹的推进。

此外，市管县体制也造成城乡体制的不合理，城乡分治总体上更不利于乡村的发展。由于基础设施对城市经济的产出更高，地方政府本能地选择是优先发展城镇，在市管县体制下，又多了一个城市层级，在优先发展顺序上，市级政府会把更多人、财、物投入中等城市的基础设施建设中去，会过多截留、抽取所辖县级财政的资金，县级财政利益受损，必然传递到乡镇的财政能力，使得城乡差距进一步加大，不利于改变我国城乡二元结构。

2. 城市发展资源配置的行政化

地方行政层级体制是约束城市化发展的首要性因素。我国的行政层级体制与城市体系密切相关，一个地区的所有公共资源分配无不与行政级别挂钩①。城市的行政级别决定了城镇发展的规模，这与市场经济条件下城镇发展资源的市场化配置存在制度上的矛盾，一些经济强镇要加快城市化的进程就会面临现有行政级别的约束。

事实上，在改革开放的30多年时间里，东部发达省份出现了一批超常规发展的经济强县和强镇，部分县城的规模远远超出中西部地区的地级城市，一些中心镇的人口的经济总量远高于中西部甚至东部地区的县级城

---

①　李力行：《中国的城市化水平：现状、挑战和应对》，《浙江社会科学》2010年第12期，第27—34页。

市，这些城镇在发展中受到城镇行政级别的种种限制。地方政府不得已在现有行政管理体制内“开口子”，不断顽强地突破管理体制上的障碍，例如通过“强县扩权”、“强镇扩权”给县、镇政府适当放权，赋予其更高级别城市才具备的行政审批权限，为城镇的进一步发展腾挪空间。但这些措施只是权宜之计，不能从体制上解放城市的发展束缚，现有体制上不突破，城镇的进一步发展必然受阻。

（二）构建有利于新型城市化的行政层级管理体制

1. 推进省管县体制改革，从财政省管县向行政省管县迈进

中央已经意识到市管县体制的不足，早在《中共中央关于制定“十一五”规划的建议》中明确指出，“有条件的地方可以实行省级直接对县的管理体制”；十八大报告、十八届三中全会《中共中央关于全面深化改革若干重大问题的决定》中均明确指出有条件的地方要探索推进省直管县管理体制改革。

已经实行财政省管县的浙江省所取得的成果充分证明了省管县较之市管县体制的优越性。1994 年出于分税制财政体制改革的需要，中央要求各省按一级政府一级财政的原则实行市管县的财政体制，财政体制与行政体制完全对应。浙江省依据自身面积小、属县数量少的特点，沿袭并坚持了省管县的模式。浙江的省管县主要是财政体制上的省管县，县财政直接对省级财政进行结算，县与市两级财政是平行的，省级各专项资金的调度与分配都是直接到县。在收支划分方面，实行财政增长综合分成的财政政策，省与市、县实行“二八”分成，即省级财政得 20%，市、县级财政得 80%。在政策激励方面，对贫困县实施“两保两挂”，对富裕县实施“亿元县上台阶”的激励措施。“两保两挂”是指在“保”收支平衡和“保”消化历年财政赤字的基础上，把省级补助与欠发达县的财政增收“挂”钩，财政收入每增长 1%，就补助 0.5%；把省级奖励与欠发达县的财政增收“挂”钩，即财政收入每增长 100 万元，奖励 5 万元。对富裕县“亿元县上台阶”的奖励措施就是富裕县财政收入过亿元后，超过 3000 万元的，奖励 20 万元。此外，浙江还建立了一套省以下财政转移支付制度，依据客观因素计算转移支付额度，以一般性转移支付为主，对全省欠发达市、县（市、区）进行规范的转移支付补助。

省管县财政体制充分调动了县级政府的积极性，有效地推动了县域经济的发展，这些年来浙江没有一个县市出现财政赤字，2013 年全国百强县浙江省占据 14 席，百强县中的前 30 名里浙江就有 9 个。事实证明省管县体制极大地促进了县域经济的发展和县级城市的扩张，也较好地推动了城乡统筹与农村建设。

但浙江在行政管理体制上仍然维持市管县的体制，造成“钱归省管、干部归市管”的双重管理体制，县级政府的人事任命权受制于地级市，行政管理等多项权限也受到限制，制约了县级的管理自主权。虽然，浙江推行了一系列的“强县扩权”政策，扩大了县级政府的行政自主权，但行政市管县的体制没有根本改变，从目前来看，这种双重体制对于县级城市的发展和城乡统筹带来了负面作用。

省管县体制不能仅停留在财政省管县的层面上，从理顺行政层级管理的要求看，从有助于加快中国城市化进程、统筹城乡经济社会发展的角度看，行政体制的省管县改革也是势在必行，越早越好。省管县行政体制改革，就是要革除现行市管县体制对城乡关系管理的弊端，加快从“城乡分离”向“城乡统筹”转型。

当然，中国地域辽阔，各省政治、经济、文化、地理差异较大，行政管理中的问题也较复杂，省直管县体制不宜“一刀切”，还要根据各省实际情况逐步推进。如海南、浙江这样的省份，省内县（区）较少，层级管理宽度小，可以推进“市县分置”。

市级在行政上不再领导和管理县级，市只负责管理市直辖的区，县由省管，地级市逐渐虚化最终撤销。对于县数目较多（比如在 100 个以上）的省，如四川省有 159 个县（市），省直管县管理上跨度过大，就不适宜直接减少管理层级，可以保留部分地级市，通过过渡的方法，待条件成熟时逐渐撤销。对于具有特殊地形的省，比如甘肃、内蒙古等版图过于狭长的，有必要保留一段时间地级市的建制。

2. 推进“强县扩权”与“强镇扩权”改革，赋予县、镇更强发展能力

基于财政体制省管县和行政体制市管县之间的矛盾和现状，为了推进县级城市和中心镇突破现有体制束缚更好地发展，在现行的行政层级制度下，各地推行了一系列修补式的行政管理创新，赋予县、镇更多的行政管

理权限，以加快经济强县、强镇的发展速度。

为发展县域经济，浙江省率先为经济强县的发展下放经济管理权限，这一改革被称为“强县扩权”改革。改革起步于1992年，浙江省对义乌、海宁等13个经济发展强县下放审批权，扩大外商投资项目审批、基础设施投资审批等权限；1997年浙江省又进一步把杭州市的部分经济管理权限下放给萧山和余杭两个县级市，“强县扩权”的力度明显提升；2002年第三次“强县扩权”，又将313项审批权下放给乐清、慈溪和萧山等17个经济强县（市）和3个区，这313项权限几乎囊括了省、市两级政府经济管理方面所有权限。2008年，浙江省又在义乌试点的基础上，推行“扩权强县”改革。从“强县扩权”到“扩权强县”，使县一级政府拥有更多的自主发展权，加快县域经济的发展。四次的“扩权”，浙江将省管县体制改革扩大到行政体制方面，使经济强县在大量审批权限上与市一级平等，在行政市管县体制未变的情况下，本质上实现了行政管理体制的突破。在浙江“扩权强县”改革取得成绩后，江苏、江西、山东、广东、湖北、福建等省先后也开始“扩权强县”改革，如四川省在自2007年7月启动27个县“扩权强县”试点；2014年7月，又新增19个试点县，使试点县总量达到78个，全省2/3的县行政管理权限得到扩充，为下一步推行省直管县行政体制改革打下基础。

乡镇是我国行政体系中最基层的管理单位，传统意义上的乡镇更多的是负责对农村社会的管理，大量的政府职能是县级政府的延伸，由一系列的派出机构完成。在市场经济的发展中，一些沿海的乡镇得以在工业化进程中迅速发展，每年工业产值上亿元，人口快速集聚，常住人口达到10万以上，基本就是一个小城市的规模。如温州龙港镇、柳市镇，绍兴店口镇，这些镇不是县城，只是普通的中心镇，传统的政府管理机构、管理职能、管理权限已完全不适应城镇发展的需要，因此在参照“强县扩权”经验的基础上，中心镇的行政管理权限也得到扩充，被称为“强镇扩权”。2007年，为了扶持经济强镇的发展，浙江实行了“强镇扩权”战略，选择了141个中心镇赋予部分县级管理权限，垂直部门在中心镇设立派驻机构，中心镇还拥有部分行政执法权限。

3. 推进市镇行政体制改革，设想县下设市，实现城乡分治

“扩权强县”或者“扩权强镇”只是一种过渡性质的改革措施，只会

把行政管理体制复杂化，因此并不是长远之计。行政体制的改革要建立完全意义上的省直管县行政体制，缩减行政层级。涉及城市的管理体制，一种改革设想是将地级市和县同级，市管理区，县管理下属的县级市区、中心镇和农村地区。这种体制下县级市的发展不再受限，但直属的中心强镇在发展过程中与县城相比依然会面临不平等的竞争处境，镇级市发展受到影响。

另一种行政管理体制的改革方向是城市与乡村分治。如同省级政府不必管理省城所在城市一样，县也不必管理县城所在城市，原有地级城市可以设为省直管市，县负责县以下城乡的统筹。面对发达地区镇级市的出现，如何理顺管理关系，我们认为县下设市是相对可行的思路，县城所在镇、街道及其他的中心镇符合设市条件的均可设置为市，由县领导，但赋予其城市管理权，市政府独立负责城市的运营与发展，由县级政府负责区域性事务，统筹协调城乡关系。

由此，城市分为中央直管的直辖市、省辖市和县辖市，区域的总体协调与管理由中央、省和县三级政府负责。这种模式改变以往大市管小市、城乡混治的格局，为各级城市的自由发展打开了空间，更有利于城市自身拓展和城市化进程的加速。目前特别是东部地区的一些建制镇人口规模已经远远超过了设市人口的标准，这些具备较强集聚能力的“小城市”往往是我国未来统筹城乡发展、加快城市化进程的重要载体，必须要打开这些“小城市”的发展空间。在设想的行政体制下，符合设市标准的中心强镇可以改变其行政设置，实行“镇”改为“市”。而另一些经济薄弱的乡镇，可设为县级政府的派出机构，不再作为一级政府。

在新的市镇体制下，为了减轻层级管理宽度的需要，可根据不同的情况，对市县数量进行调整、合并，减少县的数量。对于中等城市周边的县，可区别对待进行撤县设区，为中等城市发展预留空间。

二　加快促进新型城市化的财政体制改革

城市化是一个资金在城市大量堆积的过程，统筹城乡与新型城市化进程无法回避的一个问题是资金的来源与保障。城市化必然要大力地增加城市空间的容纳能力，要发展城市的基础设施，进行商品房和保障房建设，要解决医疗、保险、教育等公共服务体系建设，要对迁移人口创造就业岗位、提供职业技能培训，还要发展现代农业，推进农村同步发展等，这些都需大量的资金投入，其中又以财政资金为中心和支柱。

2013 年 7 月，中国社科院发布《城市蓝皮书》称，目前我国农村人口市民化的人均公共成本为 13.1 万元，依此计算，到 2030 年，全国实现 3 亿农民转居，就需要 40 万亿元资金。巨大的资金需求要构建政府、企业、个人多主体共同参与的成本分担机制，建立多层次、多样化、市场化的投融资机制；但从宏观层面看，财政和金融是城市化进程的重要推动力和资金的来源。财政一直作为城市发展资金最直接来源的重要组成部分出现，近 10 年来，地方政府通过出让土地获得收益，并大量投入相应的城市基础设施建设中，使城市的数量与规模成倍增长。建立完善的财政金融支持和保障体系关系到我国新型城市化发展的成败。

（一）城市化进程中的地方财政困境

从资源的配置角度看，城市化过程本质上是一个财政问题。城市的兴建、人口的集聚都是财产和物资重新组合和配置的过程。尽管分税制改革后地方财力再分配的比例发生了重大变化，特别是东部发达省份大量的财力被转移支付至中西部地区，但东部各省的财政收入仍然是逐年正增长，且增幅在年均 10% 以上。地方财力的吃紧不全是分税制造成的财力分配的问题，很大程度上也是地方快速城市化的结果。分税制改革以来的 20 年是中国城市化进程最快的 20 年，原有城市区域面积成倍增长，新兴城市不断出现，城市基本建设的增长耗费了大量的财政资金和社会财富，也使城市财政陷入“卖地—造城”的发展怪圈。土地资源具有稀缺性，能用于市政建设的土地本身有限，“土地财政”难以长期维系。新型城市化要求城市的集约化发展，严格控制建设用地，反对大拆大建，但城市建设的财力投入仍是地方政府的重头开支，政府的财政体系如何支撑未来新型城市化进程并兼顾城乡一体化发展是一项具有挑战性的任务。

地方财政有没有充足的资金用于城市以及乡村的建设与发展，从目前的一些统计数据粗略地看，也是不容乐观的。当前地方财政用于城乡基础设施建设的资金主要来源于以下三部分：一是财政预算内支出；二是地方政府土地出让收益；三是地方政府发行债券筹集资金，包括之前通过各类融资平台借贷的资金。

1. 税收收入增幅明显回落

财政预算内的资金主要来源于税收。从 21 世纪至今，除了 2002 年和 2008 年全球次贷危机以外，我国税收增长率都维持在 15% 以上，2007 年甚至同比增长了 31%，但从 2010 年以来 5 年，我国的税收已基本告别了高速增长的阶段，开始逐年回落，2013 年下降到 10.1%，回归到平稳增长的新常态。

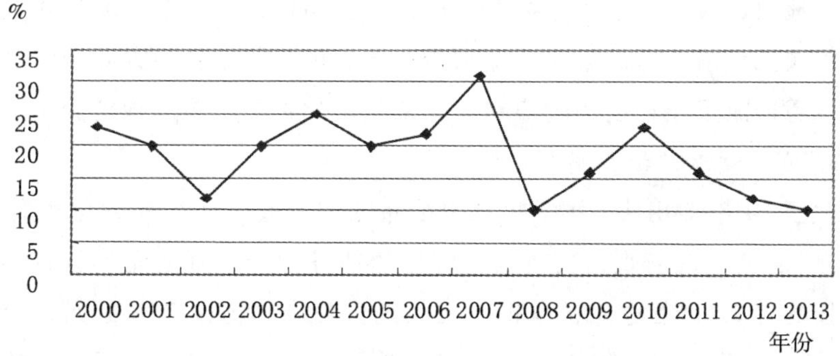

图 12—1　2000—2013 年我国税收增长率

地方税收增长和全国税收增长基本同步，也进入平稳增长的常态。税收形势直接影响财政支出，税收收入增幅的回落意味着地方财政预算内用于基本建设的预算安排增长有限，加快城市化进程对于财政投资能力的需求难以有效满足，对于地方政府而言，过去 10 多年依靠税收高增长带动快速城市化发展的方式也需要转变。

2. 国有土地使用权出让收入难以持续

房地产市场历经 10 多年的高速增长，始见疲态，但土地出让金的收入仍在增长。2014 年全国地方土地出让金收入高达 4 万亿元，创出历史新高。从 2006 年的 0.77 万亿元至 2014 年的 4 万亿元，土地出让金收入快速增长，年平均增幅为 25%，远远高于同期地方税收收入的增长幅度，占同期地方财政收入的比重也从 2006 年的 8.5% 攀升到 2014 年的 45%。

表 12—1 **国有土地使用权出让收入** 单位：万亿元

年　度	1997—2005	2006	2007	2008	2009	2010	2011	2012	2013	2014
土地出让金	2.3	0.77	1.3	0.98	1.4	2.9	3.1	2.85	3.9	4.0

资料来源：国家历年《全国财政收支决算》，国家财政部网站。

国有土地出让收入的高增长让人咋舌不已，未来能否维持高位，的确令人忧虑。房地产市场降温必然影响到土地价格，而土地资源是稀缺的，在保证耕地数量的前提下，可用于出让的城市建设用地总体上是有限的，并非能持续不断产生。从长远看，土地出让收入规模必然萎缩；从眼前看，土地出让收入也很难维持在高位，一旦高位回落，对于城市建设必然影响很大。目前大量的城建资金来源于土地出让收入，地方政府过度依赖于此，也造成了土地使用的浪费，未来城市化将面临更严峻的资金形势。

3. 地方政府性债务高企

截至 2013 年 6 月，国家审计署公布的地方政府或有债务总额高达 18 万亿元①，其中政府直接负有偿还责任的债务 10.89 万亿元，负有担保连带责任的有 2.67 万亿元，承担一定救助责任的债务 4.3 万亿元，合计近 18 万亿元，总数超过地方政府 3 年的地税收入的总和。由于地方政府性债务的隐蔽性，民间研究认为政府实际负债额不会低于官方公布数据。

表 12—2 **2013 年 6 月底全国政府性债务规模情况表** 单位：亿元

层级	负有偿还责任债务	承担救助责任的债务	负有担保责任债务	合计
中央	98129.48	23110.84	2600.72	123841.04
地方	108859.17	43393.72	26655.77	178908.66
合计	206988.65	66504.56	29256.49	302749.70

资料来源：国家审计署审计结果公告（2013 年第 32 号），国家审计署网站。

从地方政府性债务的政府层级构成来看，大量的地方政府性债务集中于市级和县级两级，地市级政府负债 7.3 万亿元，占总数的 40.7%；县级政府负债 5 万亿元，占总数的 28.2%，两者相加占到地方政府性债务

① 国家审计署审计结果公告（2013 年第 32 号）：《全国政府性债务审计结果》，国家审计署网站。

规模的69%。可见，市、县两级政府是我国城市化的主体，是市政建设的主要投资者，也是负债和偿债的主要责任者。在现有的财政体制下，市、县两级财政显然没有省级财政宽裕，有时负债高的地方政府恰恰是财力薄弱的一种反映，地方债务的偿还能力令人堪忧。

表 12—3　　2013 年 6 月底地方政府性债务规模情况表　　单位：亿元

政府层级	负有偿还责任债务	可能承担救助责任的债务	负有担保责任债务	合计
省级	17780	18531	15628	51940
市级	48435	17044	7424	72903
县级	39574	7358	3488	50419
乡镇	3070	461	116	3647
合计	108859	43394	26656	178908

资料来源：国家审计署审计结果公告（2013 年第 32 号），国家审计署网站。

地方政府性债务的融资渠道呈现多样化的特征，其中最主要的举借融资渠道是各类融资平台公司，负债总额高达近 7 万亿元，占到地方政府性债务比重的 39%。地方政府融资平台有 10 多年的历史，是地方政府利用金融资金加快城市开发的变通之举，长期以来债务规模并不显著。2008 年全球次贷危机后，央行和银监会出台了《关于进一步加强信贷结构调整促进国民经济平稳较快发展的指导意见》，规定"有条件的地方政府组建投融资平台，发行企业债等融资工具，拓宽中央政府投资项目的配套资金融资渠道"，此后大量的融资平台迅速成立，从之前的 3000 多家增加到 2009 年年末的 7000 多家，融资负债总额翻番，一举成为地方政府性债务的最大举借者。此外，政府部门和机构也占据高额的债务比例，总额达 4 万亿元，占总数的 22%，仅此两项合计占比 61%。其他还包括事业单位、国有企业负债等。地方政府性债务的融资渠道近年来呈现出越来越复杂和隐蔽的趋向，许多债务从银行的表内转移到表外，使得一些地方政府性融资贷款难以辨别，增加了审计的难度。

2014 年和 2015 年地方政府面临一个还债的高峰期，一大部分不具有自我还贷能力的债务项目，依赖于政府另筹资金还债，还债资金的来源，除了省级政府发行地方债券外，最主要的仍然来自土地出让金。

收入放缓、债务高企，各种数据的汇总让人感觉到地方财力面临的困境。税收收入仅够用于常规的开支，难以应付庞大的市政建设；而房地产市场的持续低迷也让土地出让金过快增长难以维持，未来几年不可能再高速增长也难以维持高位；而高居不下的负债又让地方政府疲于应付。

地方财政的困境，在现有的财政体制下找不到出路，破解之道在于加快财政体制的改革，为可持续的新型城市化铺平制度道路。

表 12—4　2013 年 6 月底地方政府性债务余额举债主体情况表　单位：亿元

举债主体类别	负有偿还责任债务	可能承担救助责任的债务	负有担保责任债务	合计
融资平台公司	40755.54	20116.37	8832.51	69704.42
政府部门和机构	30913.38	0	9684.20	40597.58
经费补助事业单位	17761.87	5157.10	1031.71	23950.68
国有独资或控股企业	11562.54	14039.26	5754.14	31355.94
自收自支事业单位	3462.91	2184.63	377.92	6025.46
其他单位	3162.64	0	831.42	3994.06
公用事业单位	1240.29	1896.36	143.87	3280.52
合计	108859.17	43393.72	26655.77	178908.66

资料来源：国家审计署审计结果公告（2013 年第 32 号），国家审计署网站。

（二）推进财政体制改革的几个要点

1. 建立事权与支出责任相适应的财政体制

党的十八届三中全会提出要建立事权与支出责任相适应的财政体制，清晰的支出责任划分是财力与事权相匹配的重要前提，也是破解城市化面临的财政困境的首要问题。在多级政府体系下，“事权与支出责任相匹配”是处理政府间关系的基本要求，也是分税制财政体制的基本要求。因此，完善中央与地方的财政关系，重点要从支出责任的划分入手，增加中央财政、省级财政对具体事权的支出比重，明确界定各级政府的事权和支出范围。尽管城市化的任务基本上属于地方事权，但合理的划分事权可以减轻地方财力对其他非相关事务的支出压力，集中更多财力用于城市与乡村发展，在此基础上的转移支付制度也有利于切合城市化发展的需要，从而减轻基层财政支出压力。

此外，要普及有利于统筹城乡和城市化发展的省管县财政体制。省管县财政体制对于县级政府财政能力的提升有重大作用，有利于城市与乡村的协调发展。相对于行政体制的省管县，财政体制的省管县改革更易于推进，有浙江和海南多年的实践经验和现实成就，其他省份推行财政省管县体制改革有样本可遵循，有经验可参照。近年来，许多省份先后进行了财政省管县的试点，2009 年，中央“一号文件”提出“有条件的省份可以推行省直管县体制的试点工作”，目前全国有 18 个省试行省直管县，加上 4 个直辖市，有 22 个省级行政区是省直管县的财政体制，可以预见的是，省直管县体制将是未来行政层级改革的主要形式。省管县财政改革总体目标应确定为：在中央与地方合理划分事权的基础上，进一步理顺省与市、县（市）政府之间的事权关系和支出责任，明确省与市、县政府之间的财力分配，逐步建立以一般性转移支付为主的转移支付制度，既使省级政府拥有缩小地区差距、促进区域经济协调发展的财力，又使市、县（市）增强加快经济发展、推进城乡协调的能力。

2. 完善财政转移支付制度，形成与常住人口数量变化联动的机制

现有转移支付制度的着力点是将东部发达省份的税收收入由中央财政通过转移支付手段大量划拨给欠发达省份，以实现地区间财力的均等。转移支付制度基本没有考虑到我国城市化进程的特点，城市化的重心在东部沿海省份，许多城市的外来人口数量甚至比本地户籍人口还多，所有的公共服务需要由这些城市的政府提供。当前，我国地方政府财政收入与其履行的公共服务事权不对称，缺乏与人口增加相关的财政转移支付，是地方政府不愿意接受外来人口落户的重要因素。

城市化过程是一个人口自发转移的过程，人口迁移的方向是从欠发达的省份流向发达的省份，从乡村、小镇流向大中城市。流动人口进入发达省份和大中城市后，为地区和城市发展作出贡献的同时，也需要城市为其提供均等的公共服务，包括教育、医疗、交通等，这些基本公共服务总体上需要财政的投入，而转移支付制度并未考虑人口迁移的变化。一些与人口数量有关的专项转移支付以户籍人口为标准进行计算，一般性转移支付都是以人均可支配财力为标准，其计算的人数依据的是户籍人口。人口流出地区得到的转移支付，流出人口却得不到受益，而流入地也得不到相应

的公共服务补偿。比如，东部沿海省份常住人口大量多于户籍人口，每年支付外来劳动者子女义务教育投入上百亿元，而义务教育的转移支付仍按户籍转移至外来劳动者子女的户籍所在地，长此以往造成新的不公平。因此，中央对地方财政的转移支付中的一部分应与城市吸纳外来人口的数量挂钩，形成与常住人口数量变化联动机制与长效机制。

以户籍人口为依据的好处是可以激励地方政府增加吸纳户籍人口的积极性，但户籍人口的支出成本远大于上级转移支付的数量，使得转移支付难以起到促进农村户籍人口迁移进城的功能，相反对于常住人口较多的地区显得不尽公平。城镇的基本建设投入、公共产品和公共服务投入均是各个地方政府的事权，其中涉及财政资金投资的来源均来自地方财政，财政的转移支付也要将城市化进程纳入相应的考量范畴中。

3. 加强预算管理，调整支出结构

随着我国城市化的推进和城市人口的增长，用于民生支出即社会性支出的开支相应大幅增加。目前现行地方财政支出结构中，社会性支出的增长有所加快，教育、医疗、社会保障等民生支出需求仍处于不断增长过程中；经济性支出的增长趋缓，但围绕经济建设的财政开支仍然庞大；行政管理支出居高不下。因此，2013 年李克强当选国务院总理后在记者见面会上明确提出，要建设节约政府，把有限的资金用在刀刃上。面对较严峻的经济形势、增幅下降的税收收入格局和庞大的政府性债务，以及刚性的财政支出需求，建设节约型政府唯一可以缩减的、并且获得民众广泛支持的减支项目就是“三公”经费。以浙江省为例，2013 年“三公”经费预算 7.1 亿元，实际决算时缩减了 15%；2014 年“三公”经费预算再缩减 30%，降至 5 亿元，3 年缩减了 45%。

在财力有限的前提下，财政支出结构需要进一步地调整，要把财政支出的重点转向城乡基础设施、城乡基础教育、公共卫生、住房和社会保障等社会性领域，提高社会性支出在地方财政支出中的比重，每年新增财力主要用于社会性支出。财政支出结构的调整不仅有利于人口的城市化，也有利于城乡经济社会的协调发展。

4. 赋予省级政府自行发债权

地方债是地方政府低成本筹集市政建设所需资金的工具，在城市建设中发挥了重要作用。地方债是我国城市化进程中可以借鉴的一种城市发展融资方式。由于原有的《预算法》规定地方政府不可以发行公债，因此地方政府以各类融资公司为平台负担了大量的市政建设债务，违规的借债融资给地方财政和金融体系带来极大的风险，已成为当前财政面临的一个重大难题。与其默许地方政府暗箱运作的隐性负债，不如赋予地方政府一定的自主发债权，让暗债变为明债，有利于对债务的控制。从 2015 年 1 月1 日起实施的《中华人民共和国预算法》修正案中，第一次允许省、自治区、直辖市在国务院批准的额度内自行发行地方政府债券，债务列入本级预算方案，报同级人大常委会批准。新《预算法》修正案允许省级政府自行发行债券的主要目的是化解地方政府债务危机，以明债代替暗债、以远债代替近债，缓解地方政府在基础设施和公共服务方面财源不足问题。

在允许发行地方政府债券的同时，也应对其进行严格的风险防范，例如规范地方负债的主体只能是省级政府，其他地方政府不得以任何方式举债，建立风险评估和预警机制，将地方债务纳入预算管理等措施防范债务风险①。

5. 加快房地产税制改革

与城市化发展直接相关的一个税制问题就是分税制造成的地方税体系薄弱，尤其是在营业税改增值税改革之后，地方税体系建设成为一个新的难题。营业税原是地方的主体税种，占地方税收收入的三分之一强，“营改增”意味着原有的一大部分地税变成国税收入，地方亟须建立新的主体税种。其中与城市发展关系密切的税种就是房产税。

全世界 100 多个国家对自然人拥有的住宅征税，很多国家甚至将其作为地方政府的主要税种之一，成为地方政府筹集公共服务资金的重要手段，也从一个侧面说明这一税种的科学性。尽管房产税是否适合中国国情仍值得进一步学术探讨，但它不失为一项稳定而持续的地方税收来源，也有利于地方积极改善城市生活品质，提升城市化的质量。

我国的房产税改革任重道远，要加快房地产税立法，破解房产税法理上的难题，总结试点城市的经验与不足。房产税的开征首先要保障人民群

---

① 夏芳：《中国城市化投资需求的金融支持》，《城市观察》2012 年第 1 期，第 143—149 页。

众的自住需求；其次要起到调节财产保有环节贫富差距的作用；最后才是作为地方政府谋取财源的税种。

6. 发挥财政资金的导向作用，引导社会资金投向城市建设

要改变城市基础设施建设主要依靠财政资金的思维，拓宽建设资金的筹集渠道，建立和完善多元化的城市投融资机制。对一些具有营利能力的项目，可以坚持“谁投资、谁经营、谁受益”的原则，吸引民间资金进入，增强城镇基础设施建设的财力。财政资金的使用要注重调整资金投向，关注资金使用的社会效益，发挥其“四两拨千斤”的引导作用，引导各类资本投向城市基础设施建设，使之在加快城市化进程中发挥更大的作用。社会资金的有效进入可以缓解财政资金用于基本建设的压力，将财政资金更多地用于城乡纯公共产品与服务的提供，这对于加快城市化进程，具有至关重要的作用。

参考文献

一　著作

［1］［德］马克思、恩格斯：《马克思恩格斯全集》（第三卷），北京：人民出版社 1960 年版。

［2］［美］库兹涅茨：《现代经济增长（中译本）》，北京：北京经济学院出版社 1989 年版。

［3］［美］阿瑟·刘易斯：《二元经济论》，北京：北京经济学院出版社 1989 年版。

［4］［美］钱纳里等：《工业化和经济增长的比较研究》，吴奇、王松宝等译，上海：上海三联书店 1989 年版。

［5］［美］阿尔伯特·赫希曼：《经济发展战略》，曹征海、潘照东译，北京：经济科学出版社 1991 年版。

［6］［英］伊特韦尔：《新帕尔格雷夫经济学大辞典》，北京：经济科学出版社 1996 年版。

［7］［德］阿尔弗雷德·韦伯：《工业区位论》，李刚剑、陈志人、张英保等译，北京：商务印书馆 1997 年版。

［8］［美］布赖恩·贝利：《比较城市化——20 世纪的不同道路》，顾朝林等译，北京：商务印书馆 2008 年版。

［9］［英］大卫·哈维：《新帝国主义》，初立忠、沈晓雷译，北京：中国社会科学出版社 2009 年版。

［10］［德］克里斯塔勒：《德国南部中心地原理》，常正文、王兴中等译，北京：商务印书馆 2010 年版。

［11］中国社会科学院社会学研究所：《中国社会学年鉴 1979—1989》，北京：中国大百科全书出版社 1989 年版。

［12］张培刚：《发展经济学通论（第一卷）：农业国工业化问题》，长沙：湖南出版社 1991 年版。

［13］顾朝林：《中国城镇体系：历史与未来》，北京：商务印书馆 1992 年版。

［14］陆大道：《区域发展及其空间结构》，北京：科学出版社 1995 年版。

［15］殷志静、郁奇虹：《中国户籍制度改革》，北京：中国政法大学出版社 1996 年版。

［16］马力宏、邵峰、高抗：《农村城镇化问题研究》，杭州：杭州大学出版社 1997 年版。

［17］阎蓓：《新时期中国人口迁移》，长沙：湖南教育出版社 1999 年版。

［18］王放：《中国城市化与可持续发展》，北京：科学出版社 2000 年版。

［19］温铁军：《中国农村基本经济制度研究》，北京：中国经济出版社 2000 年版。

［20］辜胜阻、刘传江：《人口流动与农村城镇化战略管理》，武汉：华中理工大学出版社 2000 年版。

［21］王振亮：《城市空间融合论》，上海：复旦大学出版社 2000 年版。

［22］王俊祥等：《中国流民史（现代卷）》，合肥：安徽人民出版社 2001 年版。

［23］梁思成：《梁思成全集》（第四卷），北京：中国建筑工业出版社 2001 年版。

［24］叶裕民：《中国城市化之路——经济支持与制度创新》，北京：商务印书馆 2001 年版。

［25］陈甬军、陈爱民主编：《中国城市化：实证分析与对策研究》，厦门：厦门大学出版社 2002 年版。

［26］黄祖辉、林坚、张冬平：《农业现代化：理论、进程与途径》，北京：中国农业出版社 2003 年版。

［27］钱文荣、马继国：《中国城市化道路探索——以海宁市为例》，

北京：中国农业出版社 2003 年版。

[28] 许学强、周一星、宁越敏：《城市地理学》，北京：高等教育出版社 2003 年版。

[29] 林毅夫、蔡昉、李周：《中国的奇迹：发展战略和经济改革（增订版）》，上海：上海人民出版社 2003 年版。

[30] 高佩义：《中外城市化比较研究（增订版）》，天津：南开大学出版社 2004 年版。

[31] 费孝通：《小城镇大问题，志在富民》，上海：上海人民出版社 2004 年版。

[32] 姚士谋、汤茂林、陈爽编著：《区域与城市发展论》，合肥：中国科学技术大学出版社 2004 年版。

[33] 孔祥智主编：《聚焦三农》（上、中、下卷），北京：中央编译出版社 2004 年版。

[34] 刘传江、郑凌云：《城镇化与城乡可持续发展》，北京：科学出版社 2004 年版。

[35] 王梦奎、冯并、谢伏瞻：《中国特色城镇化道路》，北京：中国发展出版社 2004 年版。

[36] 汪冬梅：《中国城市化问题研究》，北京：中国经济出版社 2005 年版。

[37] 俞宪忠：《流动性发展》，济南：山东人民出版社 2006 年版。

[38] 刘平量、曾赛丰：《城市化：制度创新与道路选择》，长沙：湖南人民出版社 2006 年版。

[39] 严书翰、谢志强等：《中国城市化进程》，北京：中国水利水电出版社 2006 年版。

[40] 孔凡文、许世卫：《中国城镇化发展速度与质量问题研究》，沈阳：东北大学出版社 2006 年版。

[41] 倪鹏飞：《中国新型城市化道路——城乡双赢：以成都为案例》，北京：社会科学文献出版社 2007 年版。

[42] 左学金、朱宇、王桂新：《中国人口城市化和城乡统筹发展》，上海：学林出版社 2007 年版。

[43] 马春辉：《中国城市化问题论纲》，北京：社会科学文献出版社

2008 年版。

[44] 陈玉梅：《东北地区城镇化道路》，北京：社会科学文献出版社 2008 年版。

[45] 孟勤国：《中国农村土地流转问题研究》，北京：法律出版社 2009 年版。

[46] 张苗根：《浙江城市化 30 年》，杭州：浙江人民出版社 2009 年版。

[47] 陈秀山、张可云：《区域经济理论》，北京：商务印书馆 2009 年版。

[48] 陈甬军、景普秋、陈爱民：《中国城市化道路新论》，北京：商务印书馆 2009 年版。

[49] 牛文元主编：《中国新型城市化报告 2009》，北京：科学出版社 2010 年版。

[50] 刘荣增：《基于城乡统筹视角的城镇密集区发展研究》，北京：科学出版社 2010 年版。

[51] 简新华、何志扬、黄锟：《中国城镇化与特色城镇化道路》，济南：山东人民出版社 2010 年版。

[52] 方创琳、姚士谋、刘盛和等：《2010 中国城市群发展报告》，北京：科学出版社 2011 年版。

[53] 陈必定：《从区域视角重思城市化》，北京：经济科学出版社 2011 年版。

[54] 郑功成：《中国社会保障改革与发展战略（总论卷）》，北京：人民出版社 2011 年版。

[55] 周干峙：《论城市化》，北京：中国建筑工业出版社 2011 年版。

[56] 赵文远：《新中国户籍迁移制度史研究》，郑州：郑州大学出版社 2012 年版。

[57] 仇保兴：《城镇化与城乡统筹发展》，北京：中国城市出版社 2012 年版。

[58] 谈月明主编：《新型城市化的新发展》，杭州：浙江大学出版社 2013 年版。

[59] 贺雪峰：《城市化的中国道路》，北京：东方出版社 2014 年版。

［60］王俊杰：《城市化进程中失地农民社会保障研究》，北京：知识产权出版社 2014 年版。

［61］王伟光、魏后凯、张军：《新型城镇化与城乡发展一体化》，北京：中国工人出版社 2014 年版。

二　论文

［62］Harvey D. The Urbanization of Capital：Studies in the History and Theory of Capitalist Urbanization［M］. Basil，Blackwell，1985.

［63］W. A. Lewis. Economic Development with Unlimited Supplies of Labour. Joe menchetti Journal，1954（5）.

［64］Brian J. L. Berry. Cities as systems within systems of cities［J］. Paper of Re gional Science Association，1964（1）.

［65］King L. T. Cross – sectional Analysis of Canadian Urban Dimensions：1951 and 1961［J］. Canadian Geographer，1966（10）.

［66］Masateru Hino. Fundamental Dismensions of Japanese Urban System in the year of 1950. 1960 and 1970［J］. Geogra Phical Reviews of Japan，1970（6）.

［67］Harry W. Richardson. The Costs of Urbanization：A Four – Country Comparison［J］. Economic Development and Cultural Change，1987（3）.

［68］Jie Zhang. Urbanization，Population Transition，and Growth［J］. Oxford Economic Papers，2002（1）.

［69］J. Vernon Henderson. Urbanization in Developing Countries［J］. The World Bank Research Observer，2002（1）.

［70］Jan Hinderink and Milan Titus. Small Town's and Regional Development Major Findings and Policy Implications from Comparative Research. Urban Studies，2002（13）.

［71］Bocquier Philippe. World Urbanization Prospects：An Alternative to the UN Model of Projection Compatible with the Mobility Transition Theory［J］. Demographic Research，2005（12）.

［72］Jianfa Shen. Estimating Urbanization Levels in Chinese Provinces in 1982—2000［J］. International Statistical Review，2006（1）.

[73] Aimin Chen. Urbanization in China and the Case of Fujian Province [J]. Modern China, 2006 (1).

[74] Córdoba Juan - Carlos. On the Distribution of City Sizes [J]. Journal of Urban Economics, 2008 (1).

[75] Fulung Wu. China's great transformation: Neoliberalization as Establishing Market Soeiety [J]. Geoforum, 2008 (39).

[76] 许学强:《我国城市规模体系的演变和预测》,《中山大学学报(哲学社会版)》1982年第3期。

[77] 杨重光、廖康玉:《试论具有中国特色的城市化道路》,《经济研究》1984年第4期。

[78] 杨吾扬:《论城市体系》,《地理研究》1987年第3期。

[79] 顾朝林:《地域城镇体系组织结构模式研究》,《城市规划汇刊》1987年第10期。

[80] 徐更生:《发展小城镇是我国实现现代化的捷径》,《中国农村经济》1987年第11期。

[81] 周干峙:《促进小城镇在城市化过程中发挥更大的作用》,《城市规划》1988年第4期。

[82] 李迎生:《关于现阶段我国城市化模式的探讨》,《社会学研究》1988年第4期。

[83] 周一星等:《中国城市的工业职能分类》,《地理学报》1988年第43期。

[84] 陈彤:《论新时期我国乡村城市化的现实模式》,《人口学刊》1988年第4期。

[85] 方向新:《我国城市社会化道路的抉择与城镇体系的建立和完善》,《人口学刊》1989年第6期。

[86] 朱庆芳:《城乡差别与农村社会问题》,《社会学研究》1989年第2期。

[87] 饶会林:《试论城市规模效益》,《中国社会科学》1989年第4期。

[88] 顾益康、黄祖辉、徐加:《对乡镇企业、小城镇道路的历史评判——兼论中国农村城市化道路问题》,《农业经济问题》1989年第3期。

［89］刘启明：《城市化的空间过程、动力机制及调控方略》，《人口与经济》1990 年第 5 期。

［90］谢扬：《小城镇发展专题研讨会综述》，《中国农村经济》1994 年第 3 期。

［91］房维中、范存仁：《大城市在我国社会经济发展中的地位和作用》，《经济研究参考》1994 年第 2 期。

［92］郭书田、刘纯彬：《我国农村城市化道路的再探索》，《求是》1998 年第 7 期。

［93］刘纯彬：《中国城市化要以建设中等城市为重点》，《财经科学》1998 年第 7 期。

［94］辜胜阻、李正友：《中国自下而上城镇化的制度分析》，《中国社会科学》1998 年第 2 期。

［95］杨继瑞：《构建农业产业化机制的探索与思考》，《中国农村经济》1998 年第 4 期。

［96］崔功豪、马润潮：《中国自下而上城市化的发展及其机制》，《地理学报》1999 年第 5 期。

［97］牛凤端：《中国城市化应走大中小并举的道路》，《中国农村观察》1995 年第 1 期。

［98］苏少之：《1949—1978 年中国城市化研究》，《中国经济史研究》1999 年第 1 期。

［99］刘祖云：《社会转型与社会分层：20 世纪末中国社会的阶层分化》，《新华文摘》1999 年第 11 期。

［100］杨艳琳：《中国城市化发展研究的新成果——评刘传江的中国城市化的制度安排与创新》，《经济评论》1999 年第 6 期。

［101］王放：《论中国城市化——兼论现行城市发展方针》，中国人民大学博士学位论文，1999 年。

［102］秦尊文：《小城镇道路：中国城市化的妄想症》，《中国农村经济》2001 年第 12 期。

［103］叶裕民：《中国城市化质量研究》，《中国软科学》2001 年第 7 期。

［104］叶裕民：《中国城市化的制度障碍与制度创新》，《中国人民大

学学报》2001 年第 5 期。

［105］李林杰：《我国人口城市化进程的评价与推进政策》，《人口学刊》2001 年第 4 期。

［106］林国先：《城镇化道路的制度分析》，《福建农林大学学报（哲学社会科学版）》2002 年第 3 期。

［107］姜爱林：《城镇化水平的五种测算方法分析》，《中央财经大学学报》2002 年第 8 期。

［108］赵新平、周一星：《改革以来中国城市化道路及城市化理论研究述评》，《中国社会科学》2002 年第 2 期。

［109］江小涓：《积极探索新型工业化道路》，《求是》2002 年第 12 期。

［110］周洁红、黄相辉：《农业现代化评论综述——内涵、标准与特性》，《农业经济》2002 年第 11 期。

［111］武力：《1978—2000 年中国城市化进程研究》，《中国经济史研究》2002 年第 3 期。

［112］陈家宝：《城乡一体化进程中的资源整合与对接——南京市城乡“二元结构”成因及其对策实证分析》，《中国农村经济》2002 年第 10 期。

［113］周铁训：《“大城市化战略”中国实现城市化的必由之路》，《城市》2003 年第 6 期。

［114］吕政：《我国新型工业化道路探讨》，《经济与管理研究》2003 年第 4 期。

［115］胡鞍钢：《城市化是今后中国经济发展的主要推动力》，《中国人口科学》2003 年第 12 期。

［116］王新天、周振国：《新型工业化道路与跨越式发展》，《领导之友》2003 年第 7 期。

［117］程必定：《论我国结构转换型的城市化》，《中国工业经济》2003 年第 8 期。

［118］简新华、向琳：《论中国的新型工业化道路》，《当代经济研究》2004 年第 1 期。

［119］刘玉：《农业现代化与城镇化协调发展研究》，《城市发展研究》2004 年第 6 期。

［120］陈甬军：《中国的城市化与城市化研究——兼论新型城市化道路》，《东南学术》2004 年第 4 期。

［121］马晓河：《中国应走“以大带小，大中小城市协调发展”的城市化道路》，《农村经济》2004 年第 10 期。

［122］陈成文、刘剑玲：《中国城市化研究二十五年》，《中南大学学报（社会科学版）》2004 年第 5 期。

［123］陆铭、陈钊：《城市化、城市倾向的经济政策与城乡收入差距》，《经济研究》2004 年第 6 期。

［124］纪晓岚：《英国城市化历史过程分析与启示》，《华东理工大学学报》2004 年第 2 期。

［125］张平宇：《城市再生：我国新型城市化的理论与实践问题》，《城市规划》2004 年第 4 期。

［126］顾益康等：《城乡一体化评估指标体系研究》，《浙江社会科学》2004 年第 6 期。

［127］周其仁：《农地产权与征地制度——中国城市化面临的重大选择》，《经济学（季刊）》2004 年第 4 期。

［128］曹萍：《新型工业化、新型城市化与城乡统筹发展》，《当代经济研究》2004 年第 6 期。

［129］白先春、凌亢、郭存芝：《我国人口城市化水平的统计分析》，《统计研究》2004 年第 11 期。

［130］陈波翀、郝寿义、杨兴宪：《中国城市化快速发展的动力机制》，《地理学报》2004 年第 5 期。

［131］徐明华、白小虎：《浙江省城乡一体化发展现状的评估结果及其政策含义》，《浙江社会科学》2005 年第 2 期。

［132］仇保兴：《国外模式与中国城镇化道路选择》，《人民论坛》2005 年第 6 期。

［133］陈爱君：《第一次工业革命与英国城市化》，《上海青年管理干部学院学报》2005 年第 1 期。

［134］邹小蓉、蓝光喜：《城市化：统筹城乡经济协调发展的根本出路》，《江西行政学院学报》2005 年第 3 期。

［135］吴雪：《我国县级财政教育投资体制的分析及改革设想》，《财

政研究》2005 年第 4 期。

[136] 傅勇:《户籍改革宜渐进有序——与主张全面取消者商榷》,《经济学家》2005 年第 4 期。

[137] 王承强:《区域城市化水平综合评价及发展对策研究》,《山东经济》2005 年第 2 期。

[138] 高玉柱:《试论农村城镇化的战略意义和实现途径》,《石家庄学院学报(社会科学版)》2005 年第 3 期。

[139] 阎军:《试论我国城市化的道路与模式选择》,《江苏科技大学学报(社会科学版)》2005 年第 1 期。

[140] 习近平:《坚持不移地走新型城市化道路》,《今日浙江》2006 年第 17 期。

[141] 沈建明:《全面把握走新型城市化道路的内涵》,《今日浙江》2006 年第 17 期。

[142] 肖海英:《关于我国户籍制度改革途径的思考》,《浙江社会科学》2006 年第 5 期。

[143] 陈永国:《积极推进新型城市化:基于新型工业化的分析》,《商业研究》2006 年第 8 期。

[144] 钱陈、史晋川:《城市化、结构变动与农业发展——基于城乡两部门的动态一般均衡分析》,《经济学(季刊)》2006 年第 6 期。

[145] 刘亭:《新型城市化和新型工业化的良性互动》,《今日浙江》2006 年第 17 期。

[146] 宋福娟、段晓霞:《试论我国城镇体系的发展趋势》,《通化师范学院学报》2006 年第 3 期。

[147] 李金昌、程开明:《中国城市化与经济增长的动态计量分析》,《财经研究》2006 年第 9 期。

[148] 周天勇、胡锋:《托达罗人口流动模型的反思和改进》,《中国人口科学》2007 年第 1 期。

[149] 蒋省三、刘守英等:《土地制度改革与国民经济成长》,《管理世界》2007 年第 9 期。

[150] 钱忠好、马凯:《我国城乡非农建设用地市场:垄断、分割与整合》,《管理世界》2007 年第 6 期。

［151］ 陈良文、杨开忠、吴姣：《中国城市体系演化的实证研究》，《江苏社会科学》2007 年第 1 期。

［152］ 傅爱民、胡振虎：《整合财政支农资金加大农村基础设施投入力度》，《华中农业大学学报（社会科学版）》2007 年第 2 期。

［153］ 张曙光：《城市化背景下土地产权的实施和保护》，《管理世界》2007 年第 12 期。

［154］ 倪晓宁、包明华：《中国城市化的度量与发展取向——基于 DEA 的城市化研究》，《城市问题》2007 年第 6 期。

［155］ 陈甬军：《中国新型城市化道路的理论及发展目标预测》，《经济学动态》2008 年第 9 期。

［156］ 冯之浚：《科学发展与社会和谐》，《中央社会主义学院学报》2008 年第 2 期。

［157］ 曾万涛：《新型城市化研究综述》，《湖南文理学院学报（社会科学版）》2008 年第 7 期。

［158］ 姜永生等：《中国新型城市化道路的基本思路》，《改革与战略》2008 年第 4 期。

［159］ 宋正：《农村社会事业发展滞后的现状、风险与对策研究》，《东北财经大学学报》2008 年第 3 期。

［160］ 赵煦：《英国城市化的核心动力：工业革命与工业化》，《兰州学刊》2008 年第 2 期。

［161］ 杨海水：《日本怎样推进农村城市化》，《乡镇论坛》2008 年第 1 期。

［162］ 董立彬：《我国新农村建设的思考——基于韩国新村运动的经验》，《农业经济》2008 年第 8 期。

［163］ 厉以宁：《论城乡二元体制改革》，《北京大学学报（哲学社会科学版）》2008 年第 7 期。

［164］ 顾朝林、吴莉娅：《中国城市化研究主要成果综述》，《城市问题》2008 年第 12 期。

［165］ 牛文元：《中国新型城市化战略的设计要点》，《中国科学院院报》2009 年第 2 期。

［166］ 叶继红：《城市实行外来人口居住证制度的公共政策分析——

以苏州市为例》,《人口与发展》2009 年第 2 期。

[167] 朱攀峰:《中国新型城市化道路选择研究》，中共中央党校博士学位论文，2009 年。

[168] 李勤等:《城乡统筹发展评价体系：研究综述和构想》,《中国农村观察》2009 年第 5 期。

[169] 王富喜、孙海燕:《对改革开放以来中国城镇化发展问题的反思——基于城乡协调视角的考察》,《人文地理》2009 年第 4 期。

[170] 严金明：《我国征地制度的演变与改革目标和改革路径的选择》,《经济理论与经济管理》2009 年第 1 期。

[171] 陆学艺:《破除城乡二元结构实现城乡经济社会一体化》,《社会科学研究》2009 年第 4 期。

[172] 李力行:《中国的城市化水平：现状、挑战和应对》,《浙江社会科学》2010 年第 12 期。

[173] 杨继瑞:《土地承包经营权市场化流转现状与对策》,《经济社会体制比较》2010 年第 3 期。

[174] 林坚:《2000 年以来人口城镇化水平变动省际差异分析——基于统计数据的校正和修补》,《城市规划》2010 年第 3 期。

[175] 王小鲁:《中国城市化路径与城市规模的经济学分析》,《经济研究》2010 年第 10 期。

[176] 李明秋:《城市化质量的内涵及其评价指标体系的构建》,《中国软科学》2010 年第 12 期。

[177] 杜茂华、刘锡荣：《城乡统筹发展评价指标体系构建及其应用——以重庆市区县统筹为例》，《西南大学学报（社会科学版)》2010 年第 5 期。

[178] 胡英:《中国分城镇乡村人口平均预期寿命探析》,《人口与发展》2010 年第 2 期。

[179] 殷际文:《中国城乡经济发展一体化研究》，东北农业大学博士论文，2010 年。

[180] 张丽珍:《政策终结中的团体利益与利益团体辨析——以购房落户政策为例》,《成都行政学院学报》2010 年第 6 期。

[181] 吴开亚：《发展主义政府与城市落户门槛：关于户籍制度改革

的反思》,《社会学研究》2010 年第 11 期。

[182] 陆铭:《建设用地指标可交易:城乡和区域统筹发展的突破口》,《国际经济评论》2010 年第 2 期。

[183] 程必定:《中国新型城市化道路的选择》,《青岛科技大学学报(社会科学版)》2011 年第 3 期。

[184] 方创琳、王德利:《中国城市化发展质量的综合测度与提升路径》,《地理研究》2011 年第 11 期。

[185] 韩长赋:《加快推进农业现代化　努力实现"三化"同步发展》,《农业经济问题》2011 年第 11 期。

[186] 马晓河、刘振中:《"十二五"时期农业农村基础设施建设战略研究》,《农业经济问题》2011 年第 7 期。

[187] 曲福田、田光明:《城乡统筹与农村集体土地产权制度改革》,《管理世界》2011 年第 6 期。

[188] 郭少榕:《城镇化背景下我国农村基础教育优化发展的政策思考——以福建等地为例》,《教育研究》2011 年第 12 期。

[189] 曾红颖:《我国基本公共服务均等化标准体系及转移支付效果评价》,《经济研究》2012 年第 6 期。

[190] 朱宇:《51.27% 的城镇化率是否高估了中国城镇化水平:国际背景下的思考》,《人口研究》2012 年第 2 期。

[191] 李克强:《协调推进城镇化是实现现代化的重大战略选择》,《行政管理改革》2012 年第 11 期。

[192] 王桂新:《我国城市化发展的几点思考》,《人口研究》2012 年第 3 期。

[193] 严士清:《新中国户籍制度演变历程与改革路径研究》,华东师范大学博士论文,2012 年。

[194] 陈小君:《农村集体土地征收的法理反思与制度重构》,《中国法学》2012 年第 1 期。

[195] 倪红日、张亮:《基本公共服务均等化与财政管理体制改革研究》,《管理世界》2012 年第 9 期。

[196] 孙久文:《城乡协调与区域协调的中国城镇化道路初探》,《城市发展研究》2013 年第 5 期。

[197] 吴业苗:《城乡公共服务一体化的若干思考》,《中共中央党校学报》2013 年第 6 期。

[198] 程开明、庄燕杰:《中国中部地区城市体系规模分布及演进机制探析》,《地理科学》2013 年第 12 期。

[199] 楚德江:《就业地落户:我国户籍制度改革的现实选择》,《中国行政管理》2013 年第 3 期。

[200] 王一胜:《浙江省新型城市化与地方行政体制改革》,《浙江学刊》2013 年第 2 期。

[201] 贺雪峰:《关于中国式小农经济的几点认识》,《南京农业大学学报（社会科学版)》2013 年第 6 期。

[202] 尹蔚民:《加快推进社会保障体系建设助推实现中国梦》,《党建研究》2014 年第 2 期。

[203] 姚士谋等:《中国新型城镇化理论与实践问题》,《地理科学》2014 年第 6 期。

[204] 郑功成:《从城乡分割走向城乡一体化（上）——中国社会保障制度变革挑战》,《人民论坛》2014 年第 1 期。

[205] 童光辉、赵海利:《新型城镇化进程中的基本公共服务均等化:财政支出责任及其分担机制——以城市非户籍人口为中心》,《经济学家》2014 年第 9 期。

[206] 孙红玲、唐未兵、沈裕谋:《论人的城镇化与人均公共服务均等化》,《中国工业经济》2014 年第 5 期。

[207] 朱明芬、黄鹏进:《关于全面推进农村土地改革的几点思考》,《中共浙江省委党校学报》2015 年第 1 期。

[208] 王海娟:《人的城市化:内涵界定、路径选择与制度基础——基于农民城市化过程的分析框架》,《人口与经济》2015 年第 4 期。

[209] 陈彦光:《城市化的深层结构探讨》,《城市发展研究》2015 年第 6 期。

[210] 蔡继明:《关于当前土地制度改革的争论》,《河北经贸大学学报》2015 年第 2 期。